# 臺灣歷史與文化 研究輯刊

十 五 編

第 20 冊

## 台灣農民小說發展史
### （1920～1980 年代）（上）

洪 鵬 程 著

花木蘭文化事業有限公司

國家圖書館出版品預行編目資料

台灣農民小說發展史（1920～1980 年代）（上）／洪鵬程 著—
初版 — 新北市：花木蘭文化事業有限公司，2019〔民 108〕
目 4+226 面；19×26 公分
（臺灣歷史與文化研究輯刊十五編；第 20 冊）
ISBN 978-986-485-622-0（精裝）
1. 臺灣文學史 2. 臺灣小說 3. 文學評論
733.08　　　　　　　　　　　　　　　　　108000399

ISBN-978-986-485-622-0

9 789864 856220

臺灣歷史與文化研究輯刊
十五編　第二十冊　　　　　ISBN：978-986-485-622-0

台灣農民小說發展史（1920～1980 年代）（上）

作　　者　洪鵬程
總 編 輯　杜潔祥
副總編輯　楊嘉樂
編　　輯　許郁翎、王筑　美術編輯　陳逸婷
出　　版　花木蘭文化事業有限公司
發 行 人　高小娟
聯絡地址　235 新北市中和區中安街七二號十三樓
　　　　　電話：02-2923-1455／傳真：02-2923-1452
網　　址　http://www.huamulan.tw 信箱 hml 810518@gmail.com
印　　刷　普羅文化出版廣告事業
初　　版　2019 年 3 月
全書字數　400570 字
定　　價　十五編 25 冊（精裝）台幣 60,000 元

# 台灣農民小說發展史
## （1920～1980 年代）（上）

洪鵬程　著

## 作者簡介

洪鵬程,彰化二林人。中國文化大學文學博士,僑光科技大學副教授。

## 提　　要

　　本書試圖對台灣農民小說由豐富轉趨於式微的過程,形成歷時性的脈絡考察之外,同時也將對各階段作品做深入的閱讀與解析,包含農民形象的塑造、農家生活的寫照、農村社會的面貌、農民意識的闡揚等素材,以及所表達的人文關懷,並且探索時空環境的換移、政經發展的衝擊、社會文化的變遷與文學思潮的脈動,對台灣農村社會與農民小說所造成的影響,見諸文學與現實的對話關係,辨明各家小說語言的特色與風格,以及呈現在特定時空氛圍下的時代精神與意識型態。

　　本論起始的第二章討論 1920 年代農民小說的奠基時期,同時也是現代性與殖民性重疊下的新文化運動,以及新文學運動開展與辯證的階段。第三章敘說 1930 年代並歷經戰爭時期以迄於日本戰敗投降,農民小說由興盛到頓挫的發展。第四章檢視戰後初期與 1950 年代農民小說創作,在「反共懷鄉」的大敘述下,趨向沈潛的發展。第五章觀察 1960 年代農民小說的復甦,也代表文藝思潮對文化霸權論述的反詰。第六章論述 1970 年代農民小說內容的轉變,與客觀環境遞變及鄉土意識的緊密相關。第七章分析 1980 年代以降農民小說轉趨式微的成因,與後鄉土時期的作品特色。第八章回顧台灣農民小說發展的進程並檢視小說作品的台灣文學經驗,除了不同時期所呈現的特色及其時代精神之外,並論斷文學反映論的意義與價值。

　　藉由歷史材料與小說文本的分析解讀,概觀台灣農民小說的歷時演進,相應表現的主題內涵與藝術價值,甚至於所代表的歷史意義,期能完整架構台灣農民小說發展的歷程。

# 第一章　緒　論

## 第一節　書寫動機與目的

　　傳統台灣社會的主體，本是農村，台灣的經濟主體，原本也在於農村，這樣的現實從荷蘭據台以前即已開始形成，並歷經明鄭與清治時期的逐步奠基，得以成就規模。而農業的產出必須仰賴土地，所以土地財的重要性便高於一切，且隨著來台移民的增加，也促使耕地的開墾與農村聚落的漸次擴展，逐步在移墾社會裡體現了「有土此有財」〔註1〕傳統農業社會的觀念與認知，同時源於對土地的依存以及相應產生的生活模式，加以傳統漢民族文化風俗的移植與積累，也使得台灣社會日漸擺脫早期移墾型態的色彩，而呈現了屬於台灣本土化的農村社會風貌。

　　由於在這狹小的台灣島上，土地的利用與開發，原本即是以農業生產為主，而以農村為主幹的台灣社會現實，也早已經是先驗地存在，因而台灣在日後的歷史進程裡，任何時局變遷與政經措施，都會對於農村社會造成一定程度的影響，而台灣農業經濟與農村社會結構，也確實迭經起伏與變化。

　　乙未割台後的日據時期，殖民政府抱持「工業日本、農業台灣」的殖民策略，同時考量殖民經濟發展所需，陸續完成土地與林野調查等工作，致使台灣的土地利用，除了現代化的提升之外，同時也全面地納入殖民化與資本

---

〔註1〕　語見《禮記・大學》：「有德此有人，有人此有土，有土此有財，有財此有用」。（漢）鄭玄注，（唐）孔穎達疏：《禮記注疏》（台北：藝文印書館，1985 年12 月《十三經注疏（嘉慶二十年江西南昌府學本）》），頁 987。

化，土地資源漸次遭到統治階層及其羽翼下的財團、地主所獨占，「土地正義」蕩然無存，日據下的 50 年裡，台灣的農民受害良深。

而在擺脫殖民桎梏之後，經過 1950 年代的土地改革工作，因為「三七五減租」與「耕者有其田」等政策，在施行上獲致相當成功的結果，著實造就了台灣農業的榮景，雖然土改政策的執行衍生有若干爭議，也並未能全面解決農民的問題，但是 1950 年代農本主義的昂揚，卻是歷史的真實，也是台灣農業發展上，少有的興盛時期。

然而，隨著 1960 年代著重工業發展的政策導向，策略上「以農業培養工業、以工業發展農業」的執行失衡，農業經濟的發展因而持續受到擠壓，日漸流失的不僅是有形的農村勞力與無形的農民意識，甚至包含耕地。所以，在進入 1970 年代之初，農業的傾頹，已使政府警覺應有更積極的作為，但是頒布施行的諸多策略，卻始終未見具體成效，不僅農村勞動力呈現老化的傾向，農業產值更是日趨下滑，農地受到工業污染的情形也層出不窮，及至時序逾至 1980 年代之後，經濟自由化的持續發展，對農業的衝擊更是與日俱增，耕地早已成為商品，土地變更移作他用已成趨勢，休耕廢耕的農地面積也日益擴大，農村社會景況蕭條，農業發展欲振乏力；時至今日，21 世紀的台灣農村，其面容早已幾經變異，滄桑歷盡。

台灣農村社會與農民的處境，自然也引發文學創作視角的觀照。台灣本以農村社會為主體，而文學本即是社會的產物，所以取材於農村與農民的文學作品，於日據時期台灣新文學的開展初始，即已同步出現，並且在整個殖民地時期的「日本天年」下，累積了一定的質與量，葉石濤指其發展脈絡為「台灣農民文學的傳統」：

> 以新文學之父賴和為主，楊守愚、蔡愁洞的中文小說，以至於張文
> 環、呂赫若等日文作家都是以農村和農民為主題寫了不少傑出的農
> 民文學。在台灣新文學裡，文學的主潮流是農民文學，這殆無疑義。
> 〔註2〕

並且認為這些作品題材「幾乎是扎根於農民，以描寫農民的困苦、被欺凌的狀態」為主要的內容，是「寫實主義的農民文學」〔註3〕。而如是農民文

---

〔註2〕 葉石濤：〈論台灣農民文學的傳統〉，收入葉石濤：《走向台灣文學》（台北：自立晚報社，1990 年 3 月），頁 79。

〔註3〕 參見葉石濤：〈恢復優秀的台灣農民文學傳統〉，收入葉石濤：《走向台灣文學》，頁 83～84。

學傳統進而跨越不同時代，雖然脫離日本殖民統治，但是在戰後台灣文學場域裡也有所延續，葉氏更將其標舉為「優秀的台灣農民文學傳統」，加以肯定推崇，並且歷數鍾理和、鍾肇政、李喬，及至宋澤萊、林雙不等人的作品，以為延續此傳統的代表性作家。〔註4〕

葉石濤所謂的農民文學傳統，著重的即是反映農村現實與農民生活的創作取向，同時也是寫實主義的文藝美學實踐，並彰顯其社會功能的書寫價值。誠然，反映現實並非是文學創作充分必要的美學要求，但如是創作取向，卻可以呈現出特定時空氛圍下的時代精神與意識型態，值得對照歷史發展進程中的演變，加以探索與解讀。

究其實，上述葉石濤所指「農民文學傳統」裡的作家與作品，乃是以小說文類為主要的文學體裁，而其所指涉的歷時性發展脈絡，亦即是本書欲據之以討論的台灣農民小說發展。

因為，小說文類透過取材現實的筆法，在背景架設、故事編寫、情節安排與人物塑造上，相較於其他文學體裁，更能夠具體地模擬現實層面，表現出更鮮明的文學意象，雖然透過文字的排列編寫，未必能夠擬真如「鏡映」一般，但是卻具有強度較高的感染力，誠如齊邦媛所言：

> 小說固是虛構的文學，而虛構的形式卻遮不住它建構其上的現實……小說比詩和散文有更多的迴旋空間，更客觀的表達方式，因此也可以呈現出最細膩幽微的現實和想像層面，進一步且可藉虛構的自由手法將現實與想像作微妙的揉合。因此小說不僅可讀性高，它所表現的和蘊涵的現實意義也最豐富。〔註5〕

小說的虛構性與客觀環境的真實面，看似疏離卻其實緊密，小說作品通常必須援依現實，作家方能較為具體地勾勒故事的場景，安排虛構的情節，並且摹寫其中的人物行為，以至於心緒起伏；因而，讀者或研究者，也同時可以經由如是文學與現實的對話關係中，翔實地去揀選並細究小說故事中所「蘊涵的現實意義」。

所以，取材自農村社會與農民生活所書寫的農民小說，在虛構的故事裡，人物所搬演的情節，或許即是揉合了農村與農民所面對的真實，而透過對作

---

〔註4〕參見葉石濤：〈恢復優秀的台灣農民文學傳統〉，收入葉石濤：《走向台灣文學》，頁84～85。

〔註5〕齊邦媛：〈《中華現代文學大系‧小說卷》序〉，收入齊邦媛：《霧漸漸散的時候》（台北：九歌，1998年10月），頁90。

品的閱讀，不僅是認識農村生活現實的渠道，同時也能從中理解農民的處境，以及其背後的成因。而且，農民仰賴土地種作維生，順應四時節氣與自然運行的規律，進而得以與萬物同享安身立命，自有其順天應人的意義與象徵，因此除了農民與土地的關係之外，在農業生產關係鏈中積累而成重層厚實的人本思想，也孕育在農業生活的過程裡。如是深層的意涵，藉由文字能夠曲盡而透析的功能特性，也使農民小說能對於傳統的農民意識，傳遞最為貼近的人文關懷。

準此，則開發伊始即以農業生產模式為主的台灣社會現實面，在歷經時代更迭、政權移轉，以及迥異的政經發展等諸般外在客觀環境的影響下，農村社會總也必須或無奈地相應產生改變，而歷來眾多作家從中汲取題材，置入於筆下敘說的小說故事裡，或為批判，或為緬懷，也或為了情傷，甚至是為表達意識型態以挖掘問題，但統總而言，如是農民小說的創作，同樣也歷經時代的轉變呈現不同的內涵與相異的特色，在台灣歷史發展過程中的每一個階段裡，具體而微地反映了農村社會與農民生活的真實面貌，並且具有一定的廣度與深度。

本書內容試圖觀察分析在台灣歷史進程中，政經環境與社會文化的遞嬗發展，以及台灣農村社會歷經的變遷，藉此以為農民小說的閱讀背景基礎，除了對小說作品由豐富多樣轉趨於式微的過程，形成歷時性的脈絡考察之外，同時也將對於各階段的農民小說文本做深入的閱讀與解析，包含農民形象的塑造、農家生活的寫照、農村社會的面貌與農民意識的闡揚等小說素材，並且探索不同時期外在政經環境與文藝思潮的影響，討論現實與文學的交相為用，以及各家小說語言相異的特色與風格。如是，期能清晰地掌握農民小說在台灣文學發展歷史各個階段之中，其相應表現的主題內涵與藝術價值，甚至於所能夠代表的歷史意義，援以架構成台灣農民小說發展的規模。

## 第二節　解讀範圍與本書結構

農民選擇適宜的自然地理環境，從事農業植栽、畜養的經濟生產活動，以維持身家性命，繁衍氏族子嗣，進而群居而形成農村聚落，衍生出相關於農業生產的諸多生活運作，以及聚落之間所產生的聯繫，綜合而構成農村社會。而以農村社會為背景，並以其中的自然、人文景觀、農業活動、農民行為等作為取材範圍的小說創作，可以名之為「農民小說」。

　　農村社會的構成主體在於農民，而農村社會的運作，主要也取決於農民置身於其中的行為，準此亦可簡言之——取材於農村社會的小說創作，即是「農民小說」。

　　本書對「農民小說」的定義一如上述，援以討論的小說作品，大抵具有如是清楚且易於辨識的樣貌。而前行研究者對「農民小說」一詞的定義，比較明確的應是戴春足，其於 2004 年提出的碩士論文——《七○、八○年代洪醒夫、林雙不、宋澤萊農民小說研究》中，先引用大陸學者董大中對「農民文學」的定義如此：「從理論上說，應該包括三方面內容，一是農民寫的文學，二是寫農民的文學，三是寫給農民看的文學。但寫給農民看的文學，內容過於寬泛，難以具體界定，也就把它排除在外。而農民寫的文學，大都是寫農民的文學，因之所指的農民文學，跟過去所說農村題材文學意思相近」〔註6〕，所以戴春足據此「一般通說」，認為凡是寫農民的文學便是農民文學，並援以認為「農民小說」乃是「以農民為描寫對象的小說」，而且進一步申明：

　　　　申言之，農民小說是指那些直接或間接、正面或側面反映台灣農民
　　　　生活、農民與土地、農民抗爭事件，並或多或少觸及政府當局農業
　　　　政策的小說。〔註7〕

　　本書所指涉的小說作品，大抵與戴春足的定義相同。至於所欲解讀評析的小說文本，則界定其創作內容乃是以台灣本土農村社會為取材範圍，並以短篇小說為主要討論對象，兼及少數中篇作品；至於長篇巨幅，一則因為數量相對較少，再則所謂「大河小說」系列作品中雖涉及農民題材的書寫，但近年來此方面的研究也已自成體系，故本書將不置為討論之重點。

　　基於此取向與範圍，縱觀台灣農民小說的發展，由日據下 1920 年代新文學開展後的中文作家，如賴和、楊守愚、蔡秋桐等人的作品起始，到以日文書寫的楊逵、翁鬧、呂赫若等作家的創作，以迄於戰後的鍾理和、鍾肇政，及至於李喬、鄭煥、鄭清文、鍾鐵民、黃春明、洪醒夫、宋澤萊、吳錦發、東年、林雙不、履彊等作家取材於農村社會的小說，歷數作品的題材、創作取向、書寫的風格與特色，並且評析文本內容所達致的藝術成就，甚至是所欲傳達的意識型態，同時見諸隨著時空環境的換移、政經發展的衝擊、社會

---

〔註6〕董大中：〈農民文學：如何突進〉，《中華讀書報》（1998 年 12 月 30 日），版
　　　　10。轉引自戴春足：《七○、八○年代洪醒夫、林雙不、宋澤萊農民小說研究》
　　　　（彰化：國立彰化師範大學中文研究所碩士論文，2004 年），頁 3。
〔註7〕同註6，頁 3。

文化的變遷與文學思潮的脈動，對台灣農村社會與農民小說所造成的影響。

至於台灣農民小說發展歷程的觀察，由於台灣客觀環境的政經局勢與文化層面的遞嬗，對農村社會與農民小說創作的影響，從1920年代伊始，在台灣歷史演進的轉折點上，以十年分期的方式頗爲吻合，尤其是自1950年代以後的台灣政經發展。雖然十年爲期的分段方式，自必存在著觀察的盲點，但是許俊雅認爲：「探以每十年爲一橫切面檢視，緣以政經變遷大致符合此十年一階段情況及論述之方便」﹝註8﹞，所以，本書除了1930至1950年代，以及1980年代以降，論述概以十年分期，分敘台灣農民小說的奠基、興盛與頓挫、沈潛、復甦、轉變與式微等階段，但如是分期方式並非截斷歷史進程的連續性，同時也不以創作美學主流彰顯各階段特色，然而誠如邱貴芬所言：「任何歷史敘述都不可能完全袪除概約的論述方法，否則歷史的分期和敘述將無法進行」﹝註9﹞，因而所援用的歷史敘述模式，雖牽涉概約的十年分期，然而對作家並不形成截然斷代的區隔，而以作品創作或出現的時間，分別納入所屬的分期階段中作討論，如是也更能清晰地觀察作品與外在環境的關連。

對於章節之安排，在首章緒論中，分列書寫動機、目的、範圍與架構，並對相關台灣「農民小說」歷來的文獻作探討，除了釐清書寫方向與閱讀策略之外，也期能建立討論與對話的基礎。而在本論二至七章的內容裡，均將對各個發展時期的政經、文化背景以及文學思潮先行考察，再針對小說文本進行閱讀析論。

第二章討論1920年代農民小說的奠基時期，同時也是現代性與殖民性重疊下的新文化運動，以及新文學運動開展與辯證的階段。而日據下的台灣社會也就是農村社會，呈現於殖民體制裡的台灣農村社會現實面，即是受到「工業日本、農業台灣」殖民政策的制約，因結構性問題所產生的諸多失衡現象。所以農民小說中題材的選取，除了呈現農村生活各種環節的面貌之外，作品中更多的內容，是反映在資本主義與殖民主義多重力量剝削與擠壓下，農村破敗的事實與農民困窘的處境，以及殖民體制的蠻橫與階級壓迫的醜惡，此階段如是題材的農民小說，是爲創作的主流。

第三章敘說1930年代並歷經戰爭時期的「皇民化運動」，以迄於日本戰

---

﹝註8﹞ 許俊雅：〈光復後台灣小說的階段性變化〉，收入許俊雅：《台灣文學論——從現代到當代》（台北：南天，1997年10月），頁210。

﹝註9﹞ 邱貴芬：〈從戰後初期女作家的創作談台灣文學史的敘述〉，收入邱貴芬：《後殖民及其外》（台北：麥田，2003年），頁55～56。

敗投降，農民小說由興盛到頓挫的發展。在殖民現代化的持續衝擊下，台灣農業雖經現代化的提升，卻始終無以掙脫殖民母國的經濟附屬地位，而戰爭時期的經濟動員更是緊箍嚴峻，也導致傳統農村社會的變異。此一時期文學藝術手法日益成熟，日文書寫能力的養成與鄉土文學論戰的影響，不僅使文學表現媒介的文字使用呈現多樣面貌，而文藝大眾化的命題與寫實主義精神的實踐，也進而形成文字的使用與文化認同問題的論辯，注重反映現實的寫實風格依舊，加以社會主義思潮的影響，作品中所在多有的具體內容，似乎仍是作家無法視而不見的農村社會與農民，縱然在戰爭時期必須與皇民化運動進行拮抗掙扎，農民小說的發展於文學奉公的極端約束下，陷入書寫困境之中而頓挫，但卻未曾消失，一仍反映出在那個所謂「日本天年」裡的悲哀和困窒。

第四章檢視戰後初期與 1950 年代農民小說創作趨向沈潛的階段。戰後初期農民小說以後殖民書寫為主要內容，但由於政經局勢的紛亂，終至而有「二二八事件」的悲劇，並形成籠罩台灣社會的肅殺氛圍。而國府亟欲在台構建國族認同，去殖民化取向的極端語言政策，迫使習於日文書寫的作家身陷語言轉換的困境，期間雖有「橋」副刊提供論述的平台，然而迫於局勢仍無以力挽文學反映論的式微。1950 年代之初土地改革工作的遂行，徹底改變台灣農村社會的結構，並在「進口替代」經建計畫的影響下，台灣農業呈現未有的榮景，但是農民意識昂揚之際，並非無有衍生的問題，所以此際的農民小說應有不同的格局與面向。但在國府建立的威權體制與文化霸權指導論述下，台灣社會被制約於單一框架，文藝也必須屈從於政治的導向，配合「反共抗俄」的政治正確性凌駕一切，因而造成台灣文學的發展，呈現異質而偏斜的語境，農民小說也必須慎選題材，形成壓抑迂迴的創作語言。

第五章觀察 1960 年代農民小說沈潛後的再出發。1960 年代伊始，國府即面臨日漸被壓縮的外交空間與「反共復國」希望漸趨渺茫的雙重焦慮，為求威權體制的鞏固，於是持續實施戒嚴統治的內政防範，甚而有虛假的文化復興運動，與彼時「西化」的呼聲，形成中西文化的拉鉅，但也無從遏止文化的多元紛呈。同時台灣也來到經濟發展型態的轉變時刻，經建計畫裡的「出口替代」雖使台灣工業與出口貿易日漸隆盛，但同時也相對地造成農村社會的多重壓迫，致使台灣農業的發展於 1960 年代中期後即江河日下。而文化的多元紛呈不僅滋養了文學雜誌的散播效應，也拓展了文學創作場域，列舉此

時期文學雜誌之犖犖大者及其脈絡系統，亦可見現代主義與寫實主義的並存共容，以及寫作路線的自主走向，同樣都表達了對文化霸權論述的反詰。農民小說題材的挖深織廣，與寫實傳統的再現，除了摹寫鄉土風貌之外，對台灣農村社會所面臨的時代衝擊，無不具有深刻的人文關懷。

　　第六章論述1970年代農民小說內容的轉變，與外在客觀環境緊密相關。釣魚台事件預見了台灣在1970年代即將面對的連串嚴峻挑戰，國際客觀局勢的轉變，考驗國府「漢賊不兩立」的意識型態立場，退出聯合國終成事實，也導致台灣在國際地位的持續邊緣化，知識分子面對困窒局勢，開始反省與思考並重新看待自己生存的場域，激發而出的鄉土意識與本土關懷，積累而促成第二次鄉土文學論戰。同時在石油危機下十大建設進行的公共建設卻擴大了內需市場，對台灣經濟產生重大影響，然而此際台灣農業卻已呈現勞力短缺、老化、農業收益降低等窘境，諸多試圖振衰起敝的策略仍無以挽救農業的傾頹，但工業發展對水源與土壤的污染依然持續惡化，耕地漸成商品，台灣農村社會又再次產生結構性的變化，同時文學反映論也透過鄉土文學辯證再度獲得強調，農民小說的取材視角歷經轉換，作品內涵相應展現了不同的面貌。

　　第七章分析1980年代以降農民小說呈現式微發展的成因，與社會文化多元時期的作品特色。在出現所謂「經濟奇蹟」之後，台灣的產業結構已經發生了明顯的質變，農業生產早已因爲政府對農業投資的不足，產銷制度沈疴未解，農會未能發揮角色功能等癥結，始終無法改善農民處境相對匱乏的現實，甚至在國際貿易談判中，淪爲紓解國外農產品進口壓力的犧牲品，而在1980年代後持續的經濟自由化以至於全球化趨勢下，台灣農業發展的進路唯有更形坎坷。同時在1980年代以後，台灣文學也朝向多元發展，台灣意識文學論確立之際，解嚴後的文化界與文學創作呈現「眾聲喧嘩」的複調多樣，農民小說也隨著展露了不同的語境，雖然台灣農村社會所面臨的考驗更形嚴峻，但是農民小說似乎俱與農本主義、農民意識的趨向淡薄一般而日漸式微，而就作品內容與創作取向進行深層閱讀，並梳理其發展脈絡，或可查究端倪。

　　第八章回顧台灣農民小說發展的歷程並檢視小說作品的台灣文學經驗，除了不同時期所呈現的特色及其時代精神之外，並論斷文學反映論的意義與價值，是爲結論。

# 第三節　閱讀策略與文獻探討

　　現有文獻裡，縱論台灣農民小說的發展，在一般論評文章的作者中，當以葉石濤最具代表性，從收錄在《走向台灣文學》一書中的〈論台灣農民文學的傳統〉與〈恢復優秀的台灣農民文學傳統〉兩篇文章，到收錄於《台灣文學的困境》中的〈文學來自土地〉與〈回饋無路〉，甚至在〈回顧八〇年代台灣文學〉一文中，均對於台灣農民小說自日據時期以來的發展脈絡，一再提出看法〔註10〕，其中篇章上文已有所論及。

　　然而，1985 年葉石濤對作家周梅春長篇力作——《轉燭》的評論，於《文訊》刊出的〈農村婦女哀史——評《轉燭》〉一文中，對於台灣農民小說的發展，當是最完整深入的敘述分析。葉氏在這篇文章之中，論述農民小說的發展脈絡雖然與前述幾篇文章大同小異，然而對於歷來農民小說的風格與內涵，卻提出了有別於其他篇章的深入剖析，以及獨到的批評意見。

　　論文指出，以日據時期的農民小說創作取向而言，從賴和一直到日據末期的作家，小說作品多少都以農民為題材，也都指向期待解脫殖民束縛的願景，因此作品充滿濃厚的民族風格，以反帝、反封建為主要的意識型態：

> 自然他們描寫農民和農村的小說都呈現了強烈的社會意識。然而過
> 份的社會意識也多少損害了文學作品的藝術性，同時也招致了劃一
> 和單調的作品風格；在他們作品裡出現的農民缺少具象化，流於抽
> 象而缺乏個性的群眾。〔註11〕

　　言下之意，日據下作品所表現的意識型態，造成台灣農民小說普遍的缺失，是「對農民日常生活也缺少了細膩動人的刻劃」〔註12〕，所以形成此類型作品的單一化，減損了藝術性。而在戰後台灣經濟逐步工業化的發展過程裡，也由於農村社會漸次受到擠壓，遭逢衝擊，諸多農民小說表現的創作意識，同樣也具有強烈的社會性觀點，所以葉石濤認為，這一類型作品，「只能說抓住了農民生活的社會性層面，還不能說成功地捕捉了農民生命的本質」、「缺乏了凝視農民永不改變的永恆性格的觀點」〔註13〕，其意所指，當是作品忽略了對深層農民意識的觀照，而側重於強調寫實主義的社會性功能。

---

〔註10〕參見葉石濤：《台灣文學的困境》（高雄：派色文化，1992 年 7 月）。
〔註11〕葉石濤：〈農村婦女哀史——評《轉燭》〉，收入葉石濤：《台灣文學的困境》，
　　　　頁 129。
〔註12〕同註 11。
〔註13〕同註 11，頁 130～131。

　　如是觀點，裨益於提供本書對作品所援用的閱讀策略，在歷來台灣農民小說作品中，以農村社會現實為張本，反映農民生活真實的書寫文本，除了寄寓意識型態之外，其中是否也不乏對於農民意識的挖掘，同時具有多元面向的素材。

　　至於，相關台灣農民小說的學位論文，前行研究中也已有所累積，就取材範圍與討論對象加以考察分析，應可酌分為兩類。

　　第一類是以綜論考察為研究取向，最早的成果應是 1995 年石弘毅的《台灣農民小說歷史考察（二〇～八〇年代）》，論文內容達致一定的成績，本書討論的範圍也與其最為接近，然石弘毅的論述著重在於歷史考察，援以討論的作家雖頗具有代表性，但對於小說文本的閱讀討論相對較少。

　　1996 年陳丹橘的《戰後台灣農民小說的類型演變》，以「農本主義」的興衰為脈絡，觀察戰後農民小說的演變，自有定見。以相關台灣「農民小說」為題的學位論文，尚有 2006 年陳南宏的《日治時期農民小說中的菁英主義與農民形象（1926～1937）》，對於日據下農民小說的題材，其所關注的焦點，亦具參考價值。

　　另外，雖不以「農民小說」為題，但也指涉相同內容的討論，有 2007 年張惠琪的《日治時期台灣農村小說研究》，與 2012 年江昺崙的《農村騷動敘事——1966～1988 台灣農民文學》，都頗有可觀之處，也能帶來啟發。

　　第二類即是以針對個別作家，或同時對多位作家的討論，前者有 2005 年蘇崇鴻的《洪醒夫的農民小說研究》，與 2008 年凌正峯的《呂赫若農民小說的左翼立場》；後者有 2004 年戴春足的《七〇、八〇年代洪醒夫、林雙不、宋澤萊農民小說研究》，與 2010 年林慧禎的《日據時期農民小說人物與敘事分析——以蔡秋桐、楊守愚、張慶堂為討論中心》，盡皆對於台灣農民小說的研究，漸次奠立厚實的基礎，在農民小說創作背景資料的蒐集與文本的解讀兩方面，都提供了後續研究者更為利便的研究途徑。

　　至於本書試圖書寫的方法與步驟，則嘗試以文學的歷時性發展為敘述脈絡，撰述的對象以台灣農民小說作品文本為主，解讀歷來農民小說創作取材的用心與呈現，並且憑藉文獻分析法，觀察台灣農村社會的演變，以及歷史進程各階段的文學現象與時代背景，輔以「文學社會學」的視角，在台灣整體政經、社會、文化組成的結構及其演變中，探勘文學外緣因素對農民小說創作的影響，同時透過解讀小說文本的內在研究，觀察相對應的外在客觀環

境，完整闡釋小說與社會的關係，並且縱觀其演變過程與歷時累積的作品成
就，以及作品所展現的時代意義，一如蔡源煌所謂：

> 以時代精神（zeitgeist）來審度文學表現，或者從文學表現裡去探察
> 它所反映的時代精神，不但有助於了解作品那個時代的文化、政治、
> 經濟背景，而且可以明確地建立一個特定時代的文學特徵。〔註14〕

其次，小說創作透過以文字為媒介，來塑造人物、安排情節與述說故事，
進而成為文學的類型，躋身藝術的層次，自有其美學上的要求。而台灣新文
學發展之初，寫實主義的標舉，對作品的創作美學取向自有一定的影響，其
後歷經時代演進嬗遞，各種文學思潮與意識型態的交雜衝擊，均使台灣文學
的創作與討論，呈現繽紛而多樣的走向，而廁列於其中意識型態較為強烈的
「農民小說」，同樣也必須透過美學的角度加以審視，不僅是求其真與善，亦
是求其美的文學藝術要求，透過上述視角概觀台灣農民小說的歷時演進，進
行歷史與文本的深入分析解讀，期能完整敘述台灣農民小說發展的流變。

---

〔註14〕蔡源煌：〈文學的外緣研究與內在研究〉，收入蔡源煌：《從浪漫主義到現代主
　　　　義》（台北：雅典，1987年12月），頁130。

# 第二章　1920 年代──農民小說的奠基

## 第一節　殖民體制下的台灣農村社會與農民

　　台灣的經濟主體在於農業，這是自從荷蘭據台時期就已經慢慢形成，而歷經明鄭、清治時期漸次形成規模。甲午戰敗（1894），乙未割台（1895），在台灣人民幾番奮力抗爭與殖民武力血腥鎮壓之後，日本在台殖民體制也與時俱進而漸趨穩定，諸多遂行殖民區域經濟體的建設，也按部就班逐項施行，基於「工業日本、農業台灣」的最高殖民政策指導原則，亟欲建設台灣成為日本本土的農業產品供應地，甚至理想化地希望台灣也成為日本工業製品的銷售地。

　　現今就歷史事實做觀察，也可以清楚地發現台灣農業經濟的產值，在整個五十年的日據時期，達至一定的豐厚數量；而以從事傳統農業種作、以農村社會為主體的台灣，即使是到了日據末期，現代化的程度已具有一定規模，但是工業的發展卻還是相對薄弱，整體工業經濟的生產，在產值上比例是偏低的。以 1907 年做觀察，當時殖民地台灣各種產業生產額中，以農業產額佔 81.7%為最高，直到 1937 年中日戰爭爆發，台灣進入戰時體制的前夕，仍佔有 47.9%；而工業產值雖然至此時提高到了 43.2%，但工業產值中有七成以上是來自「食料品」工業，單是「砂糖」就佔了「食料品」工業的六成〔註1〕；

---

〔註1〕 參考總督府殖產局「台灣工商統計」，轉引自張漢裕：〈日據時代台灣經濟的演變〉，收錄於張漢裕：《經濟發展與農村經濟──張漢裕博士文集（一）》（台北：三民，1984 年 9 月），頁 437～438。

所以，製糖工業即是台灣當時工業經濟發展的大宗，其工業原料即是甘蔗；易言之，日據時期台灣的工業發展，即便有一定的成長，但卻也還是與農業息息相關。

由此可知，台灣本是以傳統農村社會為主體，農業經濟的產出必須仰賴土地而得，因此土地財的重要性，就遠遠超過其他資源，耕地的取得與生產的控制權，就攸關農民生命財富的延續與蓄積，甚或僅僅只是基本生存權的維繫。但是日據前期的 1920 年代，肇因於殖民政府大幅度地取得台灣農村耕地的控制權，土地資源遭受剝奪，並左右農民對作物選擇的支配權，使得台灣農民的傳統生活方式與農村社會運作模式，都受到極大的影響。日據時期台灣農村社會「土地正義」的喪失，其實就是台灣農民所面對的最大衝擊。

## 一、殖民土地政策與農民

日據前期，殖民體制對台灣農民與農村社會造成影響最鉅的兩項措施，即是直接與土地相關的「土地調查」與「林野調查」，造成台灣農村社會耕地的控制權重新分配，並直接或間接影響了農民對於耕地作物選擇的支配權。這不僅使得台灣農民的傳統生活方式發生重大改變，也衝擊了台灣傳統農村社會的整體運作模式。

以下就 1920 年代，日據時期的台灣農村社會，因為土地資源的遭受剝奪，所引發的效應與造成的結果，舉其大要分別加以探討，期能對於日據下台灣農村社會的景況與農民的處境，有更清晰的勾勒。

台灣本是移墾型的農業社會，歷經荷蘭、鄭氏與清治各個階段，移民開墾的土地範圍也漸次擴大，然而由於土地制度不明確，農民對於租佃權的認定，大都因襲舊有成規，乃至約定俗成，時日一久，造成所謂「大小租」的問題，以及存在許多確有種作收成，但是實際上並未完糧納稅的「隱田」〔註 2〕；隨著時間的演進與時局的遞嬗，不僅土地的所有權不明確，相關土地交易的權益也受到影響，進而有礙於統治階層的管理與稅收。

之所以有「大小租」問題的形成，歷來多所討論，或可參見尹章義的分

---

〔註 2〕荒地開墾之後，應當將地點、四至和面積申報給政府，按照田地的面積和等級收取田賦，這個程序稱為「升科」。當時台灣升科的田園很少，大多數都沒有報請升科，這種情況稱之為「隱田」。參見尹章義：〈台灣開發史的階段論和類型論〉，收錄於尹章義：《台灣開發史研究》（台北：聯經，1989 年 12 月），頁 24。

析，加以簡言之，即是墾首向政府申請土地交給墾佃開墾，墾首稱為「業戶（業主）」，墾佃稱為「佃戶」，但是墾首自身未必是在地地主，佃戶反倒常常具有對土地的實際處分權；而隨著移民漸漸增加，耕地的需求日甚，墾佃又常將部分土地，再招佃交與「二佃」耕作，收取佃租；佃戶向二佃收取的田租稱為「小租」；相對於「小租」，佃戶繳納給墾首的田租稱為「大租」，因此，形成「業戶（大租戶）──佃戶（小租戶）──二佃（現耕佃農）」的土地所有權和耕作權的關係，所以經常造成一塊耕地同時有二人具有合法權利，也是所謂「一田二主」的由來。〔註3〕

　　土地所有權的模糊，以及對耕作權益的不安全感，勢必將會降低農民積極的生產意願，而整體農業發展的經濟效益不彰，也會直接衝擊國計民生。

　　所以，在清治時期，1885 年擔任巡撫的劉銘傳，即發現台灣土地所有權的混亂，其影響所致，將不利於政府課徵稅賦，於是在 1889 年決定進行所謂「清丈課賦」的工作，其內容即是將進行釐清地籍所屬，以便於課徵田賦稅金〔註4〕。但是劉銘傳此舉卻引發坐擁廣大土地豪族的不滿，反對聲浪高漲，以致於未竟全功；究其實最主要的障礙，乃在於如果一經清查，則包含未經登錄的「隱田」在內，地主們將必須繳納更高額的稅賦。

　　日本順利割據台灣島以後，上述相關的土地問題的釐清與解決，便成為殖民體制下的當務之急；而受到直接衝擊的，則是台灣住民中佔有最高比例的農民，其受影響的層面，可謂既深且廣。

　　日據初期，第四任總督陸軍中將兒玉源太郎，於其任期之中（1898～1906）選派後藤新平為行政長官，積極進行殖民地的各方面基礎建設，為台灣的現代化進行奠基的工作，陸續完成了土地、林野調查，灌溉系統的開鑿，交通建設的架構，這些措施，也同時令台灣的農業生產，一併得到現代化的提升。

　　兒玉源太郎秉持「明治維新」運動以降的奮進精神，也為日本新興帝國

---

〔註3〕尹章義同時也指出，理論上若一再轉佃，可能出現一田四主甚至五、六主的局面──只要土地的產能足以負擔重重的租額，但實際上一田三主的負擔就已經夠重了。同註2，頁25。

〔註4〕據載「於時台灣田賦既重，加以豪強兼併，天災人禍；於日既久，而無田之賦，與隱欺吞匿之現象，無不有之，頗礙國計民生。光緒十一年（1885），台灣建省，巡撫劉銘傳，因欲量丈田畝，清查賦稅，以增收入」。台灣省文獻委員會編：《台灣史》（台北：眾文，1988 年 10 月），頁 463。

主義的擴張競爭力作考量，認爲殖民地台灣在帝國中的首要任務，即是積極發展農業經濟，增加台灣農業生產力，並且特別著重在糧食與農產品原料，以補日本國內生產的不足，秉持著「農業台灣」的最高殖民政策；所以對於殖民地台灣的經濟任務，兒玉有如下的目標：

> 今天台灣最急要的工作是開發資源……如果本島的生產額不久能增加一倍，如此才能與世界上其他國家並駕齊驅。唯有如此日本才能夠與西歐國家在同等的立足點上從事經濟作戰。〔註5〕

欲開發台灣資源以厚植日本帝國的經濟作戰能力，重點即在於發展農業、提高農業生產，而其首要的工作，即是釐清台灣耕地的面積與所有權，嗣後相關農業政策與建設，方能加以實施並且貫徹。所以，「土地調查」工作，在行政長官後藤新平高效率的擘劃執行下，首先於 1898 年設置「臨時台灣土地調查局」，發布台灣地籍規則，進行土地調查與整理的工作，至 1904 年全部完成後，隔年並制訂土地登記規則。而經過全面調查的結果顯示，台灣總耕地面積由調查前登記在冊的 36 萬 6 千餘甲，增加了幾達一倍，成爲 63 萬 3 千餘甲〔註6〕，足見「隱田」數量之高。

而對於台灣農地源於歷史因素，所衍生而來的土地所有權紊亂與大小租的問題，殖民政府也以強制手段，發行公債收購大租戶的業主權（土地所有權），並且確立小租戶爲業主，以明確的產權爲基準，進一步明訂徵稅原則與辦法，此舉不僅建立了台灣土地所有權制度，同時也爲殖民地的土地稅收確保了穩定的來源。

值得一提的是，經過如是的清查後，殖民政府在田賦的稅收方面，較之清查工作前的 1896 年，成長了三倍有餘〔註7〕，對於殖民政府的財政有明顯助益；隨後鐵路與港口的陸續建設，菸、酒、食鹽與鴉片等專賣事業，加上地方稅制的實施與製糖工業的發展，使得殖民地台灣的財政自主化，提前於 1905 年就已經達成〔註8〕，不需再繼續仰賴日本殖民母國的挹注。這距離佔領

---

〔註5〕 馬若孟（Ramon H. Myers）著，陳其南、陳秋坤編譯：《台灣農村社會經濟發展》（台北：牧童，1979 年 2 月），頁 197。

〔註6〕 台灣省文獻委員會編：《台灣史》，頁 617。

〔註7〕 1896 年的土地稅收僅有 86 萬餘元，經過土地調查工作完成後，依據新訂的土地稅率所徵收的田賦，在 1904 年已經增加到 298 萬餘元。台灣省文獻委員會編：《台灣史》，頁 617。

〔註8〕 殖民政府兒玉、後藤統治階層於 1899 年提出財政二十年計畫，計畫中原訂預計於 1909 年達成殖民地台灣完成財政獨立自主的構想。參見矢內原忠雄著，

之初的 1895 年，僅僅只有 10 年的時間，兒玉總督與後藤行政長官的執行力不可謂不強，但相對而言，殖民統治的強悍，亦可從中以斑窺豹。

然而殖民地台灣的財政雖然得到獨立自主，農民對於土地的所有權似乎也受到一定的保障，在保有耕地的安全感提升後，農業生產力也隨著提高。但是土地調查工作的目的，相對於帝國殖民統治的本質而言，卻一如矢內原忠雄所羅列的看法，除了由於釐清地理地形而得到治安上之便利，加上地租稅制得以改訂，裨益財政收入增收外，更重要的是，明確劃清權利關係，使土地的交易獲得安全的保障而得到經濟上之利益。

使土地的交易獲得安全的保障，這一點對於台灣土地的影響是既深且遠的，所以矢內原忠雄一針見血地指出，土地調查的後續效益，將是能成功地吸引日本母國資本家的投資：

> （土地調查）這種經濟上的利益，主要成為資本的誘因，給予日本資本家對於台灣的土地投資及企業設立以安全保障。……如此一來，土地調查成為台灣資本主義化，日本資本征服台灣的必要前提與基礎工程。〔註9〕

這說法清楚地顯示，土地所有權的確立，對私有財產提供了保護，雖然保障了一般台灣農民土地買賣的權益，甚至提高生產意願，但卻也同時為日本資本家鋪路（如製糖會社），提高在台灣投資的安全性，成功地完成了日本資本家巧取豪奪台灣耕地的先遣任務。這無異於直指帝國資本主義剝削的本質，而台灣的土地將漸次遭到資本主義掠奪，台灣農民所受到的衝擊，也將逐漸加劇。

讓我們再觀察繼之而來的「林野調查」工作，同樣也使得台灣農民飽受剝削，這是身處殖民地農民難以逃脫的苦難，所謂「土地正義」也蕩然無存。

靠近山地區域的林野土地調查工作，也在平地的土地調查完成之後，便接著著手進行；工作進程分為兩個階段，首先是「林野調查」（1910～1914），其目的是將確認林野地官有與民有的公私區分，並依據 1895 年據台之初即發布的「林野取締規則」認定原則——「凡無地契及其他確證可資證明其所有權之山林原野，悉為官有」；然而長久以來台灣林地所有權之認定，大都附屬在田畝或厝地，少有契據以資證明所有權，即使是涉及交易，也習用口頭立

---

林明德譯：《日本帝國主義下之台灣》（台北：吳三連台灣史料基金會，2004年 2 月），頁 80。

〔註 9〕矢內原忠雄著，林明德譯：《日本帝國主義下之台灣》，頁 35。

約〔註 10〕，所以經過清查結果，所有權屬於民有者僅 5 萬 6 千餘甲，而劃歸官有的林野卻高達 91 萬 6 千餘甲，佔有比例高達 94% 以上〔註 11〕。

第一階段的林野調查工作完成後，殖民政府取得絕大部分林地的支配權，雖然其中有許多土地為農民長期開墾使用，卻未能具體確定所有權，這類林地殖民政府則向農民徵收一定的保管費，准予繼續使用，但是也制訂諸多限制〔註 12〕。因此，台灣農民喪失了開發利用的權利，甚或失去了林地，生產權受到了嚴重剝奪；不僅如此，殖民政府的後續作為，使台灣農民面對土地遭掠奪的窘況，持續惡化。

因為殖民政府有鑑於土地所有權未能徹底解決，將不利於殖民經濟發展所需，乃再度進行第二階段的林野調查工作，於 1915 年實行「官有林野整理」（至 1925 年完成），其中最重要的目的之一，是為了使長期佔有但不具有所權的林地強制勒令承購或放領，讓林地所有權能得到清晰認定，以期能一方面建立官有林地處分權的基礎，另一方面也讓私有林地得到利用或交易上的保障。

殖民政府對於林野調查的積極用心，除了掌控大部分台灣林地的支配權，相對影響了農民生計之外，其目的也是為了吸引日本母國資本與資本家來台投資，造成日後殖民政府為了掩護資本家掠奪土地，產生諸多不公不義的行為；所以殖民政府繼「土地調查」後，接著進行的兩階段「林野調查」工作，其所造成的結果，一如矢內原忠雄的評論：「這就是林野的資本主義化」，陸續為日本資本主義進入殖民地台灣做準備：

> 這是台灣土地被投入資本主義企業的前提，又為資本得以依序要求
> 控制台灣全部土地的順序。蓋資本主義乃以確立完全的私有財產制
> 度為不可或缺的基礎。〔註 13〕

經過兩階段的林野調查工作後，殖民政府所劃歸公有的土地，面積遠比

---

〔註 10〕 吳三連、蔡培火、陳逢源、葉榮鐘、林柏壽著：《台灣民族運動史》（台北：自立晚報社，1987 年 1 月），頁 497。

〔註 11〕 台灣省文獻委員會編：《台灣史》，頁 618。

〔註 12〕 據矢內原忠雄的研究指出：「在官有土地之內，也有當地人民久經善意佔有，而從事竹木採伐等經濟利用的，即有所謂『緣故』關係的。緣故關係者的業主權，雖不予承認，但其利益則予以保護。因此乃在保管林的名義下，仍許其繼續佔有利用，惟附以某種限制而已。對於這種林野，則規定徵收相當的保管費」。同註 9，頁 35。

〔註 13〕 矢內原忠雄著，林明德譯：《日本帝國主義下之台灣》，頁 38。

「土地調查」取得的耕地要更爲廣大，土地的掠奪莫此爲甚；因爲台灣農民向來視爲自由取用的山林資源，殖民政府也歸爲官有，甚至限制農民進入山林採伐，也迫使眾多依山而居，仰賴山林爲生的農民，因爲失去生存依據而處境頓陷窘迫。這對台灣農民的傳統農業操作的影響，也如同「土地調查」一樣，傷害良深。

　　土地資本化以後，殖民政府運用強勢的主導權，將之順利交到資本家手中，這過程將在下一單元加以闡述；除此之外，殖民政府對土地分配的不公不義，如「官有地拂下」，便又是其中顯著的一個例子。

　　1925年，殖民政府發布「官有地拂下政策」，這又是另一種對台灣土地剝削的方式，農民的權益又再次受到戕害。

　　所謂的「拂下政策」，是台灣總督府爲了要安置退職的日本官吏，並且增加日人在台居留的意願，以提高島內日籍人民的比例，就將官有地放領或批售給退休官吏，供其使用或轉租給台灣農民，總面積高達4千7百甲〔註14〕，這其中包括許多認定爲所謂「無斷開墾地」，也就是「未經許可逕自開墾」的土地，然而這些土地，也都是台灣農民胼手胝足拓墾開闢的田園，卻悉數遭剝奪而圖利日人，種下了如是的禍因：

> 官有地百分之九十七以上，概由退役、退休之日籍文武官吏、日
> 人財閥集團以及部分御用紳士包攬承租、承領，再行轉租予農民；
> 一般農民欲直接承租承領，絕不可能。互日據數十年間，日人中
> 間階級，利用官有地，高租轉佃，剝削貧農以自肥，屢見不鮮。
> 〔註15〕

　　耕地易主，農民爲了營生所需，被迫成爲承租耕地的佃農，境遇乖舛：而土地是最重要的生產財，日據時期土地的生產，本即是當時台灣社會的經濟命脈，但是當時在台日人所支配之耕地與山林土地，比例是相當高的。張漢裕有如下的統計：

> 結果直到光復時止，台灣總耕地85萬甲中屬於日人的約達16萬甲，
> 這就是說當人口6%的日人，佔得18%的耕地。至於森林，其偏向
> 於日人的比例，尤甚於此。〔註16〕

〔註14〕參見葉榮鐘等著：《台灣民族運動史》，頁498。
〔註15〕台灣省文獻委員會編：《台灣史》，頁520。
〔註16〕張漢裕：《經濟發展與農村經濟》，頁403。

　　台灣的農耕地，經過如是的重新分配，土地正義嚴重流失，無怪乎台灣農民於訴求無門之餘，唯有起身抗爭一途，這也就是各地農民運動風起雲湧的主要成因之一。

　　不可否認，日本殖民台灣五十年的時間，在強力的殖民政策推行與建設之下，現代化的台灣農村經濟發展是有長足的進步，但是這樣的經濟效益，一般農民卻遭摒棄於外，盡皆為統治階層及其羽翼下的財團、地主所獨占，正如張漢裕所言：「土地的所有，一面現代化，一面殖民化了」〔註17〕。矢內原忠雄也清晰地點出殖民體制如是土地分配的殖民（政策）本質：

> 一方面是土地集中與農民無產化的程度加深，同時耕地支配權愈被擁有優越資本力的日本資本家所侵蝕。……土地的壟斷控制及日本資本家朝此方向的發展，可說是台灣土地問題發展的結果，也是今後的傾向。這也是殖民政策的意義。〔註18〕

　　殖民地台灣的土地資源，終將為殖民政府所掠奪，大多數農民失去了最重要的生存依據後，殖民體制扶植保護的資本家與地主，則又相繼啃咬農民最後的剩餘價值，使台灣農民淪落為真正的無產階級，「生生所資，未見其術」，僅能成為日本帝國剝削體系下最弱勢的族群。這或許也是殖民地無從逃脫的苦難，以及被殖民者的悲哀。

## 二、製糖會社與蔗農

　　如前文所述，對台灣農民與農村社會造成影響最鉅的「土地調查」與「林野調查」完成以後，造成土地的控制權大幅度地重新分配，資本主義入主台灣土地資源，直接或間接影響了農民對於耕地作物選擇的生產權。其中最為顯著的例子，即是製糖會社對土地資源的獨占。

　　殖民政府除了提供官有地，任由製糖公司無償借租，更以其強勢的統治者姿態，迫使台灣農民出賣自己的耕地；雖然日據時期並沒有留下精確的統計數字，但根據矢內原忠雄的概估，至1926年為止，日本人擁有支配權的土地中，大部分是集中於少數日本資本的製糖會社（公司），各新式製糖公司所控制的土地，包含所有地7萬8千餘甲，加上取得耕佃權土地有2萬5千餘

---

〔註17〕張漢裕：《經濟發展與農村經濟》，頁403。
〔註18〕矢內原忠雄著，林明德譯：《日本帝國主義下之台灣》，頁44。

甲〔註19〕，所以製糖公司不僅是利益獨占的資本家，同時也是控制台灣蔗農的最大地主。

然而相對於日本資本家漸次所壟斷的製糖利益，反觀耕地的侵蝕掌控，其實只是台灣農民蒙受苦難的開端而已。

台灣蔗糖的有計畫生產，始於荷蘭據台時期的刻意經營，當時招募大陸沿海居民前來開墾，貸予農具與資金，獎勵漢人植蔗製糖。連橫《台灣通史》有云：「（荷蘭）制王田，募民耕之，所產之物，米糖為巨。」足見甘蔗的栽種與蔗糖的生產，在糧食作物外，是為傳統台灣農業經濟作物的大宗。其後歷經明鄭、清治時期的延續，產量雖然漸次增加，但盡皆為舊式糖廍的生產模式〔註20〕，並不具有大量生產的效率。

建立台灣現代化製糖工業，且能創造龐大的經濟利益，是在日人據台時期所完成的；然而如是效益，卻是來自於剝削台灣蔗農的重重過程。

根據記錄，日本於據台之前的1894年，日本本國砂糖消耗量為400萬擔，其中320萬擔全係仰賴進口〔註21〕，這樣的進口數量對日本財政是一大負擔，所以殖民政府據有台灣之後，即對糖業的發展採取積極態度，除了保護與獎勵，構築農業相關建設外，並進一步開始對甘蔗品種加以改良，以期收到最大的效益。

兒玉源太郎、後藤新平殖民領導階層就任之後，就將發展糖業視為建設台灣殖民地經濟的重要任務。而如是方向，其實也是著眼於將台灣納入日本資本主義經濟體後，基於「工業日本、農業台灣」的分工所做的考量。1901年，農學博士新渡戶稻造受後藤新平之邀來台任職並考察了全島糖業後，就當時台灣的製糖業現況與製糖工業改良方法等層面的問題，向兒玉總督提出了「糖業改良意見書」，這份報告書的內容，遂成為日據時期製糖工業發展

〔註19〕此指製糖公司取得一般耕地而言，合計10萬3千餘甲，約佔台灣耕地面積八分之一強，尚不包含其他林野土地與花東地區。矢內原忠雄著，林明德譯：《日本帝國主義下之台灣》，頁43。

〔註20〕舊式糖廍是由圓錐形之棚屋（壓榨甘蔗的地方）及熬糖屋（煮糖的地方）兩部分構成。棚屋底部約50尺，高約30尺，內部以麻竹支撐，屋頂以茅草、稻草、或甘蔗葉等鋪蓋而成，規模較小，平均每15甲蔗田便設有一所糖廍，臨時搭建為多，製糖終了就拆除，以牛畜的役力轉動石磨榨汁。參見林崇仁、楊三和著：〈台灣糖業之發展與演變〉，《台灣文獻》第48卷第2期（1997年6月），頁49。

〔註21〕矢內原忠雄著，林明德譯：《日本帝國主義下之台灣》，頁251～252。

的藍圖，台灣現代化的製糖工業於焉展開。

其實新渡戶稻造的報告書中，同時也包含了對蔗農權益的保障，諸如糖價公定與甘蔗保險，以及由蔗農組織的製糖協同組合等，但是殖民政府刻意擱置如是建議內容〔註22〕，造成蔗農在製糖工業體系中的角色，在往後的歲月裡，淪為蒙受損失最大的犧牲者。

1902年，殖民政府訂立「糖業獎勵規則」，獎勵內容大抵有資金補助、確保原料、市場保護等措施，亟欲吸引日本母國資本家的投資；因為這樣的獎勵政策，使得台灣本地的糖業資本，也積極投入製糖改良或建立新式製糖廠，然而當時的日本資本家，對於來台投資，大多數仍抱持著觀望的態度。迨至日俄戰爭（1904～1905）結束，日本經濟景氣漸次活絡，又適逢殖民政府頒布「製糖廠取締規則」〔註23〕（1905），日本資本家於是開始進駐台灣設立大型新式製糖廠。而隨著大批資金湧入，所以「總督府竟得以逐漸擺脫直接物質援助的負擔，而改以行政支援協助新糖廠的設立」〔註24〕，但是究其實，其所謂的「行政支援」，即是強勢的殖民權力運作，除了依據「製糖場取締規則」對日資新式糖廠予以保護外，就是制訂了對一般台灣農民影響最大的「原料採取區域制度」；矢內原忠雄稱前者為「製糖壟斷」，限制了糖廠的新設或擴大，將擠壓台灣本土製糖業者的生存空間，最終難逃被合併或無以為繼的命運；而稱後者是「原料壟斷」，影響所及，最終將任由台灣蔗農淪落為「農奴」的地位。

所謂的「原料採取區域制度」，是為了確保甘蔗原料的來源無虞，更為了避免各糖廠間為爭奪原料而造成蔗價哄抬，拉高了製糖成本，於是殖民政府運用強勢行政力量，考量糖廠規模，為其劃定原料採收範圍，並且明訂：

> 區域內的甘蔗，未經政府許可，不得用作砂糖以外的製造原料，即
> 甘蔗栽培者必須出售其甘蔗給指定的製糖工廠。〔註25〕

這規定意即限制了蔗農對於甘蔗原料的自由支配權，除了甘蔗不得運往其他區域之外，甘蔗的收購價格也因為執行面的偏頗，潛藏著不合理的因素。

---

〔註22〕參見葉榮鐘等著：《台灣民族運動史》，頁500。

〔註23〕「受到寬厚的補助以及其他保護措施誘引的日本資本，於1906年後乘著戰後景氣，大舉來台投資」。柯志明：《米糖相剋——日本殖民主義下台灣的發展與從屬》（台北：群學，2003年9月），頁73。

〔註24〕同註23。

〔註25〕矢內原忠雄著，林明德譯：《日本帝國主義下之台灣》，頁255。

　　雖有「原料採取區域制度」限定甘蔗出售的對象，但是政策上卻不限制栽種的自由，因此即使耕地位於採收區域內，卻是可以參考製糖會社公布的收購價格，選擇不栽種甘蔗。選擇栽種與否所做的考量，張漢裕說明得很清晰：

> 通常製糖會社在栽蔗季節將要開始前，發表甘蔗的收購價格。農民便把它和競爭作物如米或蕃薯的收入作比較，……認為蔗作有厚利時才決定種蔗，假使甘蔗收入較劣，則選擇別的作物，以對抗會社。〔註26〕

　　因此形成弔詭的現象是，競爭作物（如稻米）的價格與甘蔗收購價格的關係，竟比糖價與收購甘蔗價格的關係更直接；意即，甘蔗原料價格並不隨糖價起伏而調整。準此，則整個製糖工業因為砂糖輸出所獲致的豐厚利潤，原料供應者竟無緣分享，而資方更是想方設法壓低甘蔗收購價格，等而下之者，居然出現在磅秤上動手腳，偷斤減兩，足見其惡質的剝削心態。

　　再者，由於台灣耕地的屬性，在某些區域裡蔗稻之間的轉作比較容易，中南部地區尤其如此，加上蓬萊米品種改良成功，外銷價格日漸看俏，所以有所謂「米糖相剋」的情況發生，可能造成原料來源短缺的影響，而這是殖民政府亟欲建立「糖業帝國」的企圖下，雅不欲見到的發展。

　　其實甘蔗的收購價格，原係言明由製糖公司與蔗農協定，並且接受官廳的認可，但是據山川均的觀察發現，能依照此規範的比例，大約只有 50%：

> 製糖公司事實上，只受官廳的認可以決定價格。農民的甘蔗，通常是按照這樣獨斷的價格收買的。農民無論贊不贊成，總得按照所定的收買價格，賣給所指定的公司。換句話說，名義上雖是收買，事實上只是一種「強制的徵收」。〔註27〕

　　既然收購價格如是不合理，況且蔗農具有選擇作物的自由，何以卻仍無從逃脫不公不義？究其實，除了現作耕地的自然條件較不利於轉作之外，原來蔗農與製糖公司之間所建立的關係，除了是原料供給者之外，常常同時也是借貸者。在普遍處於貧窮狀態的農村社會裡，製糖公司依據農民同意出售甘蔗原料為前提，預先借貸給予耕作資金，俟甘蔗收成後，以甘蔗代價去抵

---

〔註26〕　張漢裕：《經濟發展與農村經濟》，頁 426。
〔註27〕　山川均著，蕉農譯：〈日本帝國主義鐵蹄下的台灣〉，收錄於王曉波編：《台灣的殖民地傷痕》（台北：帕米爾，1985 年 8 月），頁 52。

付貸款的本金與利息；然而因為生活之所需，所以此類貸款往往成為農民賴以維生的依據，在低賤的收購價格桎梏下，償還貸款後已所剩無幾，以致於不得不繼續貸款以維生計，如是惡性循環，蔗農的尷尬處境，可見一斑。表面上，蔗農享有是否栽種甘蔗的權利，但是矢內原忠雄就嚴峻地指出台灣蔗農與糖業資本家的這種不對等關係：

> 在形式上是「自由、平等、所有、權利」，但這些都只是表面的虛偽。
> 實質上屬於雇用性質，也就是預付債務的奴隸，更是「信貸的奴隸」
> （credit bondage）。蔗農對於公司的地位，比較自由勞動者的不自由
> 還不自由。〔註28〕

所以，「原料採取區域制度」雖然沒有強制栽種甘蔗，可是實際上因為向糖廠貸款及殖民政府的壓力，致使很多農民是沒有栽種其他作物的自由；而所栽種的甘蔗，雖然或因佃耕，或因契作，具有銷售的對象與保障，但同時也因為如此，並沒有其他銷售的管道，所以只能任由糖廠挾帶殖民政府的勢力，片面決定收購價格；加以如前文所述糖業資本家大量掠奪耕地，取得土地的控制權，更加限縮了農民謀生的資源，因此，喪失耕地或失去作物選擇權的農民，唯有成為製糖會社的傭工一途，別無其他謀生的管道，無怪乎山川均會直接以「農奴」這樣的名詞，來稱呼當時台灣的蔗農。

在製糖工業高度的資本主義化之下，台灣的蔗農（農民）並未能享受到所謂現代化的繁榮與進步，卻傾向於更純粹的農業勞動化，成為工業發展系統中最底層的原料供應者，製糖工業的經濟效益，其實源自於農村，但卻無以回饋農村，農業生產所致的豐富財富，農民卻無緣享有，利益全為資本家所掠奪。或許這即是矢內原忠雄當年研究台灣糖業的核心問題，認為殖民地台灣「呈現出在日本帝國主義的政治、經濟支配下，壟斷資本如何透過分解和改造當地既有生產方式，而達成資本集中化及本地生產者的『無產化』」〔註29〕。

台灣製糖工業發展的基礎，一方面建立在殖民政府對資本主義的保護和扶植，另一方面，即是對於蔗農的層層剝削；除了土地資源遭剝奪，耕地作物的生產權亦深受干擾控制，雖鼓勵農夫栽種甘蔗，卻百般壓低甘蔗的價格，直接影響農民的收益與生計，加以貸款壓力及身，致使台灣蔗農身陷於赤貧

---

〔註28〕矢內原忠雄著，林明德譯：《日本帝國主義下之台灣》，頁295。
〔註29〕柯志明：《米糖相剋——日本殖民主義下台灣的發展與從屬》，頁1。

的難堪窘境。

　　具有指標意義的「二林蔗農事件」〔註 30〕，即是在這樣的背景下怒吼開來，也激勵了各地蔗農紛紛響應，起而組織成立「農民組合」，希冀能對殖民體制與資本主義進行抗爭，以謀求符合公義的生存權利。

## 三、地主與佃農

　　台灣本是移墾型的農村社會型態，租佃制度的實行在台灣已有二、三百年的歷史，根據陳其南的研究可知，清朝初期，台灣漢人在台灣開始招墾便已形成三層關係，即是由墾戶向官府申請開墾，繳納一定的正供額（田賦），官府承認其為業主（大租戶），業主再招徠佃戶（小租戶）力墾者，收取一定的租額〔註 31〕；而台灣相對於大陸而言本地處海疆，偏遠地區的移民開墾，勢必需求更多人力，於是乎佃戶再將土地分割或租與佃農（二佃）種作，形成如前文所述的「大小租」情形。然而這種多重「業佃關係」所形成的土地制度，卻對日後台灣農村社會的發展，產生了一定的影響。

　　首先，墾戶（業主）大都是不在地的業主，將土地交與佃戶後，佃戶便擁有「佃權」，甚至是對土地的直接處分權〔註 32〕，透過交易，佃權是可以買賣的；其次是佃戶與佃農之間的協定，包含租額與期限，都缺乏正式的制度與契約，但卻行之既久：

> 最特別的是，這些協定，都是口頭約定的，並沒有任何文字上的約
> 束。一般說來大租戶與小租戶之間的租約，多半可以維持很久，而
> 小租戶與佃農之間的租約，則常常改變，小租戶往往藉此從佃農手
> 中取得越來越高的租錢。〔註 33〕

---

〔註 30〕 1925 年，二林地區成立的二林蔗農組合，向製糖會社提出要求，內容包括甘蔗收購價格的議定，但會社方面並未接受，並決定先行收取非農業組合成員的甘蔗，終於使衝突擴大，釀成所謂的「二林蔗農事件」。事件始末，請參閱葉榮鐘等著：《台灣民族運動史》，頁 504～512、台灣二林蔗農事件協會編：《殖民地的怒吼——二林蔗農事件》（彰化：彰化縣文化局，2001 年 11 月）。

〔註 31〕 陳其南：《台灣的傳統中國社會》（台北：允晨，1987 年 3 月），頁 47。

〔註 32〕 來台開墾的移民以福建一省最多，福建也是具有土地分割所有權形式的地區之一，移民也將這類習慣跟觀念帶到台灣來。參見戴炎輝、張勝彥：〈清代台灣漢人社會的土地型態〉，收錄於張炎憲主編：《歷史、文化與台灣——台灣研究研討會五十回紀錄》（台北：台灣風物雜誌社，1988 年 10 月），頁 261。

〔註 33〕 馬若孟著，陳其南、陳秋坤編譯：《台灣農村社會經濟發展》，頁 104。

　　如上所述的情況，經常因爲租約無憑無據，極易造成佃戶任意撤佃（解除佃約）或其他業佃關係的糾紛；再者小租戶因爲深感對土地開墾付出心力，所以將已開墾的耕地租予佃農時，甚至收取高達大租三倍的租額，使佃農即受到嚴重的剝削；尤有甚者，是加收「磧地銀」（或稱「磧地金」）〔註 34〕，意欲補償當初開墾所付出的勞力，將之視爲理所當然，然後既經約定俗成，於是廣泛通行，時日一久，「磧地銀」的性質就變成了用來擔保租穀的保證金，而幾成通例。所以，位於業佃關係最低階層的佃農，就背負了相當沈重的壓力。

　　日據初期，殖民政府藉土地調查收購大租戶的業主權，而認定小租戶爲業主，確立了產權，以及交易的自由，然後明訂徵稅原則與辦法，其著眼的重點，除了吸引日本資本家來台投資外，即是希冀能擴大土地稅收並提高生產的利基，遂行其增加台灣農產品原料產出的目的。所以，殖民政府傾向於保持現有穩定的農業生產體系，對於業佃之間長久以來的積習，例如採口頭約定等方式，並未加以干涉或明文規範，佃農的權益仍未能受到保障。甚至於業佃關係若發生糾紛或衝突，則往往動用警察以行政力加以鎮壓弭平，但對於業佃關係權利不對等的狀況，並未加以重視。

　　若是細究殖民政府對於業佃關係的態度，其實也是著眼於榨取與剝削。日本帝國主義對殖民地台灣農業生產的榨取，除了有日資的製糖會社以地主身分強制農民種植甘蔗，收取甘蔗原料以爲佃租的模式外，台灣的土地業佃耕作模式，也是掠奪農產資源的方式。

　　初始殖民政府之所以對業佃關係中長期不合理的狀態加以漠視，原因在於殖民體制是必須拉攏台灣傳統地主階級，始能符合雙邊利益，得以順利建構穩固的殖民政權。地主是台灣業佃結構的上層階級，爲了維護既得利益，對於殖民體制事實上是較易妥協的；而殖民體制的穩定與否，相對也必須倚賴這些基層社會的領導階層，互相結合後建立政治面的穩定，始能進一步達致經濟面的發展，所以殖民政府便順勢而爲，維持農業生產體系的現況，並增加相關建設來設法增產農作物，以期能大量移出爲日本母國所用。相對於遭受剝削的佃農而言，這兩者無異是共犯結構，封建的業佃關係與殖民體制

〔註 34〕「磧是砂礫之意，原指田主施勞力費用於荒蕪地上使之成田園，故欲交付他人佃耕時，乃收取賠償勞費之代價，故稱『磧地銀』」。參見陳其南：《台灣的傳統中國社會》，頁 89。

相結合，造成雙重的桎梏，導致佃農一貧如洗，無以為繼。

　　殖民政府為提高台灣農業生產力，積極施行諸多現代化的建設，如灌溉系統的水利建設，不僅維護原有的埤圳，並且大規模修建官辦的水利灌溉工程，積極增加耕地的產能。其他諸如品種改良、交通建設等，在在均使台灣農業產量往上提升；然而若依常理判定，農產增加，農民收入理應提高，相對地生活水準將得到改善，但是根據1920年代的統計資料顯示，就「營養水準」作觀察，台灣農民每人甘藷（蕃薯）的消費量增加，而稻米的消費量卻反而減少了〔註35〕，其原因即如山川均對農民生活現況的剖析：

> 然而農民的生活狀況，尤其是多數小農的生活狀況，在這期間內發
> 生劇烈的窮狀，已是不可爭辯的事實。那末，所增加的生產力，沒
> 有歸到多數農民的手裡，而為他們以外的某種人所榨取了的。〔註36〕

　　山川均所指的「某種人」，即是包含地主與統治階級，經過層層剝削，底層佃農的收穫所得，平均有一半以上的收成必須用來繳納佃穀，而所餘稻穀變賣換取其他生活所需後，已是所剩無幾，迫使農民必須食用蕃藷維生，而稻米雖然粒粒皆辛苦，卻無緣成為盤中飧，可見其深沈的無奈與悲哀。

　　農業產量增加，正符合日本帝國主義的利益，也是遂行殖民地經濟開發的企圖，即「農業台灣」的殖民政策方向，而除了地主階級的貪婪外，殖民政府因農業相關的公共建設，提高了賦稅，水漲船高，地主當然也相對提高佃租，造成的後果，即是全然罔顧農民的生存權益。

　　另外，「官有地拂下」政策又是另一波對台灣農民無情的戕害，佃農尤其苦不堪言。如前文所述，殖民政府將官有地無償放領、低價租售，對象大多為退役、退休之日籍文武官吏、日人財閥集團以及部分御用紳士，又使業佃關係不公平的問題更形嚴重。這些所謂「中間階級」的地主，同樣也仿效佃耕舊習，比照民間成規，也同樣多無正式契約，僅以口頭約定，所謂「磧地銀」也同樣不可免，如此這般坐收高額的佃租，不勞而獲農民的辛勞成果：

> 官有地地租，以中間階級轉租剝削故，平均租率（按：應指租穀）
> 高達正產物全年收穫量百分之五十五。而佃租之外，尚有磧地銀（押
> 租）及預繳租地（按：應指租款）等額外負擔，較承租承領私有土

---

〔註35〕馬若孟著，陳其南、陳秋坤編譯：《台灣農村社會經濟發展》，頁46。
〔註36〕山川均著，蕉農譯：〈日本帝國主義鐵蹄下的台灣〉，收錄於王曉波編：《台灣的殖民地傷痕》，頁38。

地,有過之無不及也。中間階級轉繳官署之外,坐享正產物收穫量百分之二十五左右。〔註37〕

　　這些舊規陋習不僅讓佃權毫無保障,甚至任意增加租穀,並且還有不管收成好壞,不論凶年豐年,租穀斷不能減少的「鐵租」;復加以唯利是圖的地主,通常會覬覦其他佃農提出較高的租穀,而與原先的佃農解約,轉租他人,無視於佃農的生計。佃農為求生存,甚至也流於惡性競爭,導致租穀居高不下,將辛勞的成果任由地主壓榨。

　　或許源於整體社會經濟環境,也或許源於缺乏其他謀生能力,大部分租地耕作的佃農,甚至世代相傳,租耕著同樣一份田地;貧窮的佃農,具有的僅是耕作田地的技術,在沒有能力擁有土地的情況下,除了繼續佃耕農地,似乎也別無選擇,於是困厄與束縛,也無從擺脫。而唯利是圖的地主,卻無視於農民處於挨餓邊緣,放任佃農們競逐耕地,無異於互相啃食。日據下台灣農村面貌的扭曲,由此可見。

　　鑑於業佃關係一直是農村經濟秩序,與農村社會關係網絡的重要環節,若是紛爭衝突層出不窮,將不利於農業經濟發展,殖民政府也警覺到不能僅是動用警察力量鎮壓農民的抗爭,將致使農民更形支持並加入新興的「農民組合」,激發更強烈的農民抗爭。這迫使殖民政府不得不開始正視這個問題,意識到必須設置調停的機制,於是促成了「業佃會」的成立。其實,「業佃會」類似組織,乃是源於日本本土,根據《日據下之台政》的紀錄,日據時期台灣第一個「業佃會」組織,出現在1922年:

　　（殖民政府）令台南州新營郡,試行佃農改善事業,由郡下各街庄組織業佃會,以為業佃協調的團體,以各街庄業佃會組織新營郡聯合業佃會,令該團體實施佃耕慣行之改善,紛爭之調解及業佃間的協調,以圖農業增產及農村之融洽。〔註38〕

　　據此可以發現,「業佃會」的設置是著眼於改善業佃舊規陋習,調解紛爭,並以農業增產為目的。《日據下之台政》並聲稱此新營（郡）「業佃會」的設置「成績頗佳」〔註39〕,嗣後台灣各地農村也紛紛廣泛設置如是組織。

---

〔註37〕台灣省文獻委員會編:《台灣史》,頁520。
〔註38〕井出季和太著,郭輝譯:《日據下之台政（二）》(台北:台灣省文獻委員會,1956年12月),頁745。
〔註39〕同註38。

容或如是組織的主其事者，能夠公平論斷，替佃農爭取應有權益，而又能使兩造心悅誠服，相信能收到調解業佃糾紛的效果，但根據《台灣總督府警察沿革誌》（《台灣社會運動史》）〔註 40〕所羅列的數據，卻不難看出至 1927年（昭和二年），全台業佃爭議事件達到了高峰，總數共計 431 件，較諸 1924年紀錄之始的 5 件，三年的時間逐年增加，至此時暴增了 86 倍，而其後雖漸次減少，至 1934 年，卻仍有 46 件〔註 41〕；這數據一方面呈現了台灣農民在農民組合與文化協會啓迪下，抗爭意識逐漸升高之外，另外也可以清楚地發現，業佃關係的不對等以致於形成不公不義，乃是冰凍三尺非一日之寒，化解之功也絕不僅於一朝一夕，復加以殖民體制與地主階級的鉤連結構使然，業佃關係的衝突紛爭，在日據下，始終是未曾消弭的。

## 四、農民運動與農民

土地正義的喪失與地主、統治階層的巧取豪奪，導致日據下台灣農民窮苦度日，無以爲繼。這樣的景況，在殖民政府、日本資本家與封建地主階級多重束縛下，是難以改變的。農民身受客觀環境冰冷的桎梏，試圖求取生存的掙扎，也將多所調整與轉折，激發了農民運動的興起，台灣農村社會的整體面貌，也因此產生了變異。

日據時期農業經濟發展的效益，奠基於殖民政策的「農業台灣」，然而，這樣的殖民政策，其本質與目的，皆未能考量以「人」爲本，而實以經濟利益爲前提；殖民政策考量的是積極提高殖民地台灣的農業產值，而能爲日本殖民母國所用，顯然不會從台灣農民的立場出發，這從初始的土地政策就可窺見端倪。柯志民認爲，殖民政府讓土地現代化的用心，在於「現代土地所有制度不只方便徵稅，而且爲土地利用以及農業生產之商品化創造了有利的社會經濟條件」〔註 42〕，所以植基於此的土地制度與殖民農業經濟策略，就已經預告了台灣農民的傳統農村社會運作模式，將面臨重大的考驗。

〔註40〕原著文獻係爲日本殖民政府《台灣總督府警察沿革誌第二篇・領台以後的治安狀況（中卷）》，後經王乃信、王康旼、林至潔等翻譯編輯爲《台灣社會運動史（1913～1936）》凡五冊刊行。

〔註41〕參見王乃信、王康旼、林至潔等譯：《台灣社會運動史（1913～1936）・第四冊・無政府主義運動、民族革命運動、農民運動》（台北：創造，1989 年 6月），農民運動，頁 14～16。

〔註42〕柯志民：《米糖相剋——日本殖民主義下台灣的發展與從屬》，頁 45。

殖民策略對台灣農產掠奪的「處心積慮」,其心態也一如馬若孟(Ramon H. Myers)的分析:

> 日本的政策致力於使台灣淪爲農村附庸,爲了達到這個目的,行政策略所關心的是消滅那些有礙於增加農業生產的所有障礙。日本官員處心積慮地發展台灣的資源,以供應日本在國內無法充分生產的糧食與工業用作物。[註43]

既然台灣農業的資本主義化與現代化是位於與殖民母國「農業分工」的地位,即是農產資源、原料的供給者,又加上殖民政策的高壓與中間階級(包含資本家與封建地主)的壓榨,台灣農民終將淪爲帝國發展的「附庸」。殖民政府不樂見任何因素阻礙農業生產的態度,見諸於協助製糖會社掠奪土地確保原料來源,亦見諸於拉攏地主階級保持農業生產的穩定,而對於業佃關係不和諧的狀況,心態亦是一般。台灣農民辛勤於農事的操作,所得卻相對寒酸,其「相對剝奪感」(relative deprivation)可想而知是相當強烈但也無奈的。

正由於如是現實與期待存在極大差距的「相對剝奪感」,復加以無從逃脫於被殖民統治的「日本天年」的悲哀,致使1920年代台灣農民運動的此仆彼起,是可以想見的。

導致日據下台灣農民運動興起的原因有數端,包含抗議製糖會社的剝削,土地的掠奪與地主的壓榨等,而究其根柢,乃源於依存土地而生的農民,卻喪失了對耕地的支配權,土地正義的流失,其實才是農民運動興起的根本因素。

然而日據下農民抗爭意識的勃發,也與知識分子的鼓吹有極大的關連性。殖民地台灣隨著日漸現代化的歷程,也同時引進了新思潮,包含民族意識與民主概念,而社會主義的階級意識也同時被輸入台灣;有志之士爲了擺脫殖民統治,亟思能強化台灣同胞的反抗力道,遂結合民族自決與階級意識兩道思想底蘊,針對土地的正義與公平性,揭露殖民統治者剝削的本質,教育並鼓勵台灣農民進行抗爭,「台灣文化協會」就是最具代表性的組織。

正因爲日據下的台灣農業社會,普遍存在嚴重的相對剝奪感,不管是蔗農相對於製糖會社,或是佃農相對於地主,甚而是基層農民面對殖民體制,在在均非特例,因此在知識分子的引領下,農民開始願意選擇挺身捍衛權益;

---

〔註43〕馬若孟著,陳其南、陳秋坤編譯:《台灣農村社會經濟發展》,頁305。

於 1925 年爆發的「二林蔗農事件」，正是基於這樣的背景成因，所激發的農民抗爭先聲。

　　當然，在殖民當局的眼中，分析如是抗爭事件的原因，或源於台灣農民民族的或階級的自覺，但不外也肇因於「煽動者的介入」，並直指文化協會是「造成本島農民爭議誘因的始作俑者」，並留下「徒使爭議趨於尖銳」〔註44〕等不無非難之意的紀錄。然而在紀錄之中，雖點明文化協會「煽動」農民所造成的事端，但卻也同時清楚地凸顯了殖民體制下農村結構的嚴重傾斜：

> 首先抨擊與本島農民直接有利害關係的製糖業者的利益壟斷、總督府糖業政策對於糖業企業主的過度保護，以及對於蔗農的經濟剝削等。關於總督府的土地政策，則以忽視當地農民的辛勤開墾與賴以生活的根基，將利權給予少數資本家地主或退職官吏，加以攻擊。

〔註45〕

　　如是紀錄雖是源於殖民政府的視角，但卻清楚地點出台灣農民所遭受的凌壓景況，反而明白地鋪陳了農民運動訴求的正當性。無怪乎在「二林蔗農事件」發生後，各地紛紛組織農民組合，甚至於全島性的「台灣農業組合」很快地也就於1927年宣布成立，並且接二連三主導許多農民抗爭事件，漸為殖民政府所忌諱。「台灣農業組合」的成立，其實與日本國內的農民組合以及勞動農民黨有著密切關係。根據記載，「二林蔗農事件」發生後，日本勞動農民黨幹部麻生久與步施辰治兩人，即為了替二林蔗農與農民組合領導幹部辯護而兩度來台，其間與農民組合領導人簡吉、趙港多所接觸，並在各地演講，對農民組合信念的左傾有頗多影響。〔註46〕

　　社會主義甚至是共產主義思想，之所以能為當時台灣社會與思想界吸納，乃源於其關注農工階層的階級意識，與台灣農民階層的受到的壓迫現況相契合；而以農民為主體的台灣社會型態，受到剝削的廣大農民階層，接受文化協會與相關知識分子團體的鼓吹與教育，以致於成立「農民組合」，其實只是順勢而為，水到渠成。

　　因此，對於農民紛紛投入反對或抗爭運動的態度，殖民政府所忌諱的，除了殖民地台灣的農業生產體系無法控制外，也認為台灣人民的反動情緒漸

〔註44〕王乃信等譯：《台灣社會運動史（1913～1936）・第四冊・無政府主義運動、民族革命運動、農民運動》，頁42。

〔註45〕同註44，頁42～43。

〔註46〕參見葉榮鐘等著：《台灣民族運動史》，頁530。

不可長；同時也由於日本帝國主義的昂揚，對於社會主義所主張的左翼論述，關注農工的階級意識，也期期以為不可。所以，不管是日本殖民母國境內，或是殖民地台灣，當局開始對日漸蓬勃的左翼團體加以監控，並漸次付諸行動，加以肅清。

台灣農民組合的左傾，其實在1928年歲末年終「台灣農民組合第二屆全島大會」的大會宣言中，即可明顯地看出來。在宣言中清楚具有諸如「台、日、鮮、中的工農階級團結起來」、「擁護工農祖國蘇維埃，支持中國工農革命」與「全世界無產階級解放萬歲」等呼籲，至此，殖民政府認為共產黨勢力已經滲透進入台灣農民組合，於是達成「難以再容已明顯進行共產主義運動的台灣農民組合的存在而放任農村於思想惡化」〔註47〕的結論，斷然於1929年2月12日，羅織農民組合散發不當言論「違反出版法」的罪名，對台灣農民組合進行擴大搜索與逮捕，並遍及各地支部，導致許多重要幹部被捕入獄，農民組合幾遭摧毀，台灣農民運動也漸趨緩和。雖然至此農民運動轉而潛入地下低調運作，左傾趨勢益發明顯，但終究是強弩之末，直至1931年日本發動侵華戰爭的「九一八事件」，為撲滅日本國內所有左翼力量，連帶也使台灣農民運動在肅殺氛圍下，被消滅殆盡。

自「二林蔗農事件」以降，不管是抗議土地正義的喪失，或是抗議糖業政策對蔗農的剝削，農民運動由意識的覺醒而至計畫性的農民組合的成立，所有的不平之鳴與抗爭行動，目的均在於期待殖民地農村社會能獲致一定的改善；然而控制支配權利的殖民政府，卻以強橫的態度，悍然加以彈壓，農民運動前仆後繼所得到的代價，卻往往是身陷囹圄，絕望無助。

觀察日據時期的台灣農民運動，其實並沒有證據可以顯示，透過抗爭能夠具體改善農民的權益，就連著名的「竹林事件」（又稱「林杞埔事件」），也在殖民政府的高壓統治下，即使經過長期的抗爭，農民終究還是被迫喪失歷代賴以維生的林野土地，悉數為日本大資本家所剝奪。〔註48〕

台灣農民於殖民經濟體制下的抗爭，在知識分子的鼓勵之下，同時也是反對殖民政治統治與種族壓迫的具體作為，日據下台灣農民運動本是具有階

---

〔註47〕王乃信等譯：《台灣社會運動史（1913～1936）·農民運動》，頁150。

〔註48〕竹林，位於現今南投竹山、嘉義竹崎與雲林古坑一帶，總面積高達1萬5千餘甲的廣大林野地，據載自康熙年間以來，即是當地人民依存維生的資源，殖民政府卻利用「林野調查」，粗暴地將其收歸官有並交與日本三菱造紙會社，無視於農民的生計。參見葉榮鐘等：《台灣民族運動史》，頁512。

級與民族的雙種性質，農民反抗喪失土地支配權，也反抗因為淪為被殖民統治，而喪失的民族主體性。

台灣農民由含冤屈辱以致於覺醒，農民運動以悲愴的吶喊出發，為爭取生存而奮起，然而殖民統治者終究以其優勢的控制系統，迫使來自農村的反彈，臣服於其強權的壓制之下，最終不得已偃旗息鼓，而徒然悲愴嘆息。

1920年代的殖民地台灣，經濟主體在於農村，社會的主體也在於農村，但是製糖會社與中間階級的地主獨占了相當面積的土地，大環境的壓迫與不公，直接而嚴苛地加諸在農民身上，經過層層剝削，小農（擁有土地未滿一甲）及佃農所得已是寥寥可數，迫使農民必須於農業生產之外，從事生產勞動以補貼家用，甚至失去耕地，而成為製糖會社的傭工或流向都市以小販為業，致使台灣農村社會的面貌，產生了相當大的變異。

日本殖民政府把台灣建設成為農業現代化的殖民地，農業的發展推至高峰，其結果乃使台灣更易於榨取；大規模的田地與林野調查，奪取了農民對土地的支配權，也改變了農民原有的生存模式；糖業政策更使底層廣大的農民受盡折磨與剝削，台灣農村社會因此付出了高額代價。而且反諷的是，提高了農業生產力，但竟無法造就農村社會的富裕，農民只淪為殖民體制長期壓榨的對象，以致於農村社會殘破不堪，農民痛苦掙扎，凡此種種，逼使農民面對惡劣的大環境，不得不作掙扎與調適，以求安身立命，這或許也是遭受殖民統治的農村與農民，無可逃脫的運命。

## 第二節 台灣新文學的開展與辯證

誠如陳映真所言：「文學來自社會，反映社會」，文學會受到一個特定發展時期的社會所影響，而呈現不同的特色，並以「文學社會學」的觀點，認為整體社會在特定發展時期，會呈現一種「時代精神」，以為「一定有它做為時代精神的基礎的根源的，社會的和經濟上的因素」〔註49〕；準此，按照這樣的理路作觀察，1920年代殖民體制下台灣社會所呈現的時代精神與氛圍，無庸置疑的，當是與日本殖民主義所挾帶的資本主義以及現代化造成的衝擊影響，有直接的關係；而於此際發軔的台灣新文學，也相應於當時社會和經

---

〔註49〕陳映真：〈文學來自社會反映社會〉，收錄於陳映真：《孤兒的歷史、歷史的孤兒》（台北：遠景，1984年9月），頁1～3。

濟上的外在客觀環境，多所反映，並且呈現其時代特色。

在殖民政府兒玉總督任內（1898～1906）奠基的現代化工程，於此際已漸收效益，加以殖民體制漸趨穩定，台灣人民武裝抗日的行動也趨於消弭，代之而起的是非武力抗爭的政治與文化運動形式；然而，弔詭的是，形成如是運動的背後推手，是具有啓蒙思想的現代性，竟爾也是伴隨著殖民主義而引介到台灣社會的。因為日本在台灣建立了現代化制度，欲使殖民統治更易於對殖民地掌控和搾取，然而也同步引進了現代思想，諸如民主、科學與新文化，甚至是民族意識，這些現代性的觀念，啓發了台灣人民在進行反抗殖民統治時，採取了不同的訴求方式，體現而為政治運動的「台灣議會設置運動」，以及從事文化啓蒙運動的「台灣文化協會」的成立。

孕育台灣新文學的母體，即是台灣新文化運動，而台灣新文化運動的本質，與反日殖民的民族運動，也是具有臍帶關連的。因為新文化運動所致力的目標，在追求新思想、新文化之外，最重要的，即是在於藉由民族主義的宣揚，反抗日本殖民統治。

因此，透過梳理殖民體制下因為現代化所形成的複雜意識型態，了解台灣新文化運動肇始的原因，並進一步釐清新文學運動開展的契機與走向，將有助於了解新文學對殖民體制的拮抗，以及文學作品存在的意義。

## 一、現代性與殖民性重疊下的新文化運動

新興日本帝國主義以統治者之姿，抱持大和民族的種族優越感，凌駕殖民地台灣，陸續弭平前仆後繼的武力抗爭，掃除抵抗殖民統治的障礙，至1915年的「余清芳事件」〔註50〕以後，台灣社會已漸漸為殖民政府所有效掌控，除了1930年慘烈的原住民「霧社事件」之外，已經見不到流血抗爭。而在時序進入1920年代之後，隨著日本在台殖民體制的底定，現代化的建設也具有一定規模，資本主義已經進駐，現代化的觀念亦伴隨而至，而同時世界潮流也湧入台灣，盡皆帶來了影響。

1917年俄羅斯無產階級革命成功，1918年第一次世界大戰結束後，「民族自決」的主張風起雲湧，1919年中國發生五四新文化運動，同為日本殖民

---

〔註50〕「余清芳事件」又稱「西來庵事件」、「噍吧哖事件」，領導人物為余清芳、江定等人，是台灣在日據時期規模最大、死傷人數最多的一次武力抗爭。事件始末參見台灣省文獻委員會編：《台灣史》，頁676。

地的朝鮮爆發獨立運動，這些事件接連刺激了在日本與中國留學的台灣學生，以及殖民統治下的台灣人民，亟思能改變殖民地台灣身受桎梏的現狀。1919年又適值日本對殖民地採取所謂「內地延長主義政策」，第八任總督也改以文官派任〔註51〕，時代的氛圍均令台灣有識之士感到勢有可爲，台灣的社會意識也產生巨大的轉變，因而發展出試圖爭取台人政治權利的「台灣議會設置運動」，以及「台灣文化協會」的成立，這當是其中最具體的實踐。

　　台灣議會設置運動的緣起，是希望能爭取殖民地人民的參政權。因爲，當時日本乃是立憲法治國家，在標榜「內台一如」殖民政策的同時，對殖民地台灣就不應該有差別待遇。但是日本殖民台灣之初的1896年即制訂「六三法案」，排除台灣人具有參政權與自治權，然而相對地台灣總督卻握有行政與立法的全部權力〔註52〕，這樣的作法不僅違反憲政的常軌，也將令台灣人民無以卸脫殖民差別待遇的枷鎖；在「六三法撤廢運動」失敗後，台灣有識之士乃尋求「台灣議會」設置的可能性，並且聯合同情台灣處境的日本人士，經歷了凡15次的請願運動，共歷時14年（1921～1934）之久〔註53〕，雖然終究未能成功，但是經由爭取民主過程的洗禮，深化爲反日民族、政治運動的意識，對台灣人民是具有一定啓發作用的。

　　而對殖民地台灣影響既深且廣的，當屬成立於1921年，鼓勵台灣人民追求新思想、新文化的「台灣文化協會」，歷來均被視爲台灣新文化運動指標性的領導組織，葉石濤稱其爲「民族主義文化啓蒙運動的大本營」〔註54〕，這個稱號更凸顯其反日殖民統治的民族主義精神本質。而若是查閱殖民政府對文化協會的所做的監視紀錄，其實也可以發現這樣的洞察：「它（台灣文化協會）很明顯地是以民族自決和台灣民眾的解放爲其前進的目標」〔註55〕，其

---

〔註51〕殖民政府由第八任起至第十六任總督（1919～1937），改由文官取代武將擔任，並倡導「內台一如」、「一視同仁」與「內地延長主義」等同化政策，規定日本國內法律原則上適用於台灣。參見台灣省文獻委員會編：《台灣史》，頁492～493。

〔註52〕「六三法」是日本在台施行殖民統治的特殊法令，將立法權力授予總督，其所發布的命令就是法律。而「六三法」制訂之初，原擬於三年後的1899年失效，但是殖民政府卻三度展延有效期限，參見葉榮鐘等著：《台灣民族運動史》，頁53～56。

〔註53〕「台灣議會設置運動」歷次請願運動的梗概，詳見葉榮鐘等著：《台灣民族運動史》，頁119～159。

〔註54〕葉石濤：《台灣文學史綱》（高雄：文學界雜誌社，1987年2月），頁20。

〔註55〕參見王乃信等譯：《台灣社會運動史（1913～1936）・第一冊・文化運動》，頁

目的清楚地是在於藉由民族主義的宣揚，反抗日本殖民統治。因此，對文化協會所主導或參與的各種活動與抗爭，殖民政府都多所顧忌。

由於殖民政府的忌諱與禁絕，所以文化協會無法在檯面上進行政治活動，據葉石濤的分析指出，文化協會所進行的反殖民活動，便未採取武力抗日的激烈衝突手段，而以比較漸進、溫和、迂迴的方式，來教育平民大眾，以期能具備掙脫殖民統治的現代智識：

> 灌輸民眾以民族精神，打破迷信和陋習，改革台灣社會以造就擁有
> 新知識，有近代性格的民眾。〔註 56〕

所以，其目的是期待台灣民眾藉由接受新知，蓄積能量，以非武力抗爭模式來打破被殖民現狀，推翻殖民體制。而其實文化協會在「會則」（類似組織章程）中明列協會創立的訴求為——「本會以助長台灣文化之發展為目的」〔註 57〕，在字面上之「文化」兩字雖極為籠統，但其所指涉的意涵，或許可以統攝理解為現代化智識的「新文化」，一如上述葉石濤所言之打破迷信陋習等內容，同時亦即可概括稱之為「現代性」。

若是「現代性」代表著理性、進步與科學等意涵，則據以觀察《台灣總督府警察沿革誌》的紀錄，文化協會所從事的活動包含各類講習會，而講習會的主題即以現代化知識為主，內容由衛生、婚姻、宗教，直到法律、憲法、哲學、科學概論、西洋歷史及經濟，甚至於民族主義以及資本主義等，不一而足〔註 58〕，也無一不是現代化的知識內容。然而文協所戮力傳遞的如是現代化知識，其實並非源自於台灣本土社會的滋長，乃是經由殖民主義所挾帶而來，意即，現代性是隨著殖民性一併進入台灣的。因此，或許可以作如是的理解，台灣現代性的存在，與殖民性是相互重疊揉雜在一起的。

現代性是西方文化自啟蒙運動以來發展的進程與概念，隨著資本主義的擴張與帝國殖民主義的全球肆虐，由西方逐步進入東方。而作為新興帝國主義的日本大和民族，進行明治維新以來，吸納了西方現代化的思維與制度，並透過殖民體制將現代性帶進了殖民地，因此，台灣的現代性，並不是直接受到西方世界的影響，而是透過日本帝國主義殖民統治的模式，在引進資本

---

198。

〔註 56〕 葉石濤：《台灣文學史綱》，頁 20～21。

〔註 57〕 會則：「本會以助長台灣文化之發展為目的」，為「台灣文化協會會則」中第一章總則第二條。引文同註 55，頁 191。

〔註 58〕 同註 55，頁 201～205。

主義的同時，一起來到了台灣。台灣人民在「孤臣無力可回天」的無奈下，竟在淪為殖民地的同時，提前進入現代化的歷程，或許也可以說是「被迫接受」了現代性，被動地現代化了；究其內容與影響，可以借用陳芳明的分析：

> 殖民體制對台灣造成最大的衝擊，莫過於日本統治者所引介進來的
> 資本主義與現代化。資本主義瓦解了原有的農村經濟，大幅改變了
> 台灣人民的生活方式。現代化則是帶來知識與文化上的啓蒙，使舊
> 有的思維模式起了巨大轉變。〔註59〕

　　而資本主義與現代化，其實是一體的兩面，如果嘗試再進一步討論陳芳明分析的衝擊影響層面，則資本主義的引進，對台灣傳統農村經濟的影響，已如前一節的論述，造成了殖民地台灣農村社會的急遽改變；獨占式的日系資本家，在殖民政府的蓄意掩護下，壟斷了台灣土地與農村經濟效益，更榨取了農村人力的剩餘價值，迫使絕大多數農民成為貧困無以為繼的無產階級，「土地正義」蕩然無存，甚而使得台灣農民在舊有封建體制下的地主／佃農階級束縛外，又漸次衍生了資產／無產的階級意識，傳統台灣農村社會體系的失衡與重創，斑斑可考。

　　但是，殖民體制所帶來的現代性，卻因為日本帝國主義設定殖民地「農業台灣」的定位思考，因此對於殖民地現代化的定義與作法，便呈現了與西方世界不同的型態。日本殖民政府對於一切有礙於基本殖民政策，以及本國資本主義發展的障礙，均會盡一切力量加以排除，例如製糖會社對耕地的控制，即是鮮明的作法。而對於可能進一步動搖殖民統治、威權體制的活動或傳播，諸如民主、解放、民族主義等思想，則往往加以箝制與禁絕，崔末順就指出了這其中的落差：

> 為了得到政治支配和經濟利益，雖然日本在台灣推動所謂的現代改
> 革，但是這與西歐追求政治民主化、經濟資本主義化、人性解放以
> 及現代民族主義發展的現代化不同，而只是在宗主國利益優先的原
> 則之下，變相的、畸形的、片面的進行。〔註60〕

　　所以，日本帝國主義與殖民體制所帶來的現代性，卻不必然等同於西方世界的現代化概念，而是將殖民地台灣納入更利於掌控的現代化體制，建構

---

〔註59〕陳芳明：《台灣新文學史》（台北：聯經，2011年10月），頁44。
〔註60〕崔末順：《現代性與台灣文學的發展（1920～1949）》（台北：國立政治大學中國文學系博士論文，2004年），頁28～29。

其殖民統治與資本主義發展的利基。然而，現代性對於資本主義而言，本即是相應而生，同時置入於殖民地社會中，卻反倒產生了對人民的壓迫，誠如陳芳明的看法，只要資本主義高度發展，社會的現代性越高，資本家即假借「理性」的名義，而達到控制整個社會的目的；如是架構若是置放在殖民地社會，則被殖民者將受到加倍的控制。〔註61〕

儘管殖民體制挾帶資本主義讓台灣民眾飽受剝削與掌控，但是現代性所包含的進步啟蒙思想，顯然是無法全面禁絕的。所以，日本殖民政府對於資本主義與現代性一體兩面的現實，態度上也是兩難的。因為，在殖民地社會的民眾接受了現代化智識的啟蒙後，對於殖民控制與經濟榨取而言，是相對不利的。智識愈開化，諸多不公不義就愈加無所遁形；所以，現代性造成台灣民眾在「知識與文化上的啟蒙」，而這樣的啟蒙過程，正是漸次引發了殖民地台灣進行新文化運動的契機，則以此理路推論，「台灣文化協會」的成立與「台灣議會設置運動」的訴求，是與日本帝國主義、殖民主義所帶來的現代性息息相關的，這也正是殖民政府在態度上「兩難」的原因。

因此就歷史真實加以觀察，日本殖民政府帶給台灣的現代化工程，除了讓殖民地更易於榨取之外，對台灣人民也發生了啟迪智識的作用，讓台灣社會步入現代化的歷程，誠屬事實；但是，現代性的內容尚包含其他的內涵，朱惠足很簡明地加以羅列：

> 日本殖民統治不但帶來西方的現代物質、制度、思想與文化，更帶來民族意識、國民性等現代國族主義的相關概念，使得台灣脫離傳統移墾社會型態，進入「文明時代」。〔註62〕

所以，進入這樣的「文明時代」裡的台灣，除了面對經濟、社會結構的重大轉變之外，民族意識與現代國族主義等概念也經由散佈而紛紛植根發芽，社會意識型態也趨向漸次脫離封建傳統朝向解放進步，這其中包含了傳統／現代、被殖民／殖民、階級／解放等多重意涵與格局，亟待跨越。

台灣本是移墾型的農業社會型態，雖然與中國大陸以海峽相隔，在日據時期以前，也曾經歷荷蘭盤據，以及鄭氏時期的經營，但是台灣島上的住民，並未萌生具有台灣地域觀念的民族意識或國民性，更遑論現代國族主義，根

---

〔註61〕參見陳芳明：《台灣新文學史》，頁84。

〔註62〕朱惠足：《「現代」的移植與翻譯——日治時期台灣小說的後殖民思考》（台北：麥田，2009年8月），頁9。

據王泰升的分析，乙未割台以前，「當時的台灣，幾乎不存在源自西方的『國族主義』（Nationalism，或譯為『民族主義』）」：

> 換言之，根本欠缺「共同體意識」，反而仍有沿襲自清治時期，曾據以相互械鬥的「漳州人」、「泉州人」、「客家人」等具排他性的族群意識，所謂「台灣人」的觀念是在台漢人於日本統治之後，相對於日本人而逐漸產生的。〔註63〕

所以，進入日據時期以後，台灣與中國形成割裂的現實，加以現代性的引介，對應於異民族的殖民統治，漸次引發「共同體意識」，而以台灣為主體的本土性始相應而生。

然而，現代性對台灣社會產生的衝擊，卻還包含另一個層面，即是台灣民眾在接受了現代化智識中自由、民主、解放等思想觀念啟蒙的同時，當然，也體驗了現代化的物質、制度、科學等生活模式，感受及文明進步的氣息，簡言之，就一如朱惠足寫意的勾勒：「日本的殖民統治就開始產生一種壓迫與榨取之外的色彩」〔註64〕。所以，殖民地的台灣人民面對如是現代性，其實在認同選擇上，同樣也是頗為尷尬的。因為，日本架構的殖民體制為台灣帶來了現代性，而台灣人民在吸收現代化智識，經由啟蒙而到反省自覺，並且對現代化潮流產生孺慕想望的過程中，卻也於無形中同時接受了殖民體制，默認了殖民性與同化政策，甚至於產生自我身分認同的錯位思考，喪失了本土性。意即，接受了現代性，似乎形同也接受了殖民體制。然欲掙脫被殖民的枷鎖，又面臨揚棄進步現代化的抉擇；而之所以造成如是取捨困難的原因，殊屬其來有自。

殖民地台灣的民眾接受現代性的過程，主要且直接的媒介，係來自日本強勢殖民體制，而面對明治維新後高度現代化發展的日本，台灣社會相對地是「落後」的，因此，日本在現代化進程中的「領先」位置，便在台灣殖民地社會中形成文化上的、甚至是種族的「優越」位階，造成台灣人民在認知上產生錯覺，「以為日本性（Japaneseness）等同於現代性」〔註65〕，而將殖民

---

〔註63〕既無以台灣地域上的人民為一個國族的「台灣國族主義」，亦無以中國大陸以及台灣地域上的人民為一個國族的「中國國族主義」。參見王泰升：〈日本殖民統治者的法律鎮壓與台灣人的政治反抗文化〉，《月旦法學雜誌》第 116 期（2004 年 12 月），頁 125。

〔註64〕朱惠足：《「現代」的移植與翻譯——日治時期台灣小說的後殖民思考》，頁 9。

〔註65〕陳芳明：《殖民地摩登：現代性與台灣史觀》（台北：麥田，2007 年 6 月），頁 48。

主義與現代性的關係視爲一體，形成上述取捨之際的困難，這同時也是許多台灣人民在接受現代性之後，產生自我身分認同錯位的原因。陳建忠清楚地指出這其中糾結的關鍵：

> 現代性既是日本殖民者所引進，在文化位階上經由殖民主義話語所規定了的，台灣人實際上被視爲落伍者，這樣就使現代性無法不具有和殖民主義的共謀關係。〔註66〕

如果現代化的概念，是著眼於傳統／現代的批判角度，並且代表進步揚升的歷程，那麼這一種「共謀關係」，將不易加以拆解。因爲現代性中求新求變的進步意涵，勢必將對傳統予以否定，包含封建守舊意識，甚至是傳統文化，復加以經由日本引進的現代物事，「已經被注入『日本』的政治與文化意涵，將『文明化』與『日本化』的雙軌合而爲一」〔註67〕，設若未能將現代性與日本殖民主義加以清楚區隔，擇其善者而從之，則殖民地社會在接受現代化改造的過程中，勢將喪失台灣的文化主體性，而陷入被日本大和民族同化的危機。

因此，部分台灣新興知識分子在接收現代性的同時，便開始形成反思，他們雖接受並肯定現代物質與思維，但是強調排斥日本意涵的現代性，而這樣的思維，堪以黃呈聰爲代表。

黃呈聰於 1925 年在《台灣民報》發表〈應該著創設台灣特種的文化〉一文（按：「應該著」三字，須以台灣話理解爲「應該要」），文章內容著力於抵抗日本的同化政策，並且呼籲台灣同胞要「研究努力」建立適合台灣主客觀環境的「特種的文化」。對於殖民同化政策與現代性的區隔，陳述地極爲清楚：

> 台灣當局採用同化的方針，要將日本的物質文化移植於台灣，對各地方極力獎勵，如交通的整備、衛生的設施、產業的開發，這是有益於民眾的生活，我也是很贊成的。但是像日本式地名的改正、國語的強制、日本式衣食住的獎勵、漢文的限制、學術研究的束縛等——這是不利於民眾的生活，阻害文化的進展了。〔註68〕

---

〔註66〕陳建忠：《日據時期台灣作家論——現代性、本土性、殖民性》（台北：五南，2004 年 8 月），頁 7～8。

〔註67〕朱惠足：《「現代」的移植與翻譯——日治時期台灣小說的後殖民思考》，頁 30。

〔註68〕黃呈聰：〈應該著創設台灣特種的文化〉，原載《台灣民報》3 卷 1 號（1925 年 1 月 1 日），收入李南衡主編：《日據下台灣新文學明集五‧文獻資料選集》

　　字裡行間對於現代化的物質文明，表達接受與認同的態度，但是針對文化現代化的追求，則反對唯日本文化馬首是瞻，也意味著反對殖民政府的同化政策，為了使台灣固有的文化不至於消失殆盡，黃呈聰的主張是，對「極端保守固有的文化」不堅持抱殘守缺，但也不應「極端模仿內地（日本）的文化」，應該要調和兩端，做法是對傳統文化中「如無益於社會的生活上，應該要除去或是改造才是了。若是有益於生活上的文化，就要保存促進」，而「若有優秀的文化就採用來和本來固有的文化調和，建設特種的文化，始能有益於社會生活了」〔註 69〕。陳昭瑛指出，這「文化調和論」，足堪代表1920 年代台灣知識分子面對新舊思想的辯證立場，不僅無法接受日本帝國主義對殖民地固有文化的消滅，也反對強迫性的殖民同化政策：

　　　　其中蘊含「不失其本」、「不忘其初」的本土性格，以及迎接新文化
　　　　的開闊胸襟，充分體現了 20 年代台灣文化的精神。〔註 70〕

　　除了陳昭瑛指稱這「文化調和論」裡所呈現的台灣文化精神，包含圓融的智慧與開闊的胸襟外，若細究黃呈聰〈應該著創設台灣特種的文化〉文章中的內容，同樣也是堅持與追求台灣文化主體性的反思。黃文指出，台灣的文化雖是從中國隨著移民而進入台灣，然而：

　　　　後來因為地理和環境關係，幾乎成了特種的文化，至今過了兩百多
　　　　年之久，經許多的改善，很適合於台灣人的生活，其中卻也有台灣
　　　　人自己創作的，然大概卻是根據於中國的文化，來改造適合於台灣，
　　　　成了一種固有的文化。〔註 71〕

　　可以從中進一步加以解讀的是，陳昭瑛所謂「不失其本」與「不忘其初」，歸根究底係為中國文化殆無疑義；但是，因應台灣主客觀環境的差異，以及多重殖民歷史的經驗，台灣其實早已形成了「特種的文化」，也足見新興知識分子雖然消化吸收來自日本的現代性，但同時也堅持保有台灣的文化主體性，希冀面對殖民同化政策時，不至於進退維谷，而能有所立場。

---

　　　　（台北：明潭，1979 年 3 月），頁 74。
〔註 69〕同註 68，頁 75～76。
〔註 70〕陳昭瑛：〈啟蒙、解放與傳統：論 20 年代台灣知識分子的文化省思〉，收入黃
　　　　俊傑、何寄澎主編：《台灣的文化發展：世紀之交的省思》（台北：台大出版
　　　　中心，2002 年 3 月），頁 39。
〔註 71〕黃呈聰：〈應該著創設台灣特種的文化〉，原載《台灣民報》3 卷 1 號（1925
　　　　年 1 月 1 日），收入李南衡主編：《日據下台灣新文學明集五・文獻資料選集》，
　　　　頁 72。

　　殖民地社會面對殖民母國強勢文化入侵與現代化取捨的處境，或許即是芭羅（Tani E. Barlow）所提出的「殖民現代性」概念〔註72〕，芭羅援此以討論東亞曾經淪爲殖民地的區域，在面對殖民主義與現代性共謀關係下，「建構在地自我與民族認同的複雜歷史過程」〔註73〕；然而台灣社會原本並不是一個獨立的國家或族群，在面對日本殖民主義與摻雜所謂「日本意涵」的現代性強植入侵時，本身也存在來自於臍帶相連的中國文化的基因，所以本土性與在地自我的民族認同，須經一番摸索與辯證之後，方能落實而形成共識，這或許也就是黃呈聰提筆撰文呼籲台灣人民，必須要創造「台灣特種的文化」的動機。

　　台灣人民在追求現代性與抵拒殖民性的過程中，對於本土文化朝向現代化發展的途徑，以及尋求擺脫殖民同化的策略，實是多重而複雜，或許一如張隆志的歸類，傾向於一種「曖昧交織的殖民現代性（hybrid modernity）」，表現了現代性引介到殖民地過程中與在地文化的互動關係，「並呈顯出殖民者與被殖民者之間愛憎交織的複雜關連」。〔註74〕

　　面對現代性與殖民性的重疊，台灣人民亟思尋求取捨的尺度，如何吸納現代性，拒斥殖民性，並且呈現本土性，凸顯台灣文化主體性的存在，而不被同化政策所抹煞，如是複雜的新文化運動內涵，對於新文學的開展與辯證，也勢必產生一定的衝擊與影響。

## 二、新舊的辯證與寫實主義的走向

　　台灣新文學初始發展的進程，是由建立新文學觀念以及語文的改革開始，進而對舊文學作出批判，並產出文學作品。從孕育的艱難到萌芽的青澀，每個階段無不經歷摸索與辯證。而在如是過程中，除了必須面對異民族文化的強勢入侵，以及殖民政府對言論思想的箝制外，同時也無法迴避文學創作過程中必然會碰觸到的諸多問題，不管是作爲媒介的語言，或是作爲導引寫

〔註72〕　關於「殖民現代性」（colonial modernity）的討論，可參見若林正丈、吳密察主編：《跨界的台灣史研究──與東亞史的交錯》（台北：播種者，2004年4月）。

〔註73〕　此分析參見朱惠足：《「現代」的移植與翻譯──日治時期台灣小說的後殖民思考》，頁10～11。

〔註74〕　張隆志：〈殖民現代性分析與台灣近代史研究──本土史學史與方法論芻議〉，收錄於若林正丈、吳密察主編：《跨界的台灣史研究──與東亞史的交錯》，頁153。

作的理論，甚至是所傳遞的意識型態或訴求，可以說都在追求一個清晰而足以遵循的模式與法則，更迭出現的各種主張與論述，透過報刊雜誌提供的公共論述場域與傳播的管道，捲起千堆雪，其實目的均是希冀能夠化解歧異，尋覓共識並謀求進化，但也營造出新文學發展初期，熱切而喧嘩的氛圍。

　　台灣新文化以至新文學運動的發展，與報刊雜誌關係密切，從現代化觀念的引進與提倡，到語文改革、新舊文學論爭以及文學作品的發表，報刊雜誌都是最主要的呈現平台；其中最具代表性的，當屬《台灣青年》而《台灣》，以及《台灣民報》至《台灣新民報》的系統，而這個報刊系統，與新文學發展的的進程尤為緊密；而且，也因為透過報刊雜誌的發行，將議題訴諸社會大眾，逐漸引發迴響，新文化與新文學運動，遂得以藉此而獲致開展的契機，並具備推進的動力。

　　1920 年代台灣新文化運動發生的背景因素，五四新文化運動的影響誠然不可忽略，然而五四新文化運動之於中國大陸地區，本具有其文化與國族的主體性，相對於當時受殖民統治的台灣而言，新文化運動的精神雖承襲了五四運動，對現代化的追求有志一同，反對帝國主義與封建體制的理念也歸趨一致，然而，由於主客觀環境的大相逕庭，台灣在科學民主等現代性的追求，以及反帝、反封建的訴求外，最重要的，仍是希望能藉此解放殖民束縛，擺脫異民族的統治與同化，維繫文化的主體性。

　　而從屬於台灣新文化運動的台灣新文學運動，對於舊文學的抨擊和語文改革的主張，以及反帝反封建的意識與寫實主義的堅持，同樣也受到五四新文學運動的影響，但是台灣新文學運動，除了試圖建立新文學觀念，提升文學的社會性，並透過語文的改革，欲使民眾藉由較易學習的語文，去接觸現代化的新思想，並認識民族主義思潮，除此之外，同樣也是積極地希望以此作為反日的形式，希冀擺脫殖民統治的枷鎖。所以，台灣新文學運動的開展，相對於五四運動，除了呈現複雜現代性下的特質外，更具有鮮明的反殖民寫實色彩，並且與反日民族運動，具有亦步亦趨的關連。

　　其實，新興知識分子在台灣新文學運動肇始之際，之所以導引五四新文學各項主張進入台灣，乃是基於民族意識與情感，這略等同於日據初期漢學勃興的原因。

　　清廷割讓台灣之初，台灣人民為了抵拒異民族的統治與同化，延續漢民族文化的傳承，造成當時漢文私塾逆勢成長，結社吟詩蔚為風氣，雖然殖民

政府刻意拉攏仕紳階級，藉以穩定殖民體制，將推廣漢詩視爲治台策略，獎掖成立詩社，本質上是懷柔與籠絡的〔註 75〕，但初始舊文人的積極用心，亦不容抹煞；施讓甫詩云：「莫此尋常詩酒會，斯文一線繫非輕」，即可見一斑。

但是殖民統治者如是的態度，影響所及，卻使台灣文壇產生異質的發展。日據初期，除了台灣人民基於文化傳承的堅持之外，殖民政府領導階層的許多官員，由於通曉並熱衷漢學詩文，每與台灣詩人唱和，並以總督名義舉辦吟詩集會，因此，所謂舊文學的系統，在日據前期的 25 年的時間（1895～1920）裡，仍舊居於文壇主流地位，如是發展，造成了新文學的「遲到」，黃美娥有這樣的觀察：

> 是以日人的種種表現，不僅化解割台之際，傳統文人對於漢文學存
> 滅處境的憂慮，其後，也因日人舉措而愈加肯定漢詩不敗的地位，
> 鞏固舊文人在社會所享有的殊榮身分及舊文學在台灣文壇的地位，
> 這樣一來，無疑提供了舊文學一個持續穩定成長的空間結構。〔註 76〕

雖然，隨著殖民體制帶來的現代性，對舊文學陣營也同樣產生衝擊，有所接受並據之以爲改革之參考〔註 77〕，但是，由於蔚爲風尚卻趨於末流的擊缽聯吟，已然無關乎「興、觀、群、怨」，背離了所謂「詩以言志」的文學積極意義，復加以新文學對現實面關懷的鮮明立場，以及強烈傳遞的反殖民統治意識，都明顯地對立於舊文學陣營裡，不無與殖民統治階層掛勾的嫌疑立場，所以觀察新文學開創的初始階段，在新舊辯證中所蘊含的意義，可以清楚地看出兩造均不是針對純文學的創作理念之爭，無怪乎親身經歷運動風潮，早慧的王詩琅有如下的評斷：

> 形成這新文化運動的基調、底流、思想，就是民族思想和意識，兩
> 者是不可分離的。換句話說，它雖然是針對沒有內容，喪失生命的
> 舊文學，尤其是對舊詩而發，但潛在人心的反抗異族統治的民族思
> 想則是最大的原動力。〔註 78〕

在經過二十多年的殖民統治以後，由於現代性的引介，加以世界潮流的

---

〔註 75〕 參見葉石濤：《台灣文學史綱》，頁 15。

〔註 76〕 黃美娥：《重層現代性鏡像——日治時代台灣傳統文人的文化視域與文學想像》（台北：麥田，2004 年 12 月），頁 72。

〔註 77〕 同註 76，黃美娥根據出土文獻論析當時舊文學陣營因應現代性的影響，對舊文學創作也提出磨合轉型的意見與嘗試，並且認爲「所有的改革有爲新文學暖身的催化作用」。

〔註 78〕 王詩琅：《台灣文學重建的問題》（台北：海峽學術，2003 年 5 月），頁 138。

影響，以及五四的刺激等多重因素，1920年代台灣新興知識分子在憂心文化主體性漸次被消滅，又冀望擺脫殖民統治，並希冀凸顯現代化的思想與民族主義深化的訴求，所以對於台灣人民而言，當時已經是由國民政府建立的民國，自然成爲追尋民族意識歸趨的所在，所以五四模式的進入台灣，順理而成章，一如游勝冠的推演：

> 和台灣同樣遭受帝國主義壓迫的祖國，經五四運動所掀起愛國自救的風潮，不但激盪、鼓舞了台灣人，進而也對台灣起著示範作用。於是在引進五四新文化運動的同時，由於啓蒙語言工具的需求，先是將中國白話文選爲傳播思想的工具，繼而因爲文學的感染力無遠弗屆，有助於新文化的推展，所以將中國五四文學的模式引進台灣。
> 〔註79〕

雖然，台灣新文學在日據時期的整體發展，終因主客觀環境的不同而迥異於中國大陸，但是，台灣新文學觀念的建立，對舊文學脫離現實的批判，以及語文改革的論述，在在均可見到五四的啓發，所以拉開序幕的台灣新文學運動舞台，乃是具有這樣背景的。

1920年《台灣青年》創刊號刊載〈文學與職務〉〔註80〕一文，作者旅日留學生陳炘以此題名撰述文章，就足見其目的是在強調文學的社會性功能，而且不僅是針對文學的內涵，尚包括使用的語言媒介。文章提出文學的職務在於「啓發文化，振興民族」，負有對文化民族振衰起敝的使命，而舊文學的流弊乃自科舉制度以來，已然流於「矯揉造作，不求學理，抱殘守缺，只務其末」，雖然仍具有文學的美感，但卻喪失了文學眞正的精神，而且文學不該僅是怡情逸興而已，「當以傳播文明思想，警醒愚蒙，鼓吹人道之感情，促社會之革新爲己任，始可謂有自覺之文學也。」由此可以充分看到陳炘在面對現代化思潮的衝擊，與對舊文學舞文弄墨專務辭藻的不耐，欲就文學的內容加以革新，因此大聲疾呼，文學應該著重在於「勵行其職務，以打破陋習，擊醒惰民，面就今日之文明思想，以爲百般革新之先導，爲急務也」；而就實際執行層面而言，文學若必須達致「啓發文化，振興民族」，並且遂行「傳播文明思想」並促進社會革新的目的，則語文的使用，將是一大關鍵。

---

〔註79〕游勝冠：《台灣文學本土論的興起與發展》（台北：群學，2009年4月），頁15～16。
〔註80〕刊於《台灣青年‧漢文之部》第1卷第1號（1920年7月），頁41～43。

　　陳炘也同時意識到，台灣島上住民所使用的語言，並不容易達成「我手寫我口」的目標，但同時又感受及文化母國如火如荼的白話文運動已然接近水到渠成，成功擔任文化革新的角色，心急之餘遂有如下的改造呼籲：「近來民國興學，獎勵白話文，無非有感於此耳。我鄉語言中，有音無字者甚多，不可盡以文字音寫之。然亦當其就言文一致體，不以法式文句，區區是執。」可見陳炘對文學職務的理解，所使用的語文媒介勢將成爲一大課題，指出文學創作應該朝向語體文的方向以求「言文一致」的目標，但是囿於台灣語言使用的現實面，尚無法提出具體的建議或主張。

　　分析陳炘文章的內容，事實上已經包含了對舊文學的質疑與語文改革的訴求，歷來均被視爲台灣新文學運動開展的序曲，但更重要的是，凸顯了文學的社會功能性，主張棄絕風花雪月的窄小格局，必須應合現代思潮，成爲啓迪民智的利器，爲社會、爲人生而文學，這已經具有寫實主義的意涵，並隱隱然見到 1917 年陳獨秀〈文學革命論〉一文的影響。〔註81〕

　　陳獨秀〈文學革命論〉〔註82〕中批評了舊文學已然脫離現實，對於「所謂宇宙，所謂人生，所謂社會，舉非其構思所及」，而只顧鑽營辭藻修飾與鋪張堆砌，流於深晦艱澀，將造成「使吾人不張目以觀世界社會文學之趨勢，及時代之精神」，並且提出所謂的「三大主義」，主張要建設「平易的抒情的國民文學」、「新鮮的立誠的寫實文學」與「明瞭的通俗的社會文學」，這些主張後來雖經張我軍透過《台灣民報》全盤引介至台灣，但是陳獨秀文章內容的精神，在陳炘〈文學與職務〉一文中，已然可見痕跡。

　　1921 年甘文芳的日文作品──〈實社會と文學〉〔註83〕（現實社會與文學）繼之而起，同樣發表於《台灣青年》，就文學與現實之間的關連，有更進一步的論述。文章中認爲文學的使命，是在於「指導人們正確的時代趨向」，並且關懷社會的現實面，所以當代許多歐美文學家的作品「多是直接從社會問題取材，或是用他們鋒利的筆勇於批評政治的得失」，而相較於傳統文士的

---

〔註81〕林瑞民：「陳炘在闡釋『自覺的文學』時，細按其義，實呼應了中國大陸陳獨秀 1917 年 2 月發表於《新青年》上之〈文學革命論〉之內在精神。」參見林瑞明：《台灣文學的本土觀察》，（台北：允晨，1996 年 7 月），頁 5。

〔註82〕陳獨秀於〈文學革命論〉中主張的「三大主義」，即「推倒雕琢的阿諛的貴族文學，建設平易的抒情的國民文學；推倒陳腐的鋪張的古典文學，建設新鮮的立誠的寫實文學；推倒迂晦的艱澀的山林文學，建設明瞭的通俗的社會文學。」原文刊載於 1917 年 2 月號的《新青年》（2 卷 6 號）。

〔註83〕原刊於《台灣青年・和文之部》第 3 卷第 3 號（1921 年 9 月），頁 33～35。

文學創作，反倒是「不求人類的進步、發展，對於現實生活所該具有的智識與涵養的重要也不會去追究」，長此以往將使「偉大的中華文學因此而失去光輝」，所以，面對全新的時代，「在如此迫切的時勢要求及現實生活的重重包圍下，以往的清閒文學已無出現的必要」〔註84〕。其所謂「清閒的文學」，實指吟咏風月、脫離現實的舊文學末流之作，甘文芳認爲這都勢將沒入歷史洪流，予以淘汰，代之而起的應是關注現實層面的文學創作，始具有正面的價值。

綜觀上述文章的內容，可以見到台灣新文學觀念奠基之際，符合現代化的精神即被要求，文學的社會功能就被強化，並期許文學將如是議題納入創作思辨，在文章中蘊含文學反映時代的寫實主義訴求，雖不具體，但是已然形成論述基調，成爲新舊文學論爭的主軸，與往後台灣新文學創作的導引。

至於語文改革的主張，在後續出現的數篇論文裡，除了主張推動白話文之外，並富有新思潮的啓蒙傳播意義，以及文化普及的重要性，同時亦有反殖民與民族意識深化的論述。

1921年12月陳端明在《台灣青年》發表〈日用文鼓吹論〉〔註85〕，認爲「日用文之目的在乎互相交換思想，以明白簡易爲要」，點明思想傳播與接受的媒介，當利用平易近人的語文，實用爲要，並且借鏡中國因爲白話文的推行，勢將有利於文明的進展，認爲「今之中國，豁然覺醒，久用白話文，以期言文一致」，因爲「白文之利，第一可以速普及文化，啓發智能，同達文明之域。第二意義簡易，又省時間，童稚亦能道信，自幼可養國民團結之觀念，其影響於國家不少」。文章中陳端明甚至認爲文言一致的語文，將加速文化普及，若積極從教育著手，透過潛移默化，人民自幼即可落實國家觀念與民族意識。

值得注意的是，陳氏一文對所謂「文言一致」的語文，由題名的「日用文」，以及內文中的「白文」，並且在提及中國時使用「白話文」等，名稱互異，足見論文並未訂定具體名義，且究其論文的觀點，並尚未言明是否複製或仿效「中國白話文」。

至於，基於民族情感而提倡以中國白話文做爲台灣語文改革的取材與依

---

〔註84〕以上譯文援引莊淑芝：《台灣新文學觀念的萌芽與實踐》（台北：麥田，1994年7月），頁27～29。

〔註85〕原載於《台灣青年·漢文之部》第3卷第6號（1921年12月），該刊被禁。復刊於《台灣青年·漢文之部》第4卷第1號（1922年1月），頁25～27。

歸,則是 1923 年黃呈聰與黃朝琴的立論,前者基於中國大陸的遊歷經驗,於《台灣》撰文〈論普及白話文的新使命〉〔註86〕;後者發表〈漢文改革論〉〔註87〕,同時對於台灣語文改革的方向,試圖形成指引。

黃呈聰在接近九千字的論述篇幅裡,開宗明義即敘明爲文目的在於希望將白話文「努力普及於我們的社會,以促進文化」,希冀藉此而能使白話文「做文化普及的急先鋒」,「使我們的同胞曉得自己的地位和應當做的,就可以促進我們的社會了」,因爲「凡一個國家和一個社會,一定要一個統一的言文,才可以容易普及民眾的智識,做一個中心的勢力,團結一個特別民族的性格」。文中黃呈聰特別舉出歐美國家經歷現代化的洗禮後,教育普及,人民智識普遍提升,相對地政府體系也必須要尊重民意,去除霸權,反之,「人民若是沒有教育,文化程度很低的時候,就不能做一個輿論來移動政治的方針,他便就要愚弄民眾作出許多的怪事了」。如是立論幾乎等同於對台灣人民抵拒殖民威權統治的呼籲,所以陳芳明有這樣的解讀:「黃呈聰觀念裡的白話文運動已有強烈的去殖民意味」。〔註88〕

至於黃朝琴的〈漢文改革論〉則認爲中國雖具有悠久的偉大歷史,但何以無法進步的原因,在於並未建立言文一致的語文,所以「文化不能夠普及於一般民眾」,然而現今台灣社會處於異民族統治與文化的強勢入侵下,事實上依舊習用漢文爲主,「雖然做日本的百姓,用漢文的仍然佔大多數。若長長不快將這個漢字,改做言文一致的形式,我想現時未受教育的兄弟,絕無接觸智識的機會」。並且抨擊殖民政府的同化政策,欲全然廢棄漢文固有的習慣、文字及語言,文中甚至提出所謂「學問要平民主義」的主張,意即要將語文的使用,從士大夫階級手中加以解放,將話語權利賦予一般平民百姓,這也已經傳達了部分階級意識,莊淑芝即表示:「文章中強調無產階級所受到的社會壓迫,以及主張學問知識的平民主義,顯示出作者已具有階級意識,並且流露出人道的關懷。」〔註89〕,頗值得注意。

綜觀以上語文改革的立論,均可以在樸拙的遣辭用字中,看到行文意念

〔註86〕原刊於《台灣》第 4 年第 1 號(1923 年 1 月),以下引文見李南衡主編:《日據下台灣新文學明集五‧文獻資料選集》,頁 6～19。

〔註87〕原刊於《台灣》第 4 年第 1～2 號(1923 年 1～2 月),以下引文見李南衡主編:《日據下台灣新文學明集五‧文獻資料選集》,頁 23～35。

〔註88〕陳芳明:《台灣新文學史》,頁 61。

〔註89〕莊淑芝:《台灣新文學觀念的萌芽與實踐》,頁 211。

落實在台灣當時被殖民的現實面，還有複雜現代性下對新文化的追求，以及
文化主體性的堅持，並且也都牽涉到所謂新舊的辯證。在新文學運動開展之
際，被殖民的現實無從忽略，惶恐於喪失文化主體性的危機並未稍歇，如是
貼近現實面的論述，與反日殖民統治的意識也依舊是緊密結合。葉石濤就認
爲這些立論爲台灣新文學的發展指出了「正確、清晰的寫作路線」：

> 那就是台灣作家應使用民眾易懂的語文——白話文寫作，而文學並
> 非「爲藝術而藝術」的，它是「爲人生而藝術」。換言之，在這台灣
> 文學的發軔時期，他們合力奠基了一塊里程碑，指出台灣文學應該
> 爲民眾服務，反應社會現實。〔註90〕

在建立新文學觀念並提出語文改革主張後，繼而在新舊文學論爭的過程
中，台灣新文學的發展，也漸次從中獲致活潑的生機。新舊文學論爭的焦點，
由於台灣身處殖民地面對異民族同化政策的特殊性，所以對舊文學的批評，
與中國五四運動打倒「孔家店」的訴求，是有些差異的。台灣新文學陣營對
舊文學的抨擊，主要是針對舊詩而發，因爲各地詩社蓬勃發展，初始固然是
在異民族統治下堅持的文化傳承，但卻也不免反成爲殖民政府懷柔籠絡的手
段，而其末流者專務擊缽咏物，已經流於空洞與虛無，在面對新時代的現代
性思潮，以及民族意識的昂揚，新舊兩相對立本不可或免。

首先對舊詩（文學）陣營直接發出清晰的指摘，最早應是 1923 年《台
灣民報》刊載的〈論文學〉〔註91〕一文，作者潤徽生在論述中賦予文學高度
實用性功能，認爲文學的平易或「艱難」，將影響人類文明進化的快速或遲
滯，甚至退化，並援此論點，對舊詩陣營發出批評道：「許多人都是重舊的
文學，不肯創造新的文學，不但不肯創作新的文學，尚且獎勵舊文學，不知
台灣，是舊的艱難的文學作弊，而創甚麼詩社，所有的腦力，全費於詩社，
不求別的學問……」。源於現代思潮的影響，潤徽生認爲舊詩陣營食古不化，
昧於現實，並對於創立傳統詩社表達不以爲然的態度，面對新時代不應只是
抱殘守缺只務其末，認爲文學應該加以革新，方能加速「人類的進化」，如
此才得以「增進幸福」，文章透露了爲社會而文學的寫實主義意味，並且強
調應該契合時代革新的潮流。

然而，不管是陳炘、甘文芳等對新文學觀念的建立論述，或是陳端明、

---

〔註90〕葉石濤：《作家的條件》（台北：遠景，1981 年 6 月），頁 22。
〔註91〕原刊於《台灣民報》第 14 號（1923 年 12 月），頁 3。

黃呈聰、黃朝琴等對語文改革的主張，直到到潤徽生的質疑，這過程應可看做是爲新文學的開創蓄積了能量，最後匯聚到張我軍身上，將新舊論爭與語文改革，合而爲一，並且爆發出十足的力道。

赴北平求學的張我軍，明顯受到五四新文學運動的影響，自 1924 年開始在《台灣民報》發表一系列文章，除了建立以中國白話文爲媒介的語文改革主張外，對舊詩（文學）陣營更是提出直接的攻訐，於是乎新舊對立便自此開啓戰端。

1924 年 4 月 21 日的〈致台灣青年的一封信〉〔註92〕是發難的第一篇文章，張我軍明顯對當時島內議會設置運動的受挫表達了憤慨，並且不滿於舊詩陣營的迂腐守舊，同時期勉台灣青年能夠奮起改造社會。文中尙未見到建立新文學的意見，但是對舊詩陣營的抨擊卻是語辭犀利辛辣，直指其爲「詩韻合解的奴隸」，是「替先人保存臭味」，並且認爲當時台灣文壇居主流地位的舊體詩文毫無價值，「只在糞堆裡滾來滾去，滾到百年千年，也只是滾得一身臭糞」，甚至挪揄詩人僅是附庸風雅，過度膨脹，「自稱詩翁、詩伯，鬧個不休」。相較於此前陳炘以至潤徽生的相關文論，張我軍的遣辭用語，陡然地劍拔弩張，足見其對改革的殷切心境。

其中值得注意的是，張我軍認爲改造社會，即是在求取「眾人的自由和幸福」，必須戮力以赴方能達成，需秉持「團結、毅力、犧牲」的精神以爲武器，言下之意實是寄託反殖民的抵抗意識，甚至引用馬克思：「人類一切的歷史，都是階級鬥爭的事蹟。」在這新文學開展的初期，已經可以看到了社會主義思想中階級鬥爭意識的痕跡。

數個月後〈糟糕的台灣文學界〉〔註93〕一文發表，援引西方文學發展的進程，以及中日兩國在文學革新上的成就，對比於台灣文壇的死氣沈沈，徒然讓賦詩淪爲「遊戲」與「器具」，令人不耐。然而他將舊文學向新文學的演進視爲必然，認爲「古典主義（如台灣現在的文學）之當廢，已成爲一個絕對的眞理了」，甚至比擬爲如同「地球是圓的，人是要死的一樣的眞理」，也似乎過於武斷，但是這或許是文學革命之際不得不然的破壞言論，只是也必須接受公評，賴松輝就認爲，張我軍於此所持的「文學進化論」，是有所

---

〔註92〕原刊於《台灣民報》第 2 卷第 7 號（1924 年 4 月），頁 10。

〔註93〕此篇文章張我軍以「一郎」爲筆名發表於於《台灣民報》第 2 卷第 24 號（1924 年 11 月），頁 6。

疏漏的，其立論並無法排除邏輯因果關係，就認定「未來或當代文學史必然循著同樣模式演進」〔註94〕，所以，難免就引起舊文學陣營的反對聲音。加以通篇文章中對於舊詩陣營批判的力道也未曾稍歇，續批詩翁、詩伯們丟盡文士的臉，「不但沒有產出差強人意的作品，甚至造出一種臭不可聞的惡空氣來」，在承襲上一篇文章的語氣外，更進一步批判舊詩陣營與殖民政權的曖昧關係，認為詩人們爭相藉由酬唱應和，「時又有總督大人的賜茶、請作詩」以自抬身價，「及至總督閣下對他們稱送秋波，便愈發高興了起來了」。所以可想而知如是的言論，當然招致舊文學陣營的強烈反彈，新舊論爭於是終於搬演上了檯面。連橫就認為新文學運動者對「漢文可廢」的態度期期以為不可〔註95〕，然而兩造這樣的針鋒顯然失卻了相對焦距，致使新舊辯證的互相攻擊，最後難免流於意氣之爭。

　　而張我軍能夠兼容對舊文學陣營的批判與倡導新文學理念的文章，當屬1925 年發表的〈請合力拆下這座敗草叢中的破舊殿堂〉〔註96〕，於文中張我軍全盤介紹了胡適及陳獨秀的主張，並且以他們不作「言之無物」、「無病呻吟」的文學，和「推倒陳腐的，鋪張的古典文學；建設新鮮的，立誠的寫實文學」等文學改革理念，成為台灣新文學運動的導引指標。之後，張氏接任《台灣民報》編輯，繼而發表〈揭破悶葫蘆〉、〈覆鄭軍我書〉、〈文學革命運動以來〉、〈詩體的解放〉、〈新文學運動的意義〉、〈隨感錄〉等文章，逐漸站穩了以白話文寫作的新文學立場，並且累積了一定的理論基礎，將台灣新文學正式地推上台灣文學的舞台。

　　根據翁聖峰的整理加以計算，自 1920 年陳炘的〈文學與職務〉見諸報端以後，直到 1930 年黃石輝〈怎樣不提倡鄉土文學〉發表前夕，整個 1920 年代刊登於報刊雜誌相關新舊文學論爭的文獻，就約有 200 餘篇〔註97〕，可見

---

〔註94〕賴松輝認為：「張我軍借用『文學進化論』說明：文學反映了時代性及新舊文學演進的必然性。但從邏輯因果關係而言，文學隨著時代變遷而演變，僅是過去文學史事實，並無法推論未來或當代文學史必然循著同樣模式演進。」參見賴松輝：〈「文學進化論」、「反動文學論」與台灣新舊文學的演進〉，《台灣文學研究學報》第 3 期（2006 年 10 月），頁 226。

〔註95〕舊文學陣營最具代表性的反詰，當屬連橫的文論，認為新文學提倡者，「口未讀六藝之書，目未接百家之論，耳未聆離騷樂府之音，而囂囂然曰，漢文可廢，漢文可廢。」參見連橫編：《台灣詩薈》（台中：台灣省文獻委員會，1992年 3 月），頁 627。

〔註96〕原刊於《台灣民報》第 3 卷第 1 號（1925 年 1），頁 81。

〔註97〕參見翁聖峰：《日據時期台灣新舊文學論爭新探》（台北：五南，2007 年 1 月），

論爭歷時既久，且雙方意見歧異，更遑論達致共識。然而舊文學陣營如詩社之林立，也並未就此偃旗息鼓，但是新文學卻藉此過程得以蓄積豐沛的活力，建構出奠基的格局，漸次產出文學作品而立穩腳步。

其實，新舊之間也未必是截然二分，壁壘分明。如上文所述，舊文人在接受現代性之際，也不乏反省與檢討，結社吟詩也不必然拉扯權貴，所以新文學陣營批評其固步自封與逢迎殖民政權，不免也流於以偏概全。另外，除了所謂新舊的文人身分，在界定上相當模糊之外，對於若干文學觀念亦有共通之處。以「文以載道」之意涵為例，翁聖峰就認為新文人所反對的，是流於歌功頌德、應酬遊戲的詩歌，認為文學應具有更高的目標，而這樣的設定，「從廣義來說，這也是新文人文以載道的觀念，不過，新文人反對儒家文以載道的文學觀，他們強調的是文人的社會責任，說詞與儒家的『道』不同，但關懷社會的目標卻是一致的」〔註 98〕。而如是懷抱社會責任的文學功能價值，即是新文學據以強調和實踐的「文學職責」，主張反映時代精神與社會現實內容，同時也含有去殖民的抗爭意識。

觀察新文學運動的發展，真正落實新文學寫實主義的方向，也即是完成於新舊文學論爭的階段。除了張我軍引進五四反帝反封建的寫實文學精神外，處於殖民地現狀的台灣，欲藉由文學的創作反映悲苦現實，以傳遞反殖民壓迫的精神，寫實的文學當是比較適當的媒介，所以陳建忠就認為「寫實主義作為一種文學形式會被殖民地作家採用的重要原因」，是因為：

> 採取現實主義（一譯作「寫實主義」）的文學形式或許是許多弱小民族作家的共同之處，原因不難理解，因為面對殖民主義或封建主義對人進行壓迫時，紀錄、反映，甚至加以批判，都必須藉助寫實主義形式才易於發揮效果。〔註 99〕

況且源始於反日民族運動的文化抗爭性格，新文學自然與寫實主義在一開始即緊密結合，成為台灣新文學作品實踐的主要形式。台灣新文學的發展，由於殖民地的背景因素，是伴隨著民族運動一起成長的，飽含反殖民的意識型態，致使許多作品的取材，便落在大多數被欺凌掠奪的民眾身上，寫實而具象地反映台灣民眾的苦難。新文學運動的思想內涵，在肇始時期就與此有

頁 346～347。

〔註98〕翁聖峰：《日據時期台灣新舊文學論爭新探》，頁 311。

〔註99〕陳建忠、應鳳凰、邱貴芬、張頌聖、劉亮雅合著：《台灣小說史論》（台北：麥田，2007 年 3 月），頁 30。

著密切的關係，所以彭瑞金同樣也認爲「日據時代的文學作品的確具備社會寫實、敏銳而誠實地反映社會現實的政治敏感特質」〔註100〕，忠實反映殖民地社會的眞實處境。

1920年代台灣新文學運動在語文改革與新舊論爭的同時，理論的建構也逐漸清晰，而強調文學的社會功能性即是其中重要的一環。誠然，反映社會現實並非是文學藝術創作的唯一責任，然而其時身陷思想言論控制的台灣社會，透過文學作品反映殖民地社會的苦難，表達對於殖民體制公義無存的控訴，則應是宣洩反殖民意識的利器。

如前文所敘，台灣的社會主體在於農村，而日本帝國主義帶來的殖民體制與資本主義，在掠奪榨取台灣土地資源的過程中，受害最深的就是農民。新文學作品，尤其是小說，相關於農民形象的塑造與農村背景的摹寫，可直接取材於現實社會，再輔以寫實主義擬眞的創作手法，則農民的悲苦境遇與農村社會的破敗景況，在在都可以反映殖民地人民的苦難，而且去殖民意識的傳遞也更形清晰，至於殖民政權的蠻橫醜惡，也將無所遁形。

## 三、社會主義對新文學創作的影響

1917年俄羅斯無產階級革命的成功，代表著以社會主義爲基礎建立國家體制的可行性，社會主義思想也漸次在全球蔚爲潮流，東亞地區的中國與日本，同樣也接受了這股思潮的洗禮。而當時殖民地台灣藉由留學生的引介，在1920年代初期即帶來了社會主義思潮，並對日後台灣的反殖民與新文學運動都產生了直接而明顯的影響。台灣的現代青年接觸社會主義的機緣與過程，陳芳明如是分析：

> 日本正處於大正民主時期，而中國也正在國共合作時期，兩地對左翼思想都採取寬容的政策。中日兩地的台灣留學生，在言論自由的氣氛下，有充分的機會學習社會主義並加入左翼團體。他們回到島內時，紛紛投入本土的抗日運動，同時也引進了他們所信仰的社會主義思想。〔註101〕

然而社會主義思想之所以能夠快速地爲台灣社會所接受，絕不僅是因爲

---

〔註100〕彭瑞金：《台灣文學探索》（台北：前衛，1995年1月），頁20。
〔註101〕陳芳明：《殖民地台灣——左翼政治運動史論》（台北：麥田，2006年1月），頁20。

時代的氛圍或是現代性的發凡，實與殖民體制以及其所挾帶而來的獨占資本主義有密切關係。因為，社會主義思想的存在，本是對資本主義高度發展的反動，而揆諸1920年代的殖民地台灣社會遭受壓榨下變形的農村實況，社會主義思想的勃發，其來有自。

殖民主義與資本主義並結合部分台灣封建舊勢力，對新興知識分子的壓抑，與工農階層的剝削，使無產階級意識逐漸被台灣人民所接受，而同時在政治運動（議會設置運動）與文化運動（文化協會）屢屢受挫之際，藉由階級鬥爭尋求解放的訴求，也同樣逐漸被認可接納，於是乎形成了日據時期反日殖民運動中，在民族主義之外的另一思想理路。

社會主義傳入殖民地台灣後，第一個因社會主義思想而集結的「社會問題研究會」成立於1923年7月，代表人物是連溫卿、蔣渭水與蔡式穀，而這三人同時也是文化協會的創始幹部，足見當時文化協會對社會主義思想的接受度。所以，社會主義在台灣的發展，與文化啓蒙、文化抗日運動，可以說是肇始在同一個時期的〔註102〕。雖然該組織於成立之初即遭殖民政府取締，亦未見具體的活動，但已然為殖民地的社會主義運動，點燃了星星之火，至於蔓延而燎原，造成文協的分裂、促成台共的成立，以及影響新文學的創作辯證，自是後話。「社會問題研究會」的創始緣由，以殖民政府的視角窺之，則是：

> 因受戰後經濟不景氣所帶起的本島勞慟運動、農民運動的刺激，而
> 招來逐漸熱中於社會主義研究的傾向。〔註103〕

顯然，殖民政權將之歸咎於「戰後經濟不景氣」，而刻意避談殖民體制與資本主義所形成的壓迫與獨占。殖民地台灣以農村為主體的社會型態，存在著廣大農民階層受到剝削的事實，契合於社會主義思想關注農工階層的階級意識，本質上這才是社會主義興發的真正原因。觀察文化協會與相關知識分子團體對農工運動的聲援與支持，以至於各地「農民組合」的相繼成立，其實都代表著社會主義思想在台灣發展的基礎。

日本帝國主義帶來的殖民體制與資本主義，對台灣社會形成雙重壓榨，

---

〔註102〕「1921年彭華英在《台灣青年》雜誌上發表了第一篇討論社會主義的文章，同年台灣文化協會成立的時候，台灣已經有研究馬克思主義的讀書會組織」，參見盧修一：《日據時代台灣共產黨史（1928～1932）》（台北：前衛，1990年5月），頁41。

〔註103〕王乃信等譯：《台灣社會運動史（1913～1936）·第一冊·文化運動》，頁246。

持續深化矛盾與對立，於是，在對抗大和民族的「民族」立場之外，也漸次形成對抗資本主義的「階級」立場，在日據時期的去殖民化運動思想裡，便有民族主義與社會主義兩股思想理論。

　　然而，由於資本主義在台灣，乃幾乎由日本資本家所壟斷，所以，日據時期殖民地台灣的民族抗爭意識，便與階級鬥爭意識產生了重疊性。進一步言之，因為殖民現代性與同化政策所形成的文化位階落差，造成被殖民者相對於殖民者在文化上產生的階級矛盾，而在去殖民意識的情感認知裡，也等同於經濟上的階級矛盾，所以在文化協會正式分裂以前，民族主義與社會主義在理論訴求上容或有所差異，但卻是兼容並蓄地存在於反日殖民運動陣營之中，趙稀方做成如下的觀察，應是中肯的：

> 民族主義與社會主義在政治文化理念上並不相同，一者以民族為本位，一者以階級為標準。1927年，台灣文化協會的分裂，正標誌著台灣民族主義與社會主義團體的分道揚鑣。儘管如此，台灣民族主義與社會主義在反抗日本殖民統治的文化啟蒙上其實也是相通的，它們共同構成了台灣近代革命史。〔註104〕

　　觀察日據下歷史的發展亦可以清楚發現，初始時期民族主義與社會主義形成了台灣反日殖民運動的兩大思想導引，共同倡導文化活動而至政治運動，啟蒙教育民眾而至協助農工階層進行權益爭取，將反對日本資本主義的獨占掠奪，在意義上等同於反日殖民統治的訴求；然而隨著殖民體制漸趨穩固，議會設置請願運動嘗試在體制內從事改革的路線，終究並無以改變殖民體制，並且連如是請願行動也迭遭挫折，殖民政權所謂的「內地延長主義」徒具虛名，殖民地台灣依舊無以化除差別待遇，而獨占資本主義榨取殖民地農業、人力資源的系統，也已經確立了綿密而牢固的機制，配合日本帝國主義持續在東亞地區擴張，並因應日本本土亦陷入日益惡化的全球經濟恐慌之中，「農業台灣」的工具地位，處境將益形嚴峻，在如是現實層面上，文化協會中民族主義與社會主義的主張，不免於必須形成相互拮抗，而最終流於裂解的局面。《台灣總督府警察沿革誌》中的紀錄留下了連溫卿〈一九二七年之台灣〉，文中即可清楚看到文協內部的矛盾：

> 前者（指民族主義路線）的主張係以少數人的利害關係作為根本的要求，所以能和當局所標榜的日本內地延長主義一致，其界限則止

〔註104〕趙稀方：《後殖民理論與台灣文學》（台北：人間，2009年5月），頁214。

於獲得政治上的獨立，換句話說，他們的主張以設立台灣議會做其極限。而後者（指階級鬥爭路線）之主張則以解放最大多數之台灣無產階級為目的。〔註105〕

民族主義路線的訴求，並未能改善大部分低下階層農工的生存權益，畢竟若只是尋求在殖民體制框架內的改革，是有所局限的，東京的社會主義派青年甚至以激烈的語詞形容議會設置運動是「哀願叩頭式請願運動」，加以貶抑地認為「與其說是推行台灣解放工作，毋寧說是破壞台灣民眾的英勇鬥爭及延長日本帝國主義對台灣的支配」〔註106〕，復加以現代性與殖民性頡頏下所表現的文化運動，也相形顯得柔弱，因此，訴諸階級鬥爭的解放運動思想，便逐漸取得凌駕之勢。

回首1920年《台灣青年》卷頭辭所揭櫫新文化運動的革新理念，階級意識已經隱然存在：

> 瞧！國際聯盟的成立、民族自決的尊重、男女同權的實現、勞資協調的運動等，無一不是這個大覺醒的賞賜。台灣的青年！高砂的健兒！我人還可儘默著不奮起嗎？不解這種大運動的意義，或不能共鳴的人，那種人已失其為人之價值了，何況是要做一個國民呢？〔註107〕

其中「勞資協調的運動」，即是相關於階級意識的強調，呼籲應該正視殖民地台灣遭受壓迫的農工階層，以及農村社會的諸多失衡現象，而且，從「國際聯盟」、「民族自決」到「國民」的語詞裡，亦不難解讀到「國族意識」的意味。所以，在新文化運動開展之際就被提出的訴求，顯然若依民族主義的路線，在歷經時日之後，對上述命題並無法提出有效的解決方法，社會主義與階級抗爭的模式，便取而代之。

也或可如是解讀，是新興知識分子在接受現代性、抵拒殖民性，同時又必須堅持台灣文化主體性的掙扎過程裡，不管是現代性或五四的自由民主科學精神，運用於獨特的台灣殖民地現實，力道均有所不足，因此經由社會主義階級鬥爭意識的影響，便產生了修正並且覓得新出路。

文協內部產生質變之後，修訂的會則綱領仍指出：「本會以普及台灣大眾

〔註105〕王乃信等譯：《台灣社會運動史（1913～1936）‧第一冊‧文化運動》，頁275。

〔註106〕參見王曉波：《台灣史與台灣人》（台北：東大，1993年10月），頁75。

〔註107〕原刊〈卷頭之辭〉為日文，見《台灣青年》創刊號（1920年7月），頁1。中譯文重刊於《台灣民報》第67號（1925年8月），頁36。

之文化爲主旨」，但在綱領中羅列在前的兩項內容即標明：「提高農村文化」與「增進商工智識」〔註108〕，雖以「文化」和「智識」名之，但重視無產階級農工階層的取向至爲明顯，強化階級意識的態度亦躍然紙面。而文協對於農工運動的支援或協助則更形直接而頻繁，除了舉辦演講會、文化劇之外，並參與各地工會與農民組合形成所謂「共同戰線」，至此，文化啓蒙與去殖民意識，已經轉化爲以無產階級革命爲宗的階級鬥爭立場。及至1928年台共成立，黨綱中強調建黨目的在於進行符合殖民地現狀的「具有豐富展望的民主主義革命」，以無產階級農民爲革命主力，「同時亦是顛覆日本帝國主義，使台灣獨立的民族革命」，並明列「台灣民族獨立」與「建設台灣共和國」等綱領〔註109〕，正式而明確地提出以台灣主體爲取向的「國族意識」，顯現出反日殖民運動中的民族意識，在社會主義思想的影響下，已經開始傾向於台灣本土化的主體性。

而對於農民問題方面的關注，則是直指台灣農民遭受壓迫的成因與現狀，提出「黨應領導農民，在無產階級指導下，反對帝國主義之強奪土地，打倒封建地主及掃除封建遺毒，實行農村革命」的指導方針，並且大聲疾呼——「土地歸農民」〔註110〕。相較於文協分裂與台共成立之前的農民關懷，此一階段的積極態度與作爲，均試圖加速改變農民的處境，同時也顯示了階級意識訴求的擴展，除了尋求能由殖民帝國主義中加以解放之外，更希冀能從舊有封建傳統制度中解放出來。

這樣的社會主義思潮，同時也流注到新文學運動領域。台灣新文學的創作，在要求雙重解放的態度影響下，也就創作內容與語文表現媒介重新做檢討，在歷經建立新文學觀念與新舊文學辯證之後，再一次形成反思。

就文學創作內容而言，既然榨取和剝削的系統，在殖民地台灣的農村社會中，並非單獨存在，而是與整個殖民體制結構均有關係，而封建體制與殖民體制的結合，更產生了多重的桎梏與階級落差。所以，取材於農村社會問題的文學創作，將可以輕易反映出這個結構的問題，而透過寫實的反映手法，

〔註108〕 參見王乃信等譯：《台灣社會運動史（1913～1936）·第一冊·文化運動》，頁268。
〔註109〕 上述內容參閱王乃信等譯：《台灣社會運動史（1913～1936）·第三冊·共產主義運動》，頁13～14。
〔註110〕 參閱王乃信等譯：《台灣社會運動史（1913～1936）·第三冊·共產主義運動》，頁15～16。

重現遭受剝削後的農村破敗景況，傳遞出對於不公不義的控訴。

所以新文學的創作內涵，相應於社會主義思想的觀點，即應扎根在飽受疾苦的農民身上。社會主義與寫實主義相結合，成為表達階級抗爭意識與去殖民統治精神的有利武器，這也是新文學發展初期的小說作品，即廣泛地以農民及農村社會為創作素材的成因之一。

至於語文的使用選擇方面，考量若是作家欲使文學作品成為疾苦農工的代言人，並且能夠尋求共鳴，激發階級意識，強化抗爭力道，則所援用的語文媒介，就理應貼合農工階層的日常用語，始能達至「普及台灣大眾文化」的大眾文學（藝）目的，並相應當時世界性普羅文學的風潮。但反觀本是移墾社會型態的台灣，除了眾多先住民之外，語言的使用乃以閩、客話語為主，而時至1920年代，舊文學是屬於舊知識分子階層的使用工具，而中國白話文和日文，又成為新興知識分子所專有，對於絕大多數台灣的一般民眾，包含目不識丁的農工，運用於書寫與閱讀兩者的語文，根本未能普及，語文的使用依然具有階級性，更遑論新文化運動以降，訴求新思想新文化的往下扎根，期許民眾智識的往上提升。游勝冠便指出當時屬於台灣本土語言使用的獨特性，相對於諸多文學改革主張之間的落差：

> 當文學運動的對象專注到所謂的無產階級大眾身上，知識分子思考文藝如何普及到農工大眾的時候，台灣社會的主體農工大眾，以及他們的日常語言，他們精神生活所寄的民間文學，作為台灣本土的獨特性，向知識分子展示了一直存在，卻普遍受到忽視的本土特質。
> 〔註111〕

當社會主義嘗試啟發無產階級農工大眾，就必須尋求一種被廣泛接受的語文媒介，因此以上論述的盲點便凸顯出來了，而這同時也顯示，自1920年代初期新文學運動肇始以來，各種語文改革的主張立論，其實都並未能全然契合台灣社會語言使用的現實面，所以，對於最適切的語文選擇，至此時其實依然懸而未決。若是歷時觀察社會主義在1927年導致文化協會分裂，1928年促成台共成立，而隨即在進入1930年代初期，便發生了「台灣話文」運動與「鄉土文學」論戰，應是源於長期意識型態與矛盾的累積所致，並且，同時也顯示去殖民反抗意識中的所謂「國族觀念」，已經具有傾向以台灣為主體的趨勢。

---

〔註111〕游勝冠：《台灣文學本土論的興起與發展》，頁31。

在延續游勝冠台灣文學本土論興起的因素分析外，許俊雅也認爲台灣新文學至此趨向本土化，社會主義的影響，當係成因之一。因爲當時政治、民族運動屢遭殖民政府打壓防範，而相對地新文學活動較能爲當局所接受，所以新興知識分子乃嘗試藉由文學創作以爲手段：

於是抗日台民紛紛獻身新文學創作，假文學活動以行抗日之舉。而
濡染社會主義、共產主義之台省知識分子亦置身其間，寓關心台灣
社會問題之思於文學活動，而漸漸發展出台灣文學本土論。〔註112〕

殖民地現代化的複雜內涵，也表現在新興知識分子的多重身分上，既是文化啓蒙者，也是政治運動者，更是文學創造者，在進行文學觀念辯證時，不難理解必然存在意識型態的導引，所以也必然產生歧異，導致論戰的發生勢所難免；而且尋求解放的目的也是多重的，國族的解放與階級的解放，竟爾在新文學初始發展階段，即同時浮上檯面，也可以看到台灣文學在多重現代性下的鮮明寫照。

殖民地台灣以農村社會爲主體，乃是先驗存在的事實，所以寫實主義的文學創作主張，將無從忽略資本主義肆虐後的農村現實面；而社會主義思想關注農工階層的取向，乃是階級意識型態所致，遭榨取後的無產階級困厄農民，同樣也是關注的焦點。雖然此時期的新文學創作尚居於去殖民運動的附屬地位，但是寫實主義與社會主義的相結合，小說創作遂自然以農村社會爲小說背景，以農民爲小說人物，以農村社會下的諸多運作爲故事情節，站在農民的立場，寫實了日據下農村遭掠奪後的凋敝，反映了階級壓迫下農民的掙扎，傳達了亟欲掙脫殖民束縛的憤恨與苦悶，克盡新文化運動下的文學職責，並發揮其社會功能。

1931年發生的「九一八事變」，代表日本帝國主義加強向外侵略擴張的野心，於是不管在日本本土或所屬殖民地，均以更嚴厲的尺度與手段，箝制言論思想以及禁絕政治活動，事變前後的這一段時期，不僅解散日共組織，在殖民地台灣更是強悍地「檢舉」各種政治團體，尤其是標舉左傾意識的組織，包含文化協會、民眾黨、台共以及已由台共取得主導權的農民組合等，盡皆遭到消滅〔註113〕，所以，陳芳明對於1931這一年賦予了這樣的意義：

〔註112〕許俊雅：《日據時期台灣小說研究》（台北：文史哲，1995年2月），頁71。
〔註113〕參見楊碧川：《日據時代台灣人反抗史》（台北：稻香，1996年6月），頁255
　　　　～304。以及楊碧川：《台灣歷史年表》（台北：自立晚報社，1990年8月），

在這一年之前，台灣人的解放團體不斷的發展和擴充；在這年之後，
解放運動的趨勢便江河日下，不復昔日雄風。把 1931 年視爲分水
嶺，甚或視爲一個休止符，當不爲過。〔註114〕

面對殖民政府如是強悍的舉措，政治運動顯然無以接續，知識分子於是
相繼投入文學創作領域，由政治運動鬥爭者，轉而成爲新文學工作者，抱持
社會主義思想與寫實主義精神，在文學作品中寄寓去殖民的民族意識與解放
壓迫的階級意識，透過文字繼續遂行對殖民體制的抵拒，葉石濤就分析了如
是新興作家對新文學創作所產生的作用：

他們不全是馬克思主義者，但是幾乎所有的作家大多和台共的運動
發生了直接、間接的關係。這也是爲什麼新文學中的優秀作品都多
少含有明確的反帝、反封建的主題的緣故。〔註115〕

正是源於這樣的轉變，影響了台灣新文學的發展，在時序進入 1930 年代
以後，除了階級意識的更形強化之外，並且進行對文學創作內容的本土性要
求，以及語言的使用等問題的辯證，也導致了「鄉土文學」論戰與「台灣話
文」運動，如同游勝冠的觀察：「反抗運動的質變，對文學運動的走向也產生
影響，但這種影響要遲至 1930 年代才看得出來。」〔註116〕

另一方面，則是因爲眾多知識分子競相投入文學創作，致使新文學的
發展，也獲致更豐美的成果，陳芳明也指出：「台灣文學在 1930 年代進入
了全新的局面，從而達到成熟的境界，乃是在這樣的歷史條件下開創出來
的」〔註117〕。若是再加以深入察考，則可以發現日據下台灣新文學的發展，
終究無以迴避文學本身，以及客觀環境所帶來的諸多挑戰，但是在摸索前進
過程中，終亦將逐漸擺脫附庸地位，尋求出路，賣力奮進地走向自主。

## 第三節　農民小說的發端與作品的時代意義

經由不斷地努力嘗試與摸索，在新文學發展的初期，作家們即開始劍及
履及地以文學作品來印證新文學觀念，形塑新文學作品的格局，開拓新文學

---

　　　　頁 154～155。
〔註114〕陳芳明：《殖民地台灣──左翼政治運動史論》，頁 157。
〔註115〕葉石濤：《走向台灣文學》（台北：自立晚報社，1990 年 3 月），頁 97。
〔註116〕游勝冠：《台灣文學本土論的興起與發展》，頁 29。
〔註117〕陳芳明：《台灣新文學史》，頁 70。

的場域。這樣的表現，最具代表性的人物，即是造成新舊辯證轉趨針鋒相對的張我軍。

張我軍一方面積極提出論述，一方面也從事文學創作，為自己的文學主張——「建設白話文文學，改造台灣語言」寫下註腳，如小說作品〈買彩票〉、〈白太太的哀史〉等，並且出版《亂都之戀》，是為台灣新文學第一本新體詩集。

然而新文學運動本是殖民地台灣政治、社會解放運動的一環，所以初期新文學作品自然在創作取向上，是具有一定針對性的；除了受到現代化思潮影響，在內容上置入對傳統思想與封建制度的社會改革主題外，比例上更高的則是營構反殖民統治的民族意識與政治主張，加以社會主義的影響逐漸加深，階級鬥爭意識也廣泛見諸於創作之中。

其中，尤以小說作品更能發揮如是「功能性」，這看法乃是源於——小說文類透過取材現實的筆法，舉凡背景架設、故事設計、情節安排與人物塑造，相對於其他文學體裁，更能夠擬真日據下的社會面貌，寫實身陷於殖民統治的苦楚，以及面對殖民威權壓迫的抵拒與憤恨。

而日本帝國主義在台灣所架構的殖民體制，積極掩護獨占資本主義的掠奪下，也同時消極漠視封建土地制度的壓榨，將受害良深的社會底層農民，嚴酷地推向無以翻身的無產階級位階，所以，暴露農村社會經濟失衡與貧窮的現實，反映農民艱辛處境的農民小說，對此日據下的現實加以書寫，即可清晰地暴露帝國殖民主義的醜惡，因此在傳遞去殖民統治意識上，儼然具有一定的力道。

寫實地摘取農村現實素材，在初期的小說創作中，就已然成為作家的創作元素，除了源於台灣社會是以農村為主體的實況外，文學若欲強調殖民壓迫的苦悶與反彈，在作品裡呈現強烈批判與抗爭性格，設若以台灣住民的主體——農民為主角，則無論是民族主義，或是社會主義的階級意識，甚至是台灣主體性，均能匯聚於文字之中，兼容並蓄，而不相掣肘地達致其反日殖民統治的社會「功能性」。

## 一、新文學萌芽時期的作品內涵與創作取向

以歷時性的縱觀視野，考察日據時期台灣新文學的整體發展過程，則1920年代的新文學作品，尚處於新文化運動以及去殖民運動行列中的附庸地

位。而且在新文學草創之初,也因為創作手法青澀之故,文學作品呈現的藝術性相對顯得薄弱,作品內涵呈現以啓迪民智的功能性為主,所以小說的內容主要在於訴求現代化的躍進,以及反殖民及反封建意識的主張,作品中盡皆可見著啓蒙意識的痕跡。

然而,文學由奠基而至發展的進程,當是漸進而緩慢的,尤其是日據下台灣新文學作家所面對的,除了語文的改革與新舊辯證所涵蓋的複雜命題外,尚存在著殖民社會客觀環境的諸多制約,所以這些萌芽初期的作品,在新文化運動與民族運動領導下,所表現的吶喊或徬徨,也一如樸拙的表現手法一般,都清楚地留有台灣新文學初生的印記。

歷來相關台灣新文學文論,對這一階段的文學作品,大抵一如彭瑞金的看法:「這個時期的文學寄生於文化的大纛之下,迸裂的盡是些零星的火花」〔註118〕,都是凸顯了這一時期新文學的附屬性質,然而,燎原之勢常源於星火,台灣新文學史的架構,若不由此,也將無以成其格局。

初始萌芽的小說作品,如追風(謝春木)1922年以日文發表的〈她要往何處去——給苦惱的姊妹們〉,即表現了寫實的創作風格,關切社會現實的角度。小說故事反映台灣女性深受封建婚姻觀念束縛為主軸,批評舊式婚姻制度的弊病,「是扎根台灣現實社會的寫實主義小說,最具道地的小說風格」〔註119〕,其情節的安排強調意欲掙脫制約的奮進精神,迭見呼喊口號似的小說話語:

> 這都是因為我們的婚姻制度造成的。打破這種制度的時候到了。世上跟我們一樣境遇的人,絕不是僅僅一兩個而已。我們必須對我們的社會制度,點燃改革的烽火。〔註120〕

> 我們必須為台灣的婦女點燃起改革的火焰。時機到了。讓我們為被虐待的台灣婦女,努力讀書吧。〔註121〕

---

〔註118〕彭瑞金:《台灣新文學運動四十年》(台北:自立晚報社,1991年3月),頁15。
〔註119〕葉石濤:《台灣文學史綱》,頁32。
〔註120〕原刊於《台灣》第3卷第4號～第7號(1922年7月～10月),引文為鍾肇政譯文,見鍾肇政、葉石濤主編:《光復前台灣文學全集 1·一桿秤仔》(台北:遠景,1979年7月),頁12。
〔註121〕原刊於《台灣》第3卷第4號～第7號(1922年7月～10月),引文為鍾肇政譯文,見鍾肇政、葉石濤主編:《光復前台灣文學全集 1·一桿秤仔》(台北:遠景,1979年7月),頁35。

在生澀的小説語言及明顯的創作意圖裡，強烈透露出對守舊封建系統下落後體制的批判，強調進步的意義，表達了現代性思潮下的幡然覺悟，而諸如此類的小説主題與話語形式，正是新文化運動開展下的意識型態，不僅呼應 1920 年《台灣青年》發刊詞的旨趣，甚至於──語氣：

> 諸位！起來吧！時機已到。見義而不為是無勇的怯懦者。抗拒世界潮流的人是文明的落伍者。我們是擁有偉大歷史的青年，負有重大責任的青年，我們不僅要有這樣的自覺，而且更要奮發勤勉。〔註122〕

可見初期新文學作品所具有的功能性與肩負的社會責任，成為積極扮演推動新文化新思潮的角色。而作者謝春木其人更是積極投入社會、政治改革的運動，親身參與台灣文化協會與台灣民眾黨等活動與組織，同時具有雙重身分，是為文學創作者也是社會運動者，這在當時知識分子階層中，絕非特例；廁身風起雲湧的改革浪潮中，接受現代性洗禮的新興知識分子，自然成為引領各類運動的先驅，就如被譽為「台灣新文學之父」的賴和，即是最典型的例子。

其他在 1922 年至 1924 年之間，見諸雜誌報端的小説，歷來討論最多的，如無知（林秋興）〈神秘的自制島〉、柳裳君（謝國文）〈犬羊禍〉、施文杞〈台娘悲史〉以及鷺江ＴＳ（謝國文）的〈家庭怨〉等〔註123〕，通觀這些初期小説作品的內容，儘管表現手法不一，但卻都針對殖民地的社會現實，以社會改革或政治主張為主題，是對「禮教吃人」的檢討，是對台人受奴役的諷喻，以及對舊士紳階級的批判，不一而足。其中，〈神秘的自制島〉諷刺殖民地台灣人民身陷殖民體制之中，已然麻木而安於現狀，竟視項上枷鎖為統治者無上的恩寵，具有無比妙用：

> 第一呢，是使人饑了不想食飯，寒了不想穿衣。第二呢，是使人勞不知疲，辱不知恥。第三呢，是使人不必需要什麼新學問，不得感受新思潮。〔註124〕

---

〔註122〕參見王乃信等譯：《台灣社會運動史（1913～1936）‧第一冊‧文化運動》，頁27。

〔註123〕上述作品以發表時間順序羅列如下：〈神秘的自制島〉，《台灣》第 4 年第 3 號（1923 年 3 月），頁 20；〈犬羊禍〉，《台灣》第 4 年第 7 號（1923 年 8 月），頁 63～64；〈台娘悲史〉，《台灣民報》第 2 卷第 2 號（1924 年 2 月），頁 16；〈家庭怨〉，《台灣民報》第 2 卷第 15 號（1924 年 8 月），頁 15～16。

〔註124〕原刊於《台灣》第 4 年第 3 號（1923 年 3 月），頁 20。引文見鍾肇政、葉石濤主編：《光復前台灣文學全集 1‧一桿秤仔》，頁 42。

以如是內容譏諷台人的內化認同，不思喪失民族主體性的悲哀，更遑論奮起抗爭的勇氣；然而小說語意狀似平緩，但其描繪著實令人心生寒意，有志之士讀之，心境上應不至於波瀾不驚，勢將對於殖民政府「同化主義」的政治策略，產生一定程度的反思。類似這樣的作品問世，在啓蒙與反殖民統治的意義上，應具有一定程度振聾發聵的啓發效果。古繼堂隔海評論道：

> 台灣小說萌芽期的作品，大都是政治性諷刺小說，或政治性很強的
> 作品，其鋒芒一般也都指向台灣人民的壓迫者、奴役者──日本帝
> 國主義的。〔註125〕

但是，除了針對日本帝國主義的壓迫，上述這些作品所傳遞的意識，也盡皆顯示了現代化思潮的影響，在新時代的脈動下，除了去殖民的訴求意識之外，兼有對傳統封建制度的社會改革主題，也挑戰以傳統舊文學吟詠風物爲主流的台灣文壇，新文學創作取向由現實出發，進而關切現實，並發凡進步思想與民族意識。所以，台灣新文學萌芽時期鑽土而出的小說作品，即是扎根在台灣社會現實面的創作，而且是嚴酷的殖民地社會現實面，後續的茁壯成長，所秉持的也是反映社會眞實的寫實主義精神。

而藉由文學創作的掩護，同時也遂行非武力抵抗的形式，從事去殖民運動，陳芳明就認爲文學作品相對於社會運動，甚至是反殖民統治的尖銳政治運動，當是較能於禁錮言論思想的殖民體制下，取得發聲的管道，況且就殖民地晦暗社會現實面切入，採取寫實主義路線，始更能強化其「功能性」的力道：

> 正因爲環境是這樣制約的，所以台灣新文學一開始就奠下入世的傳
> 統。台灣的政治運動者，以詩和小說來表現他們對日本統治者的控
> 訴，這種文學性格基本上是載道的，載道的文學，乃是和現實、和
> 鄉土密切結合；基此，以現實文學一詞來概括台灣新文學傳統的全
> 部，並不爲過。〔註126〕

所以，這些小說作品的寫實主義風格與創作取向，指出了台灣新文學小說發展的寫作理路，使日據時期台灣小說與社會現實面緊密契合，飽含了反封建與反殖民的意識，成爲最主要的文學特色，而同時也化身爲新文化與去

---

〔註125〕古繼堂：《台灣小說發展史》（台北：文史哲，1989年7月），頁38。
〔註126〕陳芳明：《左翼台灣──殖民地文學運動史論》（台北：麥田，1998年10月），頁149。

殖民運動的著力工具。

　　其中，反封建意識源於現代化思潮的衝擊，相對於現代性的追求，則殖民地台灣社會勢必對自我族群進行傳統封建體制與思想觀念的檢討，亟思能藉由如是書寫，提升整體社會的進步氣息，上述謝春木的〈她要往何處去——給苦惱的姊妹們〉即是鮮明的表徵，而日後眾多作家的小說作品，對此仍持續有所著墨。日據下新文學作品，屢見針貶傳統生活習慣，甚至是民間風俗與宗教信仰的主題，皆是依循這樣的創作取向與思維。

　　然而，一如前文所敘，新興知識分子在面對殖民現代性時所表現的兩難，常是一方面積極想要藉由現代化的蛻變，並強化民族意識以抵拒殖民統治；另一方面又必須面對現代性乃是殖民體制所挾帶而來的事實，自然陷入自我民族相對於大和民族的落後窘境；因此，小說作品對此類反封建意識的鋪陳，往往流露出矛盾於現代性與殖民性之間的尷尬。陳建忠認為這也正是觀察日據時期新興知識分子與新文學的焦點：

> 如何在追求現代性，以提升我族文明而脫出被殖民命運，及批判我族文化之落伍卻不陷入唯西方（或日本）進步主義之限性思考陷阱中，正是台灣啟蒙知識分子日後必須不斷歷經的試煉。〔註127〕

　　然而日本殖民體制戴著現代性假面的同化政策，口中侈言「內地延長主義」，其實真正的目的，是為抹煞消滅台灣的民族意識與文化主體性，抑制殖民地社會醞釀「民族自決」的思想傾向，因此現代化的提升，對殖民地社會而言，正猶如雙面刃似地難以取捨，陳建忠所言的「試煉」，即是源此而生。

　　於此同時，檢視五四帶給台灣的影響，依然未遠，「科學」與「民主」是五四新文化運動所標舉的新時代理念，其中「科學」的精神即是揚棄墨守成規的傳統認知，重視實證立論與客觀態度，則自然對封建社會中傳統舊習多所檢討與反思。至於「民主」的價值，除了揭示基本人權，成為掙脫傳統禮教束縛的力量外，落實於殖民地台灣的政治現實面，即是在於推翻專制獨裁的殖民統治。因此，提倡民主與科學的精神，在殖民地台灣，實是追求封建體制與殖民體制的雙重解放，而台灣新文學作品，在這萌芽初期，即可見其催化的作用。

　　所以，新文學中另一內涵的反殖民精神，即是在於「民主」的推動與實踐，反帝的精神亦即等同於反殖民專制統治的訴求，而如小說〈神秘的自制

---

〔註127〕陳建忠等合著：《台灣小說史論》，頁35。

島〉所諷喻的以及所欲點醒的，則不外是殖民政府的箝制與去殖民的意識，更期盼台灣住民能覺醒而積極奮進，得以改變現況，逃脫這「日本天年」的愁苦悲哀。

經由如是契合現實的寫實主義模式，不能不說是具有導引日後小說創作風格取向的作用，嗣後，眾多取材農村社會現實的農民小說，與農民生活密切結合，並且直指帝國資本主義對台灣土地資源的掠奪，復加以社會主義思潮的影響所深化的階級意識，亦同時皆置入小說內容之中，成為解放運動的利器。

以農村為主體的日據下台灣社會現實是，住民絕大多數是無產階級的農工，但居於少數的寡占資本家，在殖民政府的羽翼下，卻壟斷了絕大部分的土地與農業資源，因此，台灣社會階級意識的形成與深化，與反日殖民的民族意識，便產生了共構合流，不相衝突地結合為反抗力量，對殖民體制不斷形成質疑與挑戰，然由於客觀環境的肅殺，所以透過文學作品的抒發，即成為重要形式之一。

資本家的獨占與剝削，製糖會社應是最鮮明的例子。1925年10月，於現今彰化二林鎮的蔗農，由於已經不堪會社長期的凌壓，在甘蔗收購價格等問題始終無法獲得會社善意回應外，又面對蔗田將要遭到強行收割的刺激下，長久的積怨終於爆發開來，即是著名的「二林蔗農事件」，這是殖民地台灣的農民，面對遭壓榨後失衡的農村與貧窮的處境，第一次進行的反彈，雖然因為殖民政權運用警察的力量，使事件最終不免遭到無情的鎮壓，但是也凸顯蔗農此舉，不僅挑戰資本家，更挑戰了殖民政權，階級對立與民族對立兩類意識產生的匯流，於此事件中，可見其斑。

新文學作家對此無法視而不見，文學作品即緣事而發，做成了反映；賴和在事件發生後，為遭凌壓的弱勢農民發聲，對蔗農以「戰友」稱之，寫下〈覺悟下的犧牲——寄二林事件的戰友〉，詩中飽滿義憤：

> 唉，這覺悟的犧牲／多麼難能、多麼光榮／我聽到了這回消息／忽
> 充滿了滿腹的憤怒不平／無奈慘痛橫逆的環境／可不許盡情地痛哭
> 一聲／只背著那眼睜睜的人們／把我無男性眼淚偷滴／唉，覺悟的
> 犧牲／覺悟地提供了犧牲／我的弱者的鬥士們／這是多麼難能／這
> 是多麼光榮〔註128〕

〔註128〕〈覺悟下的犧牲——寄二林事件的戰友〉原載於《台灣民報》第84號（1925

這決計不單是情緒性的悲憫而已，而是感同身受的淒苦抒發，在殖民強權桎梏中，能夠奮起抵抗而有如是犧牲，殊屬「難能」的光榮。足見文學創作與社會事件若合符節，「詩歌合爲事而作」，作品契合了基層農民的愁苦，反映日據下台灣社會的悲情，產生寫實主義精神的共鳴度，新文學作品因此漸次取得台灣社會的認同。1930年發生台灣歷史上悲愴的「霧社事件」，賴和亦爲此寫下長詩〈南國哀歌〉，也是源於同樣的創作動機。

究其實，台灣社會的主體在於農村，日據下的台灣現實面也就是農村社會，而在歷經資本主義與殖民主義多重力量擠壓下，假若能夠描繪出農村破敗的事實與農民困窘的處境，自然能夠清楚地呈現殖民體制的蠻橫與階級壓迫的醜惡，因此後續以農民爲題材的小說創作，便形成一定的質與量。

新文學於此草創初期，雖然上述作品所表現的藝術價值尚低，內容不外乎以批判封建傳統和殖民體制爲內容，但在台灣新文學發展過程中，以及去殖民的階級與民族運動裡，誠然是更具有史料價值的〔註129〕；然而也在形塑新文學小說的格局，開拓小說創作場域的認知裡，自當是具有一定的意義。

而新文學小說創作具體地以農民小說姿態現身台灣文壇的，當是1926年賴和與楊雲萍的作品了。

## 二、賴和與台灣農民小說的濫觴

1920年代台灣的新興知識分子，在受到殖民現代性與同化政策的影響，以及高壓的殖民統治之後，向統治者靠攏者有之，但是依然有許多有志之士抱持自覺吸收新思想，雖在殖民當局的箝制下，仍致力於改革傳統社會和反殖民統治的文化、社會運動，並且援筆投入創作，力主文學的題材，應扎根於社會的現實生活，而所形成的具體表現之一，便是以小說書寫反映農村凋敝的現實。

關注現實、表現現實的寫實風格小說，作品內涵在日據時期共有的具象呈現，等同於是記錄了台灣住民的苦難，所傳達的是反殖民統治，以及階級壓迫的雙重抗爭意識。誠然，反映社會現實並非是小說藝術的唯一訴求，但

---

年12月），引文見李南衡主編：《日據下台灣新文學‧明集1‧賴和先生全集》，頁142。

〔註129〕陳芳明指出，這些作品「大多訴諸嘲弄與諷刺性主題，故事發展極爲樸素，都是以單線的情節爲基調。從現在眼光評斷，這些小說的史料性質遠大於藝術性」。參閱陳芳明：《台灣新文學史》，頁79。

是由此也可以充分發現，知識分子對於農村破敗與農民困頓等事實，無法視而不見；況且，具備寫作能力的知識分子，同樣也是出身自這個以農村爲主幹的社會，無從逃遁其所置身的時代，或是悖離其所依存的社會。葉石濤對這樣的關係，做了如是連結：「儘管日據時代構成主要人口是農民，而且其百分之八十爲沒有土地目不識丁的佃農，但是有了這些思想較進步、開放的知識分子發揮了啓蒙作用，所以農民也找到他們疾苦的代言人」〔註130〕。

可以想見，新興知識分子置身1920年代，吸收現代性的啓蒙意義，接受民族自決口號的刺激，並且順應五四精神的引領，以及吸納社會主義的滲入，各種主義、思想似乎紛遝混雜，世界潮流與殖民地社會的脈動也呈現詭譎多變，然而台灣新文學作家卻展現了執著的創作態度，呈現持衡的書寫理路，持續對殖民地社會做忠實的反映，使得取材農村社會現實的小說書寫，蔚爲主流。葉石濤的看法，是爲典型：

> 台灣新文學幾乎是扎根於農民，以描寫農民的困苦、被欺凌的狀態當題材。在這兒出現的思想背景，跟民族主義無關，是反帝、反封建深化的思想。因此，台灣新文學的傳統，乃是十分優秀的寫實主義的農民文學。〔註131〕

據此可以推斷，日據時期台灣農民小說呈現的主要特色，即是深入地發掘農民悲慘遭遇的現實，不僅揭露殖民者與資本主義壓迫掠奪的本質，同時也對封建守舊文化、業佃制度提出了檢討，輕易而清楚地指出造成台灣農民苦難的成因，所以農民小說之於殖民地社會，堪爲反映民眾生活現實文學的代表。

誕生於1894年的賴和，生長在舊式家庭，雖然進公學校接受日文教育，但同時也在私塾接受漢文薰陶，台北醫學校畢業後成爲執業醫師，中日文俱佳，思想觀念傳統與現代兼具，文學素養宜古宜今，並在1921年以27歲青壯之年，即參與台灣議會設置請願運動，並加入台灣文化協會擔任理事，投身政治與文化運動，積極從事爭取殖民地社會的公平正義。

身兼政治社會運動者與文學創作者的賴和，其文學觀念的形成，除了民族意識的導引外，應是植基於傳統漢學的訓練上，而受到五四新文學運動的

---

〔註130〕 葉石濤：〈爲什麼賴和先生是台灣新文學之父？〉文收葉石濤：《沒有土地，哪有文學？》（台北：遠景，1985年6月），頁12。

〔註131〕 葉石濤：〈恢復優秀的台灣農民文學傳統〉，收錄於葉石濤：《走向台灣文學》，頁84。

影響較大，也是張我軍推動以中國白話文爲寫作工具的主張後，戮力加以實踐的代表人物，在日據下台灣新文學的發展過程中，明顯不同於 1930 年代漸次出現的日文作家，林瑞明就認爲賴和等初期新文學作者：

> 不僅有文化遺民的意識，在二○年代隨著中國五四新文學運動的風潮，亦邁入了新文學的領域，形成台灣第一代的新文學家，自然受到中國新舊文學較大的影響。因爲以漢文，中國文學形成顯性的基因，但另一方面，賴和一代的文化人亦受日本教育，他們藉著日文閱讀日本文學及吸納西洋文學思潮，這些知識遂成爲隱性的基因。
> 〔註 132〕

源於上述的廣泛吸收與個人才情，加上關注現實的創作取向，讓賴和與張我軍雖在同一時期登上台灣新文學舞台，但是在創作的量能上，卻是積極指涉台灣本土文化的重要作家。1926 年，賴和在《台灣民報》發表個人第一篇現代小說——〈鬧鬧熱〉，這同時也是台灣農民小說的濫觴。

〈鬧鬧熱〉是一篇典型的鄉土文學作品，以寫實的筆法，豐富地描繪日據下農村社會的人群關係與舊慣習俗，歷來均被視爲檢討傳統封建習俗，具有啓蒙意義的作品。然而其中蘊含對殖民統治者盛氣凌人的批判，以及面對殖民現代性的自處兩難，都頗值得觀察。小說中強調迎神賽會排場比拼結果優勝劣敗後的心態，將形成兩造繼續對峙僵持的局勢：

> 在優勝者地位，本來有任意凌辱壓迫劣敗者的權柄。所以他們不敢把這沒出處的威權，輕輕放棄，也就忠實地行使起來。可不知道那就是培養反抗心的源泉，導發反抗力的火戰。〔註 133〕

將如是剖析置入於日據下遭壓迫欺凌的台灣社會，聯想及對殖民政權的反彈，應是順理成章；然而對於封建陋習檢討的這一部分，雖說小說情節安排眾人議論迎神賽會花費不貲，只爲「臉皮」問題競相投入的心態多所批評，然而同樣也穿插了異議，藉由「一位像有學識的人」口中道出：「不曉得順這機會，正可養成競爭心，和鍛鍊團結力」，而且小說文字中亦不乏對日本同化政策侵逼下，往昔舊有風俗漸將失卻的喟嘆，在在都顯示賴和未必全然否定我族舊有的一切，而小說結尾的部分，更留下想像的空間：

---

〔註 132〕林瑞明：〈重讀王詩琅〈賴懶雲論〉〉，收錄於林瑞明：《台灣文學與時代精神——賴和研究論集》（台北：允晨，1993 年 8 月），頁 365。

〔註 133〕賴和：〈鬧鬧熱〉，原載《台灣民報》第 86 號（1926 年 1 月），引文見李南衡主編：《日據下台灣新文學・明集 1・賴和先生全集》，頁 5。

> 一到夜裡，在新月微光下的街市，只見道路上映著剪伐過的疏疏樹
> 影，還聽得到幾聲行人的咳嗽，和狺狺的狗吠，很使人戀慕著前天
> 的鬧熱。〔註134〕

趙稀方就認為這裡傳遞出「台灣本地民眾對於鬥鬧熱這一民風民俗『戀
慕』，賴和本人當也享有一份吧」，而游勝冠也認為，賴和「對本土獨特性有
著更為深厚感情的傾向」〔註135〕，若是確立如是解讀，則可視為賴和在面對
殖民性挾帶現代性的衝擊之下，並不認為自我族群位於封建落後的文化位
階，而欲凸顯台灣文化主體性，以此抵拒大和文化君臨天下的霸權論述，而
如是相同的主題意識，也出現在賴和後續其他作品之中。

值得一提的是，這末段文字的描寫，趙稀方認為小說語言「做為台灣新
文學開創者的賴和的第一部白話小說，〈鬥鬧熱〉有如此優美的描寫令人欣
喜」〔註136〕，這是對於台灣萌芽時期的新文學小說作品，就文字藝術的表
現方面，歷來少見的肯定評價。雖然，藤井省三認為「儘管賴和大多數作品
水準未超越習作的領域，卻依然被稱為『台灣文學之父』、『台灣的魯迅』」
〔註137〕，但是顯然陳芳明亦不作如是觀，對〈鬥鬧熱〉此篇作品的描繪筆
法，認為文字的巧妙運用，具有高度的美感。賴和對小說首段的文字經營如
下：

> 拭過似的、萬里澄碧的天空，抹著一縷兩縷白雲，覺得分外悠遠，
> 一顆銀亮亮的月球，由深藍色的山頭，不聲不響地，滾到了天半，
> 把她清冷冷的光輝，包圍住這人世間，市街上罩著薄薄的寒煙，店
> 舖簷前的天燈，和電柱上路燈，通溶化在月光裡，寒星似的一點點
> 閃爍著。在冷靜的街尾，悠揚地幾聲洞簫，由著裊裊的晚風，傳播

〔註134〕賴和：〈鬥鬧熱〉，引文見李南衡主編：《日據下台灣新文學‧明集 1‧賴和先
生全集》，頁 8～9。
〔註135〕游勝冠解讀王詩琅〈賴懶雲論〉中所謂賴和具有「封建文人的氣質」的「封
建」，乃是相對於日本殖民統治之後所帶來的現代化影響，可解釋為「民族
性」、「本土性」的意涵，所以賴和「這位成長於 1910 年代，半新不舊的知識
分子，對本土獨特性有著更為深厚感情的傾向」。參見游勝冠：〈啊！時代的
進步和人們的幸福原來是兩回事──賴和面對殖民現代化的態度初探〉，「殖
民地經驗與台灣文學──第一屆台灣文學學術研討會」，靜宜大學中文系、台
杏文教基金會主辦，1998 年 12 月 19 日、20 日。
〔註136〕趙稀方：《後殖民理論與台灣文學》，頁 199。
〔註137〕藤井省三著、張季琳譯：《台灣文學這一百年》（台北：麥田，2004 年 8 月），
頁 32。

到廣大空間去，似報知人們，今夜是明月的良宵。〔註138〕

陳芳明以爲「賴和對於每個文字，每段句子，每一形容詞，似都用心推敲過。即使把這篇小說當作散文閱讀，也頗具韻味」〔註139〕，如果援以比較同時期其他作品，則賴和確實在白話文的遣辭用字上，要高於其他作家的水準，如是在空間上從遠景拉至近景，然後再由近推移至遠，其中對景物的細緻描摹，都充分展現文字的駕馭能力，作爲台灣新文學小說開創初期的作品，其文字藝術表現是相對出色的。

發表〈鬪鬧熱〉同一年，賴和另一篇農民小說〈一桿「稱仔」〉也在《台灣民報》刊出，而此篇作品應是初期台灣農民小說中，內容體材最豐富的創作。小說故事摘取的素材，極具寫實精神，舉凡日據下台灣農村社會中，包括地主、佃農、製糖會社、日本警察、法律制度以及風俗習慣等，盡皆在列。

故事安排失去耕地的佃農與日本警察的衝突爲主軸，小說選擇的是日據下台灣農村社會的典型人物，而賴和藉由如是安排，明顯地是想要強調被殖民者與殖民者相對的民族意識，以及無產階級農民與資本家相對的階級意識，並明白指出台灣農民之所以身陷困厄的成因。

唯利是圖的封建地主，在主角秦得參（台灣話「眞的慘」諧音）父親死後，「業主多得幾斗租穀，就轉贌給別人」，而製糖會社爲確保蔗糖原料來源，廣租耕地，又扼殺農民種地維生的活路：

> 會社就加上「租聲」向業主爭贌，業主們若自己有利益，那管到農
> 民的痛苦，田地就多被會社贌去了。有幾家說是有良心的業主，肯
> 贌給農民，亦要同會社一樣的「租聲」，得參就贌不到田地。〔註140〕

賴和指出日據下資本家與傳統封建地主，形成兩相交揉的權力，掌控土地資源，致使土地正義流失殆盡，農民無以爲繼的實況，而具象地以小說情節加以表現，藉助寫實主義風格，爲弱勢農民代言，形成伸張的力量，使農民小說成爲暴露日據下公義盡失與社會結構陰暗面的有效工具。賴和的創作意識，明顯懷抱著強烈的人道主義關懷，正如王詩琅所云：「他同情弱者。他

〔註138〕賴和：〈鬪鬧熱〉，引文見李南衡主編：《日據下台灣新文學‧明集1‧賴和先生全集》，頁3。
〔註139〕陳芳明：《台灣新文學史》，頁80。
〔註140〕賴和：〈一桿「稱仔」〉，原載《台灣民報》92、93號（1926年2月），引文見李南衡主編：《日據下台灣新文學‧明集1‧賴和先生全集》，頁18。

是看見了貧困的人們，悲慘的的生活就會不禁嘆息的人道主義者」〔註141〕。

失去耕地的秦得參，除了成爲製糖會社的傭工外，在經濟結構單純的農村社會裡，也只有四處打零工一途，但終因家累而身體不堪負荷，病癒後只能販賣「生茱」爲業，然而卻無端觸「法」，與代表殖民政權的警察發生衝突，情節之安排步步邁向悲劇，致使秦得參不無獨立蒼茫之慨：

> 總覺有一種，不明瞭的悲哀，只不住漏出幾聲的嘆息，「人不像個人，
> 畜生，誰願意做。這是什麼世間？活著倒不若死了快樂。」他喃喃
> 地獨語著……〔註142〕

賴和藉由主角的喃喃自語，所欲表達的，正是那似乎永無止境的「日本天年」的悲哀，以及彷若身繫囹圄的煎熬。小說所營構的情境，一如其詩作〈飲酒〉所傳遞的沈痛悲涼：「愚民處苦久遂忘／紛紛觸眼皆堪傷／仰事俯畜皆不足／淪作馬牛膺奇辱／我生不幸爲俘囚／豈關種族他人優」〔註143〕。

「豈關種族他人優」，因此賴和決定透過小說對殖民者奮力反撲，假秦得參之手殺死警察於其夜巡的道上，以強烈的手段傳達抗爭的意識，「頭顱換得自由身／始是人間一個人」，即使犧牲生命，也要贏得作爲人的尊嚴。小說之所以傳遞如是激越的情緒，甚至安排如此結局，其皆肇因於殖民的暴政，而暴政體系最末端的執行者，即是日本警察。

扮演著壓迫凌虐台灣農民的角色，日本警察一直爲日據下農民小說常見的人物，一方面由於殖民體制佈建綿密的警察制度，與台灣住民日常生活的關係異常緊密，動輒得咎；另一方面也因爲，願意離開日本本土而遠來台灣服勤的人，在人品素質上難免良莠不齊，所以小說中對日本警察的形象塑造，大抵是負面居多。

日本警察手握執法的權柄，更兼抱持種族沙文意識的優越感，爲了謀求績效，以利升遷，偏頗地執行諸多嚴苛，甚至是瑣碎的法律，作家也將之列入小說中：

> 什麼通行取締、道路規則、飲食物規則、行旅法規、度量衡規紀，

---

〔註141〕語見王詩琅：〈賴懶雲論：台灣文壇人物論（四）〉，原載《台灣時報》201號
（1936年8月），引文見李南衡編：《日據下台灣新文學‧明集1‧賴和先生
全集》，頁400。

〔註142〕賴和：〈一桿「稱仔」〉，引文見李南衡主編：《日據下台灣新文學‧明集 1‧
賴和先生全集》，頁18。

〔註143〕賴和：〈飲酒〉，引文見李南衡主編：《日據下台灣新文學‧明集1‧賴和先生
全集》，頁381，下引詩出處相同。

舉凡日常生活中的一舉一動，通在法的干涉、取締範圍中。〔註144〕

秦得參即因出身純樸未諳世故，得罪了警察大人，而蒙受莫須有的罪名，遭致不合理的對待與監禁，通篇小說中日本警察屢屢以「畜生」怒罵台灣農民的跋扈行徑，亦見其帝國殖民者姿態，實是顯露其所謂「內台一如」政策的荒謬與虛假，而對這些醜態，在賴和後續的作品〈補大人〉與〈不如意的過年〉裡，更是進一步加以譏刺，無非是為了凸顯殖民體制的偏頗誤謬。

另外，在小說中安排諸多風俗民情的描寫，隱含對文化主體性的強調，更是值得解讀的意涵。秦得參販賣青菜所得雖僅是蠅頭小利，但念茲在茲的卻是歲末年終、除舊布新等傳統過年禮俗，除了應景的年糕、門聯、紙錢、香燭等習俗所需，連帶購置觀音畫像與籌辦新衣等動作，作家並未以迷信守舊視之，卻呈現了對立於大和民族同化政策的台灣本土文化，可見賴和對小說內涵的用心佈局，讀者也能深深感受到一份溫馨，此亦即小說閱讀共鳴度的另一呈現。

1927年賴和〈補大人〉〔註145〕發表於《新生》，以極短篇的小說形式，卻對日本警察作威作福的態勢與荒誕脫序的行為，極盡嘲諷之能事，可見此類型人物在一般台灣住民心目中的既定形象。或許在賴和的創作意識中，想要辯明的，即是種族無有優劣高下之分，台灣只因清朝的積弱不振，導致割讓予日本成為殖民地，日本也只是以戰勝者之姿逞其「凌辱壓迫」之慾，台灣住民除了抱持堅持民族意識之外，亦無須喪失民族自信心。

日本警察的醜態，持續搬演在1928年賴和的〈不如意的過年〉之中，小說語言模擬「查大人」頻頻以咒罵來表現對台灣農民輕視鄙夷的態度，迭見「豬！該死的豬！」、「哼！可殺，這豬……」等辭彙：

> 這些狗，不！不如！是豬！一群蠢豬，怎地一點點聰明亦沒有？
>
> 〔註146〕

而究其實，這樣的表現也絕非特例，反映的即是殖民者對殖民地台灣的

---

〔註144〕賴和：〈一桿「稱仔」〉，引文見李南衡主編：《日據下台灣新文學・明集 1・賴和先生全集》，頁13。

〔註145〕賴和〈補大人〉發表於《新生》第一集（1927年），小說內容見「賴和紀念館」，上網日期：2011.10.15，網址：http://cls.hs.yzu.edu.tw/LAIHEAPP/show CompositionALL.aspx?tid=000013

〔註146〕賴和：〈不如意的過年〉，原載《台灣民報》第189號（1928年1月），引文見李南衡主編：《日據下台灣新文學・明集 1・賴和先生全集》，頁22。

一般心態，視台灣人爲次等人種，也戳破了「內台一如」平等對待的美麗口
號。小說中之警察之所以盛怒謾罵，僅是源於過年期間民眾按例會致送的年
禮——「御歲暮」意外地減少，連日裡蓄積的怨怒，竟爾發洩在一個並未參
與賭博的無辜小孩身上。而且，賴和此篇小說大量運用反諷的手法，例如將
查大人可議的作爲稱作「爲公心切」，推崇其爲「勤勉能幹的行政長官」，查
大人的存在「可以說是社會的幸福」等話語予以譏諷；然而，小說中更強烈
的反諷筆法，是針對新年賭錢這項不成文的年俗慣例，賴和將之置放到了民
族性格的層次上：

> 說到新年，既生爲漢民族以上，勿論誰，最先想到就是賭錢。可以
> 說嗜賭的習性，在我們這樣下賤的人種，已經成爲構造性格的重要
> 部份。暇時的消遣，第一要算賭錢，閒暇的新正年頭，自然被一般
> 公認爲賭錢季節，雖表面上有法律的嚴禁，也不會阻過它的繁盛。
> 〔註 147〕

以幾乎不屑而突兀的語詞——「下賤的人種」，對我族自稱，當不單純僅
爲了「賭博」一事，或許賴和亟欲呼籲的，其實是要強調種族之間具有的文
化差異性，而這些差異性，往往就是在殖民現代性的引介後，相對於日本明
治維新西化後的台灣傳統「封建文化」，而在同化主義的原則下，卻成爲殖民
者欺凌鄙視台灣農民的依憑，趙稀方這樣解讀賴和的創作：

> 所謂「封建文化」卻恰恰是殖民地人民抵抗殖民侵略、堅持本土
> 認同的資源，因而賴和所謂對於台灣本土「封建道德的愚昧陰暗」
> 的批判，事實上往往並不那麼分明。在啓蒙解讀中，我感到賴和
> 對於本土風俗及傳統文化的支持和眷戀的一面往往被論者忽略
> 了。〔註 148〕

姑不論有所謂優劣與否，或許傳統舊習，面對強悍殖民同化力量時，會
是凸顯台灣本土認同與文化主體性的利基，因此一再成爲賴和作品所關注的
面向，所以在書寫中所傳遞而出的，應不僅止於對封建文化的批判意識而已。

其實發出「下賤的人種」這樣的話語，並不是賴和情緒性的偶然，1926
年 1 月賴和便曾投書《台灣民報》以〈答覆台灣民報設問〉爲題，運用假設
問答的形式，使用同樣強烈反諷的語氣，撰寫雜文一則：

〔註 147〕賴和：〈不如意的過年〉，引文見李南衡主編：《日據下台灣新文學·明集 1·
　　　　賴和先生全集》，頁 23。
〔註 148〕趙稀方：《後殖民理論與台灣文學》，頁 197。

一、保甲制度當「廢」呢？當「存」呢？

答：存。我們生有奴隸性，愛把繩索來自己縛束，若一旦這個古法
　　廢除，則沒有可發揮我們的特質。

二、甘蔗採取區域制度當「廢」呢？當「存」呢？

答：存。我們是資本家飼的走狗，若這特權喪失，連我們這做走狗
　　的，恐怕也沒有噉飯處。〔註 149〕

「奴隸性」與「走狗」等明顯自我作賤的指陳下，其實藏有賴和對殖民
束縛的憤恨情緒，真正怒目所視的，是在強勢同化政策的掩蓋下，日本帝國
主義依然遂行其壓榨農業資源，並且歧視台灣人民的本質。

在時序進入 1930 年代以前，賴和僅有四篇小說發表，而其中就有三篇以
日本警察為要角，這不能不說是具有明顯的指涉性，亦足見在日據下台灣農
村社會裡，日本警察一貫遭人非議的行徑，並且具有整個殖民政權的代表性。

回顧新舊文學論爭過程中，台灣新文學即已指出了寫實的創作路線，除
了寄託反帝、反封建的抗爭精神外，作品的內容，也要求能代表及反映台灣
民眾的現實生活處境，而萌芽長成於新文學運動系統中的農民小說，自是上
述主張的具體實踐。

1920 年代開啟台灣農民小說先聲的賴和，其作品在台灣殖民社會裡，充
分展現了新文學的社會性，表達深切關懷農村社會與農民的用心，同時也凸
顯台灣文化主體性的堅持，拒絕殖民同化意識的居心。賴和其人與作品的貢
獻，當如葉石濤在〈為什麼賴和先生是台灣新文學之父？〉一文中的描述：

賴和先生終其一生均以悲天憫人的人道精神，客觀地透視台灣殖民
社會統治機構，對台灣民眾的摧殘和剝削，也深刻地凝視被壓迫的
台灣民眾，怎樣地在黑暗和困苦的地獄中掙扎。由覺悟到反抗，終
於突破障礙獲取環境改善的果實。賴和先生觀察環境與人生的關
係，尋找人怎樣才能活得尊嚴的緣由。把 1920 年到 1930 年代的台
灣社會，和台灣民眾的現實生活，正確地呈現在他的作品中，表現
了不屈服的抗議、抵抗、控訴精神，的確締造了台灣文學的根基。
〔註 150〕

---

〔註 149〕賴和：〈答覆台灣民報設問〉，原載《台灣民報》第 86 號（1926 年 1 月），引
　　　　　文見李南衡主編：《日據下台灣新文學‧明集 1‧賴和先生全集》，頁 207。
〔註 150〕葉石濤：〈為什麼賴和先生是台灣新文學之父？〉文收葉石濤：《沒有土地，
　　　　　哪有文學？》，頁 16。

　　葉石濤於文末附記曰：「寫於賴和先生受冤平反重入忠烈祠之日」，表明寫作的日期與旨趣，指的即是賴和曾於 1958 年遭忠烈祠除名，但時過境遷之後，1984 年當時內政部接受各方陳情，始將賴和恢復入祀忠烈祠〔註 151〕。賴和終其一生（1894～1943），均禁錮於在日本殖民體制之中，而若以「沈冤得雪」予以形容，則賴和在歿後聲名遭到曲解，竟又長達 26 年的時間。歷經時代遞嬗，後人捧讀賴和作品之際，應會對台灣獨特的歷史發展，有更深刻的體認。

## 三、楊雲萍作品與其他初期農民小說

　　1926 年，賴和〈鬥鬧熱〉與〈一桿「稱仔」〉兩篇農民小說初登新文學創作舞台的同時，楊雲萍的短篇作品〈光臨〉與〈黃昏蔗園〉也見諸報端，雖然篇幅短小，然而卻充滿社會寫實意識，鄉土意味十足。值得觀察的是，兩篇作品中人物的行為表現，恰好呈現了台灣農民對於殖民政權的兩極態度，分別是趨炎附勢與抵拒抗爭，不同的書寫策略，日據下後續的農民小說創作，也多所沿用。

　　在〈光臨〉中，保正林通靈對警察「大人」阿諛諂媚的心理，楊雲萍有相當生動的描摩，為了招待日本警察，除了置辦豐富的酒菜外，並幻想藉此將獲得臨幸恩寵，得以驕其鄉民，「他覺得這 K 庄的人民有誰比他較得著信用，較有勢力！心滿意足，他忽然地微笑起來」〔註 152〕。並且寓情於景，書寫期待「大人」造訪接受招待與希望落空兩階段的外在環境烘托，頗具匠心。在尚且懷抱希望時，感受到入夜後的農村是恬靜安詳的，「唯有蒼穹上的明滅繁星，斷續地蚯蚓的唧唧」〔註 153〕；然而確定大人已然「駐蹕」他處，外在環境的氛圍頓時轉變為：「蚯蚓的唧唧是悲哀的調子，繁星的明滅是悽慘的象徵」〔註 154〕，情境營造如是極大的對比落差，在新文學萌芽階

---

〔註151〕1951 年賴和依政令——「褒揚抗戰忠烈條例」，而入祀忠烈祠，然而 1958 年卻以「反日思想激烈」、「屬於左派」等因素為由而撤出忠烈祠。而遲至 1984 年隨著政治客觀環境丕變，經由各方奔走陳情後，內政部始函告台灣省政府將賴和重新入祀忠烈祠。上述經過參閱王曉波：〈台灣新文學之父賴和先生平反的經過〉，文收王曉波：《被顛倒的台灣歷史》（台北：帕米爾，1986 年 11 月），頁 177～199。

〔註152〕楊雲萍：〈光臨〉，原載《台灣民報》第 86 號（1926 年 1 月），引文見鍾肇政、葉石濤主編《光復前台灣新文學全集 1・一桿秤仔》，頁 168。

〔註153〕同註 152，頁 170。

〔註154〕同註 152，頁 171。

段實屬難得。而林通靈雖然荷包失血卻不以為忤,以「但卻是不打緊的」收束全文,顯示了勢將再接再厲的企圖心,留給讀者想像的空間,諷刺的筆法有可觀之處。

楊雲萍以此筆法直接地譏刺了農村中部分百姓,想要憑藉著殖民者的威勢,在殖民體制的結構中,去攫取有形或無形的利益,以致於喪失民族尊嚴的醜態,且屢為小說作家取材的對象。雖然或許源於時勢所逼,必須為現實生活而掙扎,原亦不忍苛責,而作家所要書寫敘說的,除了因環境擠壓下扭曲的人格之外,應亦有殖民體制下的無奈,緩緩流動著無限悲憫。

〈黃昏蔗園〉則呈現了蔗農面對製糖會社的剝削壓榨,所展現的勇氣與憤慨,以及淒愴落寞。楊雲萍於1925年「二林蔗農事件」發生後的次年,也正是台灣農民運動日趨激烈的階段,「寫實」地發表了這篇作品,反映現實的創作意圖異常鮮明,小說主角文能切齒憤恨地以「軟土深掘」比喻會社與殖民者的聯手欺壓,並且控訴:

> 豈有此理,豈有此理!難道我們永遠應該做牛做馬嗎?不、不、絕
> 不!好,看他們能耀武揚威到什麼時候啊![註155]

最後毅然採取了抗爭的行動,但終歸遭到代表殖民政權的警察逮捕監禁,而這是作者感同身受而訴諸文字,替代蔗農發出來自台灣農村社會底層的吶喊,宣洩深受資本家與殖民者雙重欺凌的悲憤,具有一定的指標性作用。小說藉由文能妻子的回憶及倒敘的手法,取代線性發展的情節安排架構,也是初期小說創作令人一新耳目的手法。

1928年的〈秋菊的半生〉,小說一開頭即魔幻地見到地獄裡「牛頭青鬼」啃食油炸女子的畫面,除了取得殘忍怖懼的效果外,更予人懸宕之感。原來作者想要藉此譬況舊社會中台灣婦女所受到的苦難煎熬,也迂迴批判了性別階級意識。

舊時貧窮農家常為生計不得已販賣女兒為人婢妾或童養媳,雖說荒年時「嫁女來喪夫、鬻兒來葬舅」亦時有聽聞,但由於延續香火及重男輕女等觀念,遭販賣的仍以女孩居多,並且常是從此遭受霸凌虐待,境遇乖舛。而此類主題在台灣小說後續發展過程中,也經常為作家所採用,亦足見這陋習的行之既久。其中,楊守愚1929年發表的〈生命的價值〉,在小說主題與內容

---

〔註155〕楊雲萍:〈黃昏的蔗園〉,原載《台灣民報》第124號(1926年9月),引文見鍾肇政、葉石濤主編《光復前台灣新文學全集1‧一桿秤仔》,頁179。

上，均可明顯見其是以〈秋菊的半生〉爲原型，再加以擴寫而成，且容於後討論。

〈秋菊的半生〉發表時，有附記「謹將這篇呈在二年前愛護《人人》雜誌的同志諸兄」云云，即指作者與與江夢筆於1925年3月創刊的《人人》雜誌，雖然總計只發行兩期，但是誕生於1906年的楊雲萍，於早慧的19歲即發行了台灣新文學最早的文藝性刊物之一，不禁令人刮目相看。而發表上述幾篇小說時，年齡尚未滿20，無怪乎張恆豪如是評論：「（楊雲萍）以早熟的眼光，來關照二〇年代日據下三大主題——警察問題、製糖會社問題、婦女問題」〔註156〕，然而，也或許新興知識分子在同時接受現代性的洗禮與殖民性的壓迫時，原本即對這些普遍存在日據下農村社會的問題，無法視而不見。

文學會受到社會發展的影響，呈現相映的特色。而日據下台灣新文學發展系統中逐漸成長的農民小說創作，是因爲日殖民體制的壓迫踐踏，而相對激發的社會良心和抗爭意識，所達成的一致共識。作品內容的訴求，表達了作家處於那個時空環境裡，目睹農民的遭遇所引發的憐憫及感懷，甚至於提出控訴，並寄託反殖民的精神，抑或是悲苦的心靈。因此，可以見到相同意涵的小說作品，次第出現。

陳虛谷於1928年藉由作品〈他發財了〉，亦將矛頭指向殖民政權的象徵——日本警察身上，將「巡查大人」假借權勢以各種名義，想方設法營私斂財的行徑，描繪地詳細而生動；相對的，農民們的反感憎惡，也透過當地保正背地裡的咒罵，可見端倪：

　　無廉恥的東西，剛剛生了兒子，就來討賀，此去事正多哩。滿月、

　　四月日（滿四個月）、周歲。咳！台灣人該慘！〔註157〕

然而終究畏懼殖民者的威權，不想惹來因細故而遭受莫名的責罰，所以表面上亦仍須行禮如儀，否則勢將面對欺凌，一如警察老婆驕蠻的態度，伊認爲「打他一頓，倒覺快活，也可以顯顯我們的威風」〔註158〕。整篇小說鋪

〔註156〕張恆豪：〈詩般的美感與深意——楊雲萍集序〉，文見張恆豪主編：《台灣作家全集‧短篇小說卷‧日據時代‧楊雲萍、張我軍、蔡秋桐合集》（台北：前衛，1991年2月），頁14。

〔註157〕陳虛谷：〈他發財了〉，原載《台灣民報》第202、203、204號（1928年4月），引文見張恆豪主編：《台灣作家全集‧短篇小說卷‧日據時代‧陳虛谷、張慶堂、林越峰合集》，頁25。

〔註158〕同註157，頁18。

張而細緻地經營日本警察卑鄙惡劣且唯利是圖的形象，相當具體清晰，許俊雅就認為，陳虛谷是日據時期比較擅長描寫農民與日本警察關係的作家，因為作者其人：

> 常居鄉間，較他人更有機會目擊日警橫吏，欺壓善良的台灣農民，
> 諦觀之餘，遂秉諷喻之椽筆勾勒出生動的小說。〔註159〕

而陳虛谷在小說語言中置入的台灣話語，例如以「不赴」表達「來不及」、以「歹勢」代表「不好意思」、以「驚死」代表「怕死」等，均運用地相當適切，能夠相當貼近台灣話語發音，而不予人陌生拗口之感，在台灣新文學運動要求作品能貼近底層民眾，並且具有社會性功能的初始階段，是頗為成功而值得觀察的表現。

而同一年稍晚發表的〈無處申冤〉，陳虛谷小說裡日本警察的惡行，已然是到了令人髮指、人神共憤的地步。日本警察同樣是憑藉權勢，同樣是對弱勢農民家庭加以凌虐，然而在這個小說故事裡，其所想要剝奪的，是台灣女性的貞節，蹂躪的是台灣婦女的軀體，其中日本警察欲逞其獸慾而無所不用其極的情節描寫，當是被殖民的弱者揮之不去的夢魘；而殖民政權的官官相護，使施暴的警察更是肆無忌憚，益發橫行村里，魚肉鄉民：

> 呵呵我當初曉得來本地做官，真不差錯，要財有財，要色有色，要
> 打便打，要罰便罰，今天這裡請酒，明天那裡送物，世界上哪有比
> 這更軒晃（高貴）的職業呢？〔註160〕

這心態顯示警察的惡行，絕非是臨時犯意，所以小說所描寫反映的殖民者醜態，也決計不是特例。1930年的〈放炮〉成為陳虛谷小說創作的絕響，但小說語言顯得不慍不火，藉由保正的口中，當面迂迴嘲諷了日本警察真川慣喜至村中農家白吃白喝的無賴行徑，有極為出色的敘說：

> 他極好款待，他每出來對戶口（查戶口），就到我家去進餐，只要
> 有白鹿酒、土豆仁、米粉、鴨卵湯，寥寥三四碗他就吃得顛來倒
> 去。有時買不到米粉和鴨卵，單單一盤土豆仁，和幾盤粗草菜，
> 他也吃得爽爽快快，他自己常說：「無論誰，都可以請我。無論誰，
> 我都可以給伊請。」實在他就是這麼無格派（不擺架子），愛和百

---

〔註159〕許俊雅：《日據時期台灣小說研究》，頁211。
〔註160〕陳虛谷：〈無處申冤〉，原載《台灣民報》第213～316號（1928年6月～7月），引文見張恆豪主編：《台灣作家全集‧短篇小說卷‧日據時代‧陳虛谷、張慶堂、林越峰合集》，頁44～45。

姓交陪（交往）的。〔註161〕

　　一日，貪小便宜的真川誤聞有人燃放鞭炮，卻遲不見家有喜事的村民來邀請，終至誤了晚餐時間餓著了肚子，惱怒之餘，便仗著警察的權勢尋隙遷怒村民，致使日後村民們心生忌憚，「都互相警戒著放炮，有萬不得已的事情，放了炮，那一天，定要備辦一些酒菜，請大人去坐大位，這慣習，是比保甲規約，更要遵守奉行的」〔註162〕，小說在詼諧嘲諷中亦見辛辣的批評，卻恰如其分地展露了日本警察的醜惡。

　　詩人作家陳虛谷的小說作品並不豐，僅留下四篇，然而卻對殖民體制下農村社會裡失序失衡的結構，著墨甚多，這應與其留學日本，接觸現代思想並加入台灣文化協會等種種經歷不無關連。而同為文化協會成員的楊守愚，是日據下小說作品產量最豐富的作家，而且取材農民生活為主題的創作比例也最高，雖然創作高峰集中出現在1930年代，但在1920年代末期，即已登臨台灣新文學舞台，引人注目。

　　楊守愚農民小說取材範圍廣泛，舉凡日據下農村社會中，諸如日本警察、製糖會社、地主與佃農、失業勞工、婦女問題等，均為其關注的焦點，而這與其無產階級解放思想的傾向，有直接的關係。1927年，因為社會主義無產階級思想的影響而分裂的台灣文化協會，自此轉變而為無產階級的思想啟蒙團體，已如前文所述，新文協標舉行動目的為：「永遠為農、工、小商人、小資產階級的戰鬥團體」，而當時楊守愚即是重要的成員之一〔註163〕，這對於其文學創作，必然產生一定的影響。

　　1929年〈生命的價值〉一篇，小婢女秋菊的悲慘境遇，透過鄰居孩童的視角予以呈現，其對比手法極其明顯，以不乏親人疼愛幸福成長的孩童，對照被賣為婢女遭凌虐致死的貧農之女，凸顯農村經濟失衡的社會問題，並且寓含了階級意識。

　　小說除了披露農村社會中的貧富差距與販賣子女的陋習外，以自然主義形式的冰冷書寫，對於秋菊受虐過程與奄奄一息慘狀的描繪，竟令人有不忍

---

〔註161〕陳虛谷：〈放炮〉，原載《台灣新民報》第336～338號（1930年10月～11月），引文見張恆豪主編：《台灣作家全集·短篇小說卷·日據時代·陳虛谷、張慶堂、林越峰合集》，頁62～63。

〔註162〕同註161，頁71。

〔註163〕楊守愚與文化協會的關係，參閱許俊雅：〈楊守愚小說的風貌及其相關問題〉，文收許俊雅：《台灣文學散論》（台北：文史哲，1994年11月），頁238～239。

卒讀之感，就如同小說將「劈劈拍拍」毒打秋菊的竹板聲，形容為像「無情的音律，不住地時時打動我的耳鼓，像在奏著淒涼、陰鬱的歌曲」〔註164〕一樣，使人心緒糾結。雖然文末「唉！生命的價值——一個銀角！」確實不類一個孩童的話語，但是創作的主題，卻鮮明地點出貧富差距日漸擴大的日據下台灣農村實況，對農民產生剝削的多重體系，若無以徹底翻轉破除，則如是悲劇勢將一再衍生，無語問天，這或許也正是日據下農村的悲慘現實。

楊守愚此篇創作，遭販賣到富戶人家的婢女以「秋菊」名之，而且日夜操勞並兼飽受虐待毒打的情節，均可見到1928年楊雲萍〈秋菊的半生〉作品的原型素材，復加以綴飾諸多情節與人物，並且以第一身旁觀敘事的觀點，取代全知觀點，表現了更加細膩的創作筆法，但是作品所欲傳遞的批判性與啟發性，則是異曲而同工。

〈凶年不免於死亡〉發表於1929年，小說主角是原為佃農身分的「林至貧」，之所以一貧如洗，乃因「稻熱病」蔓延稻穀歉收，無法負擔佃租，然唯利是圖的地主卻認為，「凶年！哼！凶年！年兇了，你們知道要找我減租，試問！年豐了，又有誰肯昇租給我呢？」〔註165〕於是竟然在報官協助下，抄封了林至貧家產，也把租地一併收回；喪失耕地後又適逢殖民政府催繳戶稅，正是「可憐筋骨方勞瘁，門外催租已有人」，催繳官員回應下跪哀求的林至貧，態度竟是：

> 你窮儘管窮，這一筆官廳的稅金，是不能少的。你說收成不好，都把房子、雜物給業主（地主）抵當，難道對於官廳，你偏就橫豎不說，是不是故意要想抗稅麼？哈哈！你想靠農民組合嗎？哼哼……
>
> 〔註166〕

可憐的佃農除了原有封建土地制度的經濟壓迫，復加以殖民政權的威逼，在日據下慘淡地過活，是殖民地結構中處境最困厄的階層。佃農失去了賴以為生的耕地後，為生計所迫，只好淪為製糖會社的傭工，要不就遠走市鎮轉行為小販或工人，凶年即便不至於死亡，似乎也無所遁逃於天地間，農

〔註164〕楊守愚：〈生命的價值〉，原載《台灣民報》第254～256號（1929年3月），引文見張恆豪主編：《台灣作家全集‧短篇小說卷‧日據時代‧楊守愚集》，頁32。

〔註165〕楊守愚：〈凶年不免於死亡〉，原載《台灣民報》第257～259號（1929年4月），引文見張恆豪主編：《台灣作家全集‧短篇小說卷‧日據時代‧楊守愚集》，頁38。

〔註166〕同註165，頁40。

村社會的愁苦蕭條，可以想見。

　　上述農民小說作品，反映了日據下 1920 年代台灣農村社會的諸多面向，不管是資本家與殖民者的聯手欺壓，業佃之間的緊張關係，以及貪得無厭、窮凶惡極的日本警察，還有受到封建束縛、性別歧視的台灣婦女等，都深刻地發掘農民悲慘遭遇的現實，對傳統封建思想文化提出了批判，並且也揭發殖民壓迫的本質，同時指出台灣農民苦難的成因，所以日據下的農民小說，實為反映民眾生活現實文學的代表。

　　這一時期的農民小說作家，大都並非專務小說創作，多兼擅詩作或其他文類，也未嘗出現專門處理農村題材的農民小說家，然而小說作品以農村為素材的比例卻相當高，這固然是因為客觀環境的使然，但也似乎說明農民文學更能傳達強烈的現實性，更能夠接近社會底層的平民大眾，藉此獲得共鳴而產生意義。

　　1920 年代日據下的農民小說，相應於新文學運動的開展而出現，整體而言，其實尚處於摸索嘗試的階段，真正成熟的作品尚待孕育生成。然而此階段最大特色乃在於，樹立了寫實主義創作的取向與精神，著力反映農村社會現實，而在摸索嘗試中漸次形成了典型的故事編排、情節設計以及人物塑造等，雖有過於簡單化的呈現，但是對於新文學後續作品當具有一定的啟發與導引作用。進入 1930 年代以後，新文學的小說創作蓬勃發展，作品倍增，但是無論藝術手法如何多元探索，題材蒐羅如何挖深織廣，然而反映農村社會現實的創作書寫，卻一直都是作家所未曾忽略的主題。

# 第三章 1930 年代至日本投降
## ——農民小說的興盛與頓挫

## 第一節 現代化的衝擊與農村社會的變異

進入 1930 年代，殖民地台灣的現代化工作持續進行，殖民政府引進新技術、新品種，並闢建水利灌溉工程等，促成農業產值的快速增長，1939 年台灣甘蔗產額達 1 億 1 仟餘萬日元，產米總額也高達 2 億 4 仟餘萬日元；較之 1900 年，台灣農業總產額，約增 17 倍以上〔註1〕，足見日本殖民政府的處心積慮。

米、糖兩大宗作物的生產，完全受日本的殖民策略所主導。爲供應日本國內蔗糖的需求，自始即積極開發台灣的糖業，而後由於日本國內追求工業發展，致使米穀生產短缺，爲供給日本國內糧食的需求，遂開發台灣蓬萊米的生產，殖民地「農業台灣」的角色扮演益發吃重，甚至必須承擔平衡日本國內經濟的責任；諸如相關米穀統制政策的施行，即是帝國爲了調和日本本土與殖民地之間糧食供需與產銷平衡的考量，而致使台灣農民的生存權益迭遭戕害。

中日戰爭爆發後，因應帝國以資源掠奪爲目的的南進策略，日本對台殖民政策也改弦易轍，開始致力於工業的開發，而隨著現代化的分工漸細，也

---

〔註1〕 參見台灣省文獻委員會編：《台灣史》，頁 629。

造就了城市經濟的興起，同時促成勞動人口的移動遷徙，這些轉變對傳統台灣農業社會與總體農業經濟，都帶來相當程度的衝擊。

而另一方面，防範台民反動而意圖明顯的「皇民化運動」，更是將同化主義推向極致，在積極向外擴張侵略的同時，欲將殖民地納入日本帝國而爲一體，收編殖民地人民而爲軍國主義的資源，以期能成爲「皇民奉公」的戰爭動員。

1941年日本孤注一擲偷襲珍珠港，種下敗亡之因，台灣也因爲戰爭情勢日漸吃緊，慘遭蹂躪；至1945年日本宣布無條件投降之前，日據下台灣於1940年代的前期，飽受戰亂之苦，不僅各類物資被搜刮殆盡，也因爲通貨膨脹而物價飛漲，財政金融混亂至極，新興的城市建築，也遭受盟軍的轟炸而致斷垣殘壁，台灣人民流離失所，困窘無以爲繼。

## 一、台灣農業的現代化與經濟的附屬地位

日本經濟史學家高橋龜吉在〈日本經濟的發展與台灣經濟任務的變化〉一文中，開宗明義就指出：

> 台灣的開發方針，有很大部分固然是決定於台灣本身內在經濟發展的諸條件，但是，日本內地的經濟乃至政治上的要求，卻在發展台灣具體產業的選擇上，起了決定性的作用。這件事只要看看台灣產業的兩大支柱——米和砂糖，都是順應了日本內地的經濟需要，而在其保護下發達起來的，就可以了解了。〔註2〕

所以，藉由高橋的闡述就可以清楚地認知，殖民地台灣的經濟發展目的與方向，事實上是以殖民宗主國的利益爲依歸。因此，日據下台灣的經濟發展，尤其是農業經濟，是無法獨立於整個日本帝國主義體系之外加以分析討論的。循此理路，則帝國在經濟與政治上，甚至是軍事的需求與考量，均將直接影響台灣的產業發展。這原即是殖民地與殖民宗主國之間不對等關係的本質，也是全球帝國主義興起後掠奪其所屬殖民地資源的共同模式，其理甚明。

然而弔詭的呈現是，日本殖民政府憑藉現代化的技術與建設，促進了殖民地台灣的現代化發展，誠然造就了豐厚的農業產值，然而與殖民地台灣農

---

〔註2〕高橋龜吉著、張桐生譯：〈日本經濟的發展與台灣經濟任務的變化〉，文收王曉波編：《台灣的殖民地傷痕》，頁2。

村社會窮困的景況，卻形成落差極大的突兀對比。

　　時序跨入 1930 年代以後，日本殖民台灣已有 35 年的時間了，除了「霧社事件」外，殖民地人民的武力抗爭早已消弭，而此際幾乎也已經排除所有政治上實質的反動勢力，在相對穩定的殖民體制裡，殖民政府不僅進一步因應帝國主義擴張的需求，著手發展台灣的工業建設，而對於農業經濟發展以爲帝國後盾的用心，則依然持續積極。

　　殖民政府持續不斷地運用明治維新後的現代化技術與知識，在台灣島上積極從事農業經濟建設工作，包括農產品種改良、提升耕種效益、開發水利建設等，並且辦理農業學校、制定農業法規、設置農會組織與研究機構，這些舉措無一不是竭力於台灣農業的現代化發展。蕭國和便指出，1930 年代殖民政府延續過往的工作：

> 爲日本殖民地經濟制度下，以日本的資本和技術人員爲重要角色，
> 繼續擴大台灣農業發展的規模。在這階段內，日本在台灣進行多項
> 水利設施，引進改良水稻、甘蔗新品種，和化學肥料的使用技術，
> 使台灣農業的生產力快速提高。[註3]

　　正因爲積累了如是經營基礎，逐步促進了台灣傳統農業種作的進化，於是在 1930 年代成就了台灣農業發展的高峰。以支援農業灌溉的水利工程而言，施工歷時將近十年的嘉南大圳，於 1930 年 4 月全部竣工，灌溉系統強化後，水稻的收穫量增加爲施工前的 7 倍，甘蔗則增爲 5 倍；施工前的農業產值計有 1 仟 4 百萬元，施工後竟達 3 仟 1 百萬元，呈現倍數成長[註4]，而如是發展也充分符合「農業台灣」的殖民策略。

　　當然，促成農業產值增加的因素不僅止於水利工程，就以米、糖兩大農產品而言，本即是因應日本本土的經濟與糧食需求，而在殖民政策主導下從事積極生產的；但嗣後稻米的種植與輸出，也進一步因應日本飲食習慣的市場偏好，由殖民政府引進日本稻米品種加以改良，並且以幾乎是強制的方式推廣各地栽培種植，1926 年迎合日本人口味的「蓬萊米」品種，已然育種成功，並且在米穀大會中得到稻米改良競賽的首獎，由當時的台灣總督伊澤多喜男將此米命名爲「蓬萊米」[註5]，至今耳熟能詳。

---

〔註3〕蕭國和：《台灣農業興衰四十年》（台北：自立晚報社，1987 年 10 月），頁 15。
〔註4〕參見陳存良：《日據時代台灣農業發展之研究──以米糖爲中心》（台北：中國文化大學日本研究所碩士論文，1988 年），頁 176～180。
〔註5〕參見川野重任著、林英彥譯：《日據時代台灣米穀經濟論》（台北：台灣銀行

　　然而，稻米本爲糧食作物，傳統上農家從事稻米種植，首要目的在於滿足糧食需求，生產剩餘方始進入產銷管道，以換取財富與其他生活所需之資，但是就以輸出日本爲目的而栽種的蓬萊米而言，因爲能夠獲取得更高的價格，便成爲台灣農民選擇栽種的誘因，並盡可能販售出收穫量的最大值，以牟取更多的利潤，加以在殖民政策的規劃掌控下，稻米儼然已經與甘蔗（蔗糖）一般，等同於具有經濟作物一樣的意義。

　　易言之，台灣傳統農業社會中農業生產與農產品供需模式，甚至是傳統農村社會組織的運作，因爲經過現代化的建設提升，以及因應殖民宗主國的需求，已經被動地產生了改變。

　　如是發展與改變，假若能夠持續取得穩定的經濟效益，則將營造出安居樂業的農村樂活景象才是，然而，1930 年代台灣農民的生活現實面，卻仍然未能獲得改善，尤其是一般小（佃）農階層。若查究其問題的根本癥結之一，就在於殖民政府對米穀的管制與收購，除了考量避免與蔗糖相互競價以致排擠蔗糖原料的因素外，全係以日本本土的經濟波動與糧食需求爲依歸，所以便試圖影響農村中「土礱間」〔註6〕等產銷管道，繼而主導壟斷出口價格，瞿宛文一針見血地分析道：

> 殖民政府常常用非經濟的手段來幫助其本國資本得到更多的剩餘，來促使殖民地輸出更多的剩餘到母國。同時，在這種情況下，殖民地內部的社會結構必然是殘缺而畸形的。也就是説，殖民地內部的各個階級在政治上被宰制不説，在經濟上也是由殖民政府用政治手段來干預的。〔註7〕

　　因此，農民由蓬萊米所獲得的利潤，雖然高於傳統「在來米」種，但也並非完全取決於自由經濟市場的模式，下文將有持續討論。

　　另外，即使蓬萊米受到日本本土的歡迎，價格優於在來米，而且能夠早熟 2 到 4 個星期，在經濟效益和競爭能力的優勢驅使下，蓬萊米在台灣農村便一再擴大種植面積，但是，也由於蓬萊米必須付出更多的勞力、肥料和灌

經濟研究室，1969 年 12 月），頁 31。
〔註6〕當時農家稻穀收穫之後，必須送至「土礱間」以「土礱」脫褪穀殼，而糧商收購的大量稻穀就必須運送至較具規模的「土礱間」，然後始能販售，慢慢地「土礱間」因此也兼有了稻穀交易市場的作用。
〔註7〕瞿宛文：〈對柯志明〈所謂的「米糖相剋」問題〉的一些意見〉，《台灣社會研究季刊》第 2 卷第 3、4 期（1989 年 9 月，實際出版於 1990 年 12 月），頁 129。

溉,栽種的成本也相對增加〔註8〕,而所增加的成本,對於大多數的農民卻是一項沈重的負擔,在回收的代價並非全然可以預期的現實壓力下,致使當時蓬萊米在台灣並未完全取代在來米;雖然在來米利潤較低,但是回歸台灣本島糧食的基本需求面而言,川野重任就指出:

> 從自給糧食觀點來說,由於農民經濟水準低,常常寧可放棄蓬萊米而選擇生產費較低的在來米,這是在來米所以能殘存的經濟基礎。
> 〔註9〕

由此可見,當時殖民地體制下的農業經濟,雖然經過稻作農業技術的改進與品種的改良等現代化提升,但是農村社會卻未呈現相應的富裕榮景,一般中下階層的農民家庭,其經濟能力依然是相對的疲弱。而且,台灣一般農民平日仍大都以蕃薯為主食,白米飯似乎已成為連逢年過節都不可多得的珍饈,這無一不可看出農家經濟狀況並未改善的事實。

況且,台灣農產品米、糖兩大宗,其價格是受到殖民宗主國糧食與經濟的需求而左右的,並且也直接影響殖民地農民對作物的選擇;蓬萊米在台培育成功後,便威脅到製糖會社一向比照米價來訂定蔗價的方式,蔗農開始要求提高會社收購甘蔗的價格,以期能與米價擁有相同的利潤,否則以稻蔗之間轉作的利便,一如本書第二章的陳述,勢必驅使蔗農棄插蔗而改種稻,就蔗糖原料供應來源而言,這當然是日系資本的製糖會社所不樂見的。所以,以殖民宗主國及日系資本家的視角觀照此一發展,便有所謂「米糖相剋」的問題產生,涂照彥指出:

> 台灣的砂糖及米既然是日本資本主義所不可或缺的必須作物,那麼就應該說,「糖‧米相剋」問題也出自日本資本主義的要求而發生的。從此而言,「糖‧米相剋」問題基本上意味著日本資本主義本身的相剋,而絕非意味對台灣的殖民地經濟或者是對本地農民的「相剋」。
> 〔註10〕

因此,殖民地農民對作物的選擇,顯而易見地受到宗主國資本主義發展的制約,雅不欲稻米的種植,排擠了甘蔗,造成蔗糖生產原料來源的短缺,所以針對米糖的價量關係,乃多所考量與計較。於是,台灣農民的生計命脈,便操縱在殖民宗主國的手中,而殖民地台灣農業經濟的附屬地位,便如同初

---

〔註8〕 參見馬若孟著,陳其南、陳秋坤編譯:《台灣農村社會經濟發展》,頁301。
〔註9〕 川野重任著、林英彥譯:《日據時代台灣米穀經濟論》,頁35。
〔註10〕 涂照彥:《日本帝國主義下的台灣》(台北:人間,2003年1月),頁100。

期小說〈神秘的自制島〉〔註11〕裡島民項中枷鎖一般，無從卸除。

　　至於對稻米的鼓勵生產與輸日，殖民宗主國亦必須將日本本土農民的生計納入考量，並非毫無限制與顧忌。進入 1930 年代之前，日本因為極力朝向工業化發展，產業結構產生改變，農業人口大量移入城市成為工廠勞工，致使農業生產降低，造成糧食短缺，於是乎必須仰賴「農業台灣」的糧食與經濟作物，然而客觀環境絕非一成不變，在進入 1930 年代後，情勢有所不同，根據史料可以看到其過程中的轉變：

> 「九一八」發動以前（按：指「九一八」事變，發生於 1931 年），
> 日本國內缺米、糖兩項物資，日人極力鼓勵台灣米糖之增產，以資
> 供應。至民國十九年（1930）起，日本國內稻作連年豐收，米穀生
> 產突呈過剩，為挽救其日本國內農村經濟危機，乃於民國二十二年
> （1933）發佈米穀統制法，限制台灣及朝鮮之種稻面積及產米移日
> 數量。〔註12〕

　　這也就是高橋龜吉所指出的，殖民地台灣的農業經濟發展，是因應「日本內地的經濟乃至政治上的要求」而被迫地功能性存在，全然無視於台灣農民因為「米穀統制法」等舉措，導致因米價大幅滑落而生計頓陷窘迫。

　　禍事甚且蔓延擴大，在生活上遭逢困厄的，不單只有米農而已，源於米糖競價的連動關係，致使蔗農亦遭受波及，因為「米穀統制案的實施所造成的米穀滑落，乃使製糖公司在收購甘蔗時增加了買方優勢」〔註13〕，甘蔗價格於是便在資方趁機壓抑下，無辜的蔗農也同時又慘遭剝削；殖民地台灣農村社會的無奈與農民的無語問天，其成因狀似複雜但實也單純，歸結即是殖民地無法自主發展，居於經濟附屬地位所造成的結果。

　　回到世界歷史發展脈絡裡，因為歐戰（1911～1918）而使經濟獲得發展契機的亞洲，隨著戰爭結束，歐洲各國經濟景氣逐漸復甦的同時，亞洲經濟卻逐步衰退。1923 年，日本關東大地震不僅造成慘重傷亡，銀行與企業也遭受巨大衝擊，至 1927 年困境仍未能突破，終於爆發金融危機。繼而在 1929 年美國華爾街發生股市大崩盤，止不住的連鎖效應，遂造成全球經濟大蕭條（Great Depression），而亞洲的日本自亦不能倖免，由於 1927 年的金融危機

---

〔註11〕無知（林秋興）〈神秘的自制島〉，《台灣》第 4 年第 3 號（1923 年 3 月）。
〔註12〕台灣省文獻委員會編：《台灣史》，頁 635。
〔註13〕林繼文：《日本據台末期（1930～1945）戰爭動員體系之研究》（台北：稻香，1996 年 3 月），頁 109。

尚未化解，於是在進入1930年代之初，經濟景氣仍持續萎靡不振，史稱「昭和恐慌」。

　　日本本土經濟崩壞，連帶也使得殖民地台灣受到影響，在景氣低迷中，復加以「米穀統制法」的公布，台灣的經濟面遂成一片愁雲慘霧，〈台灣人的唯一喉舌──台灣民報〉一文在述及當時籌資發行日刊《台灣新民報》時所遇到的困難，引用林獻堂日記的記載，就對當時的社會經濟情況，有這樣的背景描述：

> 當時承日本「昭和金融大恐慌」之後，台灣經濟界瘡痍未復，又因日本米穀大豐收台灣米價暴跌，向來穀價每百台斤值五圓餘，當時降至三圓，每包貶價幾達一半（林獻堂日記）。新民報股東均係地主階級，蒙受米穀價格降低的影響最大。〔註14〕

　　可見當時殖民地台灣的整體農業系統中，受害的不僅止於農民或佃農而已，連傳統地主階級的收益都受到影響而銳減，擁有豐沛生產力的台灣農村，風調雨順卻直如荒年，就如同賴和以諷刺手法命題小說為〈豐作〉的譬喻；誠然，「穀賤傷農」是自由經濟市場中不易的因果，但源於殖民政策支配的強勢干預，卻又遠遠悖離了市場的法則。

　　其實，在「米穀統制法」（1933）公布之前，1932年日本國內即因稻米豐收生產過剩，而傾向於限制所屬殖民地台灣及朝鮮輸入米穀，但在尚未達成共識有所決議之前，消息傳來，旋即造成台灣社會民怨沸騰，是年7月各界代表便在台中聚集召開「台灣米移入限制反對磋商會」，表達反對的主張與籌組進行反對運動的計畫。8月舉行「台灣米移入限制反對台中州民大會」，會中通過決議聲明反對米穀輸日限制，決議文中指出，「限制案已予全島經濟界以絕望的威脅，萬一該案若被採用則全島之經濟生活將由根底動搖，隨之將予統治上以不堪設想之後果」〔註15〕，言下之意，米穀輸日設限將會造成台灣島民激烈的反抗情緒，甚至撼動殖民統治體制。

　　1935年日本續提出米穀管理法案，降低台灣稻米輸出量，對台灣農民的生計持續產生影響，於是各界又於台中舉行「台灣米擁護大會」，並選派陳情代表赴日，卻迭遭挫敗，直至中日戰爭爆發後，殖民政府加強對殖民地社會經濟的箝制，至1939年實施「米穀配給制度」，反對運動最終也被迫以失敗

---

〔註14〕　葉榮鐘等：〈台灣人的唯一喉舌──台灣民報〉，收入李南衡主編：《日據下台灣新文學‧明集1‧文獻資料選集》，引文見頁238。
〔註15〕　葉榮鐘等著：《台灣民族運動史》，頁539。

收場〔註16〕，這可以看作是日據下台灣農民運動的最後遺緒。

通過觀察上述歷史事實，殖民地台灣位於殖民宗主國的附屬地位，顯然是卑微而無奈的。日本殖民台灣的米糖政策，本質上乃是支配與獨占的，台灣農業生產經現代化建設的提昇後，受益者顯然是爲日本殖民宗主國，尤有甚者，更必須承擔日本本土經濟失衡的責任，殖民地農村不僅是農產供應地，農民更是日資獨占企業的剝削對象，無情地緊緊掐住殖民地的農村經濟命脈，一切均以日本帝國主義的利益爲依歸，卻全然漠視台灣農民的所承受的疾苦。台灣農村的面貌，在日本殖民政策的嚴苛禁錮下，可想而知是必然淒苦而黯然的。

進入1930年代以後，殖民地台灣的現代化工業建設，也在日本帝國主義的擴張發展需求下，積極著手佈署，然而殖民地的工業發展，亦對農業經濟產生了直接的影響。

日本國內發生「昭和恐慌」，經濟蕭條，景氣持續低迷以致於失業率居高不下，加以出口貿易萎縮，農產品價格亦呈下跌趨勢，農業經濟也並不樂觀，政府當局卻束手無策，於是右翼勢力於此際漸趨昂揚，促成日本軍國主義勢力的抬頭，並且逐漸取得主導地位，1931年對中國發動「九一八事變」，即是軍國主義擴張的鮮明象徵。

「九一八事變」後，殖民地所有反動的政治活動均遭到肅清，台灣亦進入所謂「準戰時時期」，日本軍國主義積極持續向外擴張，並且覬覦東南亞豐富的自然資源，企圖蓄積帝國與歐美列強抗衡的實力，欲達成「大東亞共榮圈」的野心；而台灣的相對地理位置，正位居東亞交通樞紐，便成爲帝國向東南亞侵略的中繼跳板，南進的基地。

爲了軍事擴張的需要，配合南進政策，針對軍事需求的工業爲發展重心，殖民政府於是積極進行台灣的工業化建設。1934年6月起，日月潭水力發電各期工程陸續完成，即是重要的進展，奠定了殖民地台灣初步工業發展的基礎：

> 由此各種工業得到低廉而豐富之電力供應，在此一時期之各種新興
> 工業，尤其是與國防軍需有關之工作，有如雨後春筍之勢，如硫酸、
> 造紙、酸鹼、紡織、鋼鐵、水泥、火材、玻璃、銅及鋁之精鍊等近
> 代工業，紛紛建立。至民國26年（1937）工業生產總額已達3億

〔註16〕葉榮鐘等著：《台灣民族運動史》，頁540～542。

6281 萬日圓。〔註17〕

具備了推動工業發展的電力需求後，較之 1920 年的工業生產總額 1 億 8 仟 9 佰萬日圓〔註18〕，統計數據上雖然只是呈現兩倍的產值，但實際上已經對以傳統農業經濟運作為主的台灣社會，造成了不小的衝擊。

為了貫徹南進政策，並因應進入戰爭時期的準備工作，1936 年台灣總督一職恢復以具軍人背景者擔任，海軍上將退役的小林躋造來台擔任第 17 任總督，提出「皇民化、工業化、南進基地化」的殖民地施政目標，並事先就台灣進行工業化展開基礎調查，其結果顯示，工業發展亟需的勞動人力，將直接受到米穀價格高低的影響；意即，若米穀交易利潤優厚，則勢必降低農民離開耕地進入勞力市場的意願，阻礙工業化的進程。基於此，小林總督上任後戮力排除台灣工業化的障礙，於是積極推行「台灣米穀輸出管理案」，刻意抑制米穀收購與輸出價格，並同時對輸出日本本土的米穀數量加以限制〔註19〕，其做法是在稻米播種前，就事先公布收購價格，而輸出到日本的米價，則依日本本土米價，此舉將完全壟斷控制台灣稻米的生產與價格，達到殖民政府所欲求的有效米穀統制，卻也斷然犧牲台灣農民的權益。

在 1939 年「台灣米穀輸出管理案」發布之前，殖民政府內部其實歷經一番爭論，日本國內並非沒有異議之聲，曾組成委員會赴台灣實地調查並提出意見，認為「本案之實施，可能予台灣農村經濟及一般經濟以重大打擊，殊堪憂慮。」〔註20〕，足見若通過如是法案對台灣農業經濟的傷害良深，而一如上文所敘，殖民地各界人士聚合的反對聲浪與抗議陳情行動，也遭到壓制，台灣農民已然直如刀俎下的魚肉。

李力庸指出「台灣米穀輸出管理案」實施之後，造成兩大影響：「台灣的活潑的米穀交易市場走入歷史」以及「平抑米價的政策打擊了生產者的意願」〔註21〕，所以由於米穀收購價格偏低，台灣農民出現怠耕的情形，而且旋即因為日本在東亞各地的侵略戰事逐步擴大，殖民地又實施米穀配給制度，讓

---

〔註17〕台灣省文獻委員會編：《台灣史》，頁 635～636。

〔註18〕同註 17，頁 627。

〔註19〕參見葉榮鐘等著：《台灣民族運動史》，頁 538～539。

〔註20〕該委員會全名為「台灣重要產業調整委員會」，調查意見另外還包含有，實施本案將使製糖會社將獲得最大利益，以及在收購價格之釐定與利益金之處分等均應加以重大修改。同註 19，頁 536～537。

〔註21〕李力庸：〈戰爭與糧食：太平洋戰爭前後台灣的米穀統制（1939～1945）〉，《兩岸發展史研究》第 2 期（2006 年 6 月），頁 113。

農民的生產意願更趨下滑，以致於殖民政府在戰爭時期進行支援戰線的糧食統制計畫，推展地並不順利。

殖民地台灣工業化的進程，究竟仍是對以農業生活爲主的社會產生了影響，其中之一，即是提供了台灣人民另一種從業選擇；畢竟，失去耕地或無法僅以耕地作物維生的農民，在過往的選擇，只有與農業關係緊密的會社製糖工廠，無奈淪爲廉價的「農奴」。

另外，除了殖民策略朝向工業化發展的客觀因素外，之所以驅使農村社會子弟離開田園進入工廠，尚包含因爲實施米穀統制政策，致使從事農業種作的所得普遍偏低，復加以長久以來業佃關係失衡與製糖會社壓榨等因素；而且其時工業化程度尚低，作業技術層次要求不高，是以一般人均足以勝任，同時這也造成 1930 年代台灣社會產業人口的變動遷移，以及城市經濟的興起。

然而，配合日本軍國主義的對外侵略擴張，台灣被動的工業化發展，同樣也不脫經濟的附屬地位，而如是發展與轉變，依然是因應殖民宗主國的利益而存在；台灣被迫成爲日本帝國主義的南進基地後，殖民地社會經濟型態也同樣被動地轉型，然而工業與農業的發展，所能提供的戰略物資，以殖民者積極擴張軍國主義的立場而言，是無法偏廢的，因此爲了配合戰局日漸緊張的局勢，戰時經濟體制就包含糧食的供應與南進策略下的工業建設，所以殖民政府的米穀統制政策也隨之頻繁修正，致使殖民地農業社會亦迭遭蹂躪。

1941 年 12 月日本偷襲珍珠港，引爆太平洋戰爭，烽火連天之際，殖民政府通令非戰略物資盡皆停止生產，並且於 1941 年 12 月發布「台灣米穀應急措施令」，悉數收購所有米穀以爲戰備所需，農家僅能保留維持生活的數量，並且實施強制配給制度﹝註 22﹞；農民收入因爲米穀價格遭壓低而銳減，又因爲強制配給制度，於是衍生出將收穫量以多報少的情形，台灣人民處於戰爭時期對糧食缺乏的恐慌，可以想見。

1943 年英美各國在太平洋戰場開始發動反攻，麥克阿瑟（Douglas MacArthur）將軍主導的「跳島戰略」逐步進逼到台灣與日本本土，台灣島海運航線亦遭到封鎖，幾成孤島，殖民地經濟崩解，危在旦夕：

﹝註22﹞參見李力庸：〈戰爭與糧食：太平洋戰爭前後台灣的米穀統制（1939～1945）〉，頁 117。

台灣對海外聯絡切斷，物資來源杜絕，重要生產設備，慘遭空襲破
壞，因此農工礦業生產減退，物資缺乏嚴重，物價上漲無法戢止，
財政金融之混亂，亦達極點，整個日本連帶殖民地台灣之戰時經濟
已陷入崩潰邊緣。〔註 23〕

就以糧食需求的米穀生產而言，1945 年日本投降前夕，台灣稻米產量已
不及極盛時期的一半〔註 24〕，即可見當時台灣人民捉襟見肘的艱難處境。

現代化的農業高度發展，卻因為無以擺脫殖民地位於殖民宗主國的經濟
附屬地位，而悖離了傳統糧食生產「有土此有財」的認知，根植於土地的生
存模式，卻因為無從卸除被支配的枷鎖，而任人宰制掌控，傳統農業經濟體
系橫遭解構而支離破碎，盡喪生命的尊嚴與生存的權利，與同時期歐陸各地
慘遭德國納粹鐵蹄踐踏的生命有近似的境遇；軍國主義的滋長蔓延，實為人
類歷史進程中，不該存在的悲劇。

## 二、台灣社會的變異與戰爭時期的經濟動員

1930 年代，由於日本帝國侵略中國的「九一八」事變而遭國際社會同聲
譴責，因而退出國際聯盟，為了突破被孤立的外交現實，於是積極建設台灣
為南進基地，亟欲獲得東南亞的資源，於是改變殖民策略，積極發展殖民地
台灣的工業建設，持續堅持其軍國主義向外侵略擴張的企圖。

為了宣揚國威，誇飾治台政績，也為南進策略鋪路，遂於 1935 年不惜斥
資超過百萬日圓，舉辦為期 50 天的「始政四十週年紀念台灣博覽會」。

博覽會的舉辦，儼然是具有濃厚的帝國宣揚意味，因為日本在進入 1930
年代初期，國內其實正面臨嚴重的昭和經濟恐慌，對外又遭國際社會所孤立，
而於此情勢下，殖民地台灣也不免連帶受到影響，在經濟疲弱、金融危機與
米穀政策影響下，博覽會的呈現，顯然繫掛著金玉其外，敗絮其中的虛假面
貌，明顯是殖民宗主國架設炫耀現代化成就的華麗舞台。

誠然，台灣在 1930 年代的農業發展，經過現代化技術的提升後，是台灣
農業史上的第一個「黃金時代」，農業產量達到未有的高峰〔註 25〕；而包含農

〔註 23〕台灣省文獻委員會編：《台灣史》，頁 638。
〔註 24〕同註 23，頁 639。
〔註 25〕李登輝在〈田園之樂〉一文中提到，1931 至 1940 年期間，是台灣在戰前農業
　　　　生產的最高峰，技術進步，生產增加，是為農業史上的「黃金時代」；然而也
　　　　因此造成地租與地價急遽上升，肥了地主，耕作者權益未受保障，耕作者無

業發展在內，1930 年代的台灣社會，也因爲各項現代化的建設，被稱爲「台灣的第一次黃金時代」〔註 26〕。但是，農業高度發展背後所代表的成因，卻是台灣農民茹苦含辛所付出的代價，整體社會因爲進步的現代化所獲致的效益，也並非都能讓所有台灣住民雨露均霑；是以，雖然博覽會未必全然是虛有其表，但陳芳明仍將之貶抑爲——「現代化的假面」：

> 在科學與進步的名義下，現代化誠然攜來了工業文明與都市文明。但是，在現代化的假面下，有多少台灣人民受到犧牲與災難？博覽會的輝煌燈光，在投射帝國榮耀之餘，多少受害的歷史經驗遭到掩藏？〔註 27〕

而且根據記載，當時博覽會於台北的第一會場裡，設置有農業館展示台灣豐富的農產品，與指標性的蓬萊米，另外糖業館的陳列，更是極盡能事地標榜台灣「糖業王國」的成就〔註 28〕；然而如是豐美物產的展示，若加以對照殖民地農民的實際生活狀況，當是令人倍覺突梯諷刺。台灣「糖業王國」的眞相，其實就如同山邊健太郎所指出的分析：

> 台灣糖業的基礎是建立在政府的補助金和保護關稅上，生產方面則建立在農奴的剝削上面。〔註 29〕

否則面對生產成本更低廉的古巴糖或爪哇糖，根本毫無競爭力，台灣蔗糖能夠大量生產並且輸往日本本土，全係由掌控殖民地政治與經濟的殖民者及資本家，所聯手壟斷壓榨所致。

要言之，殖民地台灣在日據下，確實是經過了現代化的洗禮，而如果現代化社會的具體呈現，是科學、技術、工業、城市化的發展，以及秩序、理性、進步、文明等概念的代表，那麼始政博覽會的展示，或可將之視爲是殖民地現代化發展的象徵樣板。

殖民政府對台灣現代化開發的挹注，即便造就有任何榮景，但是其處心積慮的出發點，所考量的並非是營造台灣人民的福祉，利益歸趨實爲日本帝

---

緣享有「田園之樂」。〈田園之樂〉一文收蔡明哲：《社會發展理論——人性與鄉村發展取向》（台北：巨流，1987 年 8 月），頁 301～302。

〔註 26〕 如《1930 年代的台灣》一書，封面副題即爲「台灣的第一次黃金時代」。莊舒淳主編：《1930 年代的台灣》（台北：博揚文化，2004 年 6 月）。

〔註 27〕 陳芳明：《殖民地摩登：現代性與台灣史觀》，頁 53。

〔註 28〕 莊舒淳主編：《1930 年代的台灣》，頁 24。

〔註 29〕 山邊健太郎著、鄭欽仁譯：〈日本帝國主義與殖民地〉，收入王曉波編：《台灣的殖民地傷痕》，頁 169。

國所有；打造現代化文明的台灣，只是更強化台灣附屬地位的工具性質，不管是平衡經濟的角色，或是南進策略的基地，甚且是宣揚國威的看板。

如果再觀察現代性的內涵，其中也包含有人民對政治廣泛參與的民主精神，然而處於殖民體制制約下的台灣人民，僅能以抗議的模式對殖民體制表達質疑，而且最終亦遭消解而作收，處於現代化進程中的被殖民者，是無由進入體制內而形成改變力量的，這也是殖民現代性的誤謬本質。

殖民地台灣現代化的證據，可藉由陳紹馨對日據下人口變遷的研究得到印證，1926年至1940年的台灣，農產品與其他產業的生產力都達至高峰，同時也因為徹底執行衛生、防疫等工作，致使台灣人口大增：

> 防癆工作成果頗大，三○年代開始預防衛生工作，而幾種主要死亡原因的病症（腹瀉及腸炎、結核）與嬰兒死亡率也略有改進。出生率升到日據期間的最高峰，死亡率再降低而且平穩，自然增加率（按，指人口）大增。〔註30〕

而經由殖民政府的架設構建，並根據史料的紀錄閱讀，1930年代台灣社會的現實情況，讓霍亂、天花與鼠疫等嚴重傳染疾病，都得到肅清或抑制，由此面向作觀察，則台灣現代化的演進，確然具有一定成就。陳紹鑫也以為，「一個社會脫離了瘟疫的威脅是相當重要的事實，表示著它已開始近代化的第一步」。〔註31〕

然而現代化的提升，其實與殖民教育政策也不無關係。日本視殖民地教育政策，為殖民統治體制的建立與同化政策遂行過程中，不可忽略的重要環節；據台之初，即設置語言訓練傳習所，並積極培養教學師資，1898年便公布「台灣公學令」，著手辦理台灣人民初等教育，並改「日語傳習所」為「公學校」，提供台人子弟入學就讀〔註32〕，諸多教育政策相繼推行，使得殖民地台灣的基礎教育工作，顯然達致一定的成效，讓教育普及率在1930年的12.3%，於1937年提高為37.8%，至1944年甚至達到71.1%，學齡兒童的就學率也高達92.5%〔註33〕；落實基礎教育的普及率，普遍提升人民的通識認知，對殖民地的現代化，是必然具有奠基作用的。

---

〔註30〕陳紹馨：〈台灣的人口變遷與社會變遷〉，收入陳紹馨：《台灣的人口變遷與社會變遷》（台北：聯經，1979年5月），頁105。

〔註31〕同註30，頁109。

〔註32〕參閱台灣省文獻委員會編：《台灣史》，頁590～591。

〔註33〕同註32，頁592～593。

但是相對的，高就學率也儼然等同於日本同化政策的成功率，進而達成帝國同化主義的企圖；而反觀漢文私塾教育卻在殖民政府的策略運用下，受到諸多限制與監督，漸次趨於凋零，連雅堂即對於日語學校教育的普及，排擠了傳統文化傳承的管道，表達了憂心：

> 台灣漢文，日趨日下。私塾之設，附加限制。不數十年，將無種子。
> 〔註34〕

然而，基於對殖民地人民的戒心，殖民教育政策仍是有所偏頗乖離的。殖民政府對於台灣人民接受中等以至高等教育的態度，實是多所防範與漠視，不僅對台人子弟進入中學設定諸多限制，殖民地高等教育設立的初衷，亦僅是提供少數在台之日人子弟就讀，林振中針對此情況分析地言簡意賅：

> 殖民統治者以培養日人為高級知識分子為目的，而台民則以造就低級技藝人才為宗旨，極力排斥本省同胞，不輕易讓他們進入高等學府，形成高等學府成為日人獨占的情況，使得本省同胞紛紛赴日留學。〔註35〕

顯見殖民政府雖然殫精竭慮地防範，卻也陰錯陽差地造就一批留日的新興知識分子，將反日殖民統治的民族、政治意識，由日本傳回台灣，形成了一定格局的反動勢力；這當是殖民政府對台灣人民的思想箝制策略裡，始料未及的突出發展。

其實，殖民政府同化策略裡積極佈置的日語教育，在高喊「內台一如」、「內地延長主義」的文人總督執政以前，是有些禍心包藏的成分存在。

第四任總督陸軍中將兒玉源太郎任期之中（1898～1906）擔任行政長官的後藤新平，其所施行的名為「同化」，但其實本質為「差別待遇」的殖民策略，曾引發日本國內反對陣營批評的聲浪，陳培豐就指出，後藤新平為平息日本國內異議，提出了一種「將『一視同仁』政治宣揚與差別統治融為一體的改造式『同化』概念」，如是概念的內容，跟殖民教育方針，積極施行日語教育有極密切的關係，但是其意圖卻是極為詭詐，亦足見其居心之傲慢：

> 一旦台灣人接受了具有「同化於文明」功能的國語教育後，近代化的知識水準隨之提升；有朝一日台灣社會的文明程度提升到與內地同一水準，在他主政下原本因「文明程度遲滯」、「民度過低」等理

---

〔註34〕連橫編：《台灣詩薈》，頁 297。
〔註35〕林振中：〈日據時期台灣教育史研究——同化教育政策之批判與啟示〉，《國民教育研究學報》第 16 期（2006），，頁 116。

　　由受到差別待遇的台灣人，將可享受與內地同樣的政治體制。……
後藤將實施「一視同仁」的政治約定推往不可知的未來，同時賦予
正在進行的殖民地差別待遇正當性。〔註36〕

　　言下之意，殖民地人民唯有接受日語教育，方能晉階現代化的文明層
級，而在執行徹底教育改造之前，台灣人民尚不足以享有「一視同仁」的對
待，所以現行殖民政策對台人的「差別待遇」，實為必要之作法；由此角度
作觀察，則殖民教育政策之施行，竟是充滿歧視的階級意識型態，與殖民策
略的機關算盡。

　　至於工業發展，乃因應於南進政策與戰時體制，並且同時對農業經濟產
生巨大衝擊，尤以連番發布的米穀政策為烈，一如前文所敘。然而客觀現實
是，因為工業的發展，也促成殖民地台灣的人口遷徙，造就城市經濟的興起。

　　1930年代台灣產業的分布，除了本有的農業種作區域，以及製糖工業
外，西部平原地區，由台北以至高雄，以南北縱貫鐵路沿線的城市為主，在
工業化、南進基地化的殖民政策口號下，漸興農產品加工、化學、機械等初
級工業發展〔註37〕，成為眾多台人離開耕地後的從業選擇，並且也是促成人
口遷徙的因素；根據紀錄，就台灣社會至1930年的人口遷徙情況調查，可
以發現，台北、台中、台南、高雄等城市的移入人口，都呈現增長的趨勢〔註
38〕，顯見工業化之後的勞動人口聚集效應。而且統計數字也顯示，日據下
台灣從事農業生產的人口，1930年代較1920年代約減少1%，然而到了1940
年代，則驟降了有6.5%〔註39〕，對此數據的解讀，陳紹馨表示：

　　台灣人的職業一直以農業為主。1905年之第一次人口普查時，有職
男人將近七成係業農，……自1905年至1930年間，台灣人農業人
口的比例漸減，除漁業以外之其他各業人口的比例漸增。1930年代
之工業化的推行加強此變化趨勢，人口的職業組合在1940年現出頗
顯著的變化。〔註40〕

〔註36〕陳培豐著，王興安、鳳氣至純平編譯：《「同化」の同床異夢──日治時期台
　　　　灣的語言政策、近代化與認同》（台北：麥田，2006年11月），頁461。
〔註37〕參見郭大玄：《台灣地理──自然、社會與空間的圖像》（台北：五南，2005
　　　　年2月），頁143。
〔註38〕參閱溫振華：〈日據時代的台灣社會〉，收入龔鵬程編：《台灣的社會與文學》
　　　　（台北：東大，1995年11月），頁2~4。
〔註39〕參見陳紹馨：〈台灣的人口變遷與社會變遷〉，頁172。
〔註40〕同註39，頁171。

　　要之，米穀管制措施影響所及，造成農業的收益大幅下降，使得農民放棄稻米種作轉而投入其他營生，再加上工業化的發展，盡皆是促成勞動人口流動的重要因素。

　　長久以來處於農業社會的台灣，經濟運作型態係以農業生產、銷售為主要模式，城鄉差距並不明顯，然而隨著現代化的建設與日俱進，非關農業生產的經濟脈動也漸趨熱絡，城市興起成為工商業、金融業，甚至是消費市場的集中地，同時也吸納了財富與人群，雖然 1930 年代的台灣城市規模仍有限，但是由於殖民政府鋪設鐵公路的交通建設，提供便利的交通網絡，加以農村經濟疲弱不振等諸多因素的影響，因此形成人口向城市流動的趨勢，而城市經濟的發展，也因此漸具規模，成為為現代化的象徵之一。

　　現代化的發展，活絡了城市經濟，娛樂休閒之需求也相應而生，例如消費性的電影商品，橫路啓子就以 1930 年代台灣的電影放映為例，作為一項觀察當時社會諸多面向的代表：

> 1930 年代地方上已經開始建設電影的常設播映館，台籍經營者的電影院數量增加，甚至出現了電影同好會和電影雜誌等，可說是電影在都市裡生根的時期。〔註41〕

　　而今日台北市西門町商圈，其實在日據時期即已是戲院林立，這說明當時社會存在有娛樂消費的市場需求，也足見城市經濟的發展，亦見 1930 年代台灣的現代化程度。至此，城鄉差距逐漸擴大，台灣內部開始出現繁榮與落後的對比，而相對於多數居於鄉村的台灣住民而言，或許對城市所代表的繁華懷抱孺慕，但也同時對現代文明衝擊傳統農業生活不無顧忌，衍生愛恨交織的複雜意念，台灣社會已經產生微妙的變化。

　　1937 年 7 月 7 日中日戰爭全面爆發的蘆溝橋事變前夕，日本帝國即以針對殖民地台灣可能產生的民心反動，預作進入戰爭狀態的因應措施，於 4 月 1 日悍然取消報刊漢文版面，忌憚的就是漢民族思想的激發。

　　進入戰時體制以後，為求掌控人心，穩定殖民地秩序，並強化對日本帝國的認同，「皇民化」運動於是進入全面推展的階段，作法遠比過往的同化政策更趨強勢，以配合戰時經濟、人員、物資，甚至是精神武裝動員的需要。「皇民化」運動包括更改為日本姓名，設「國語家庭」（國語の家），並迫使

---

〔註41〕橫路啓子：《文學的流離與回歸──三〇年代鄉土文學論戰》（台北：聯合文學，
　　　　2009 年 10 月），頁 115。

民眾奉祀日本神道等，這些策略的執行目的，無非是欲藉此消弭可能醞釀的反抗行動，並切除台灣與中國大陸的文化、血緣關係及民族情感，避免在軍國主義擴張侵略之際，橫生枝節。

因應對戰時經濟的管控，以及日漸吃緊的物資需求，迫使殖民政府訂定糧食配給制度，並且強制徵收可用物資，顯見日本帝國版圖內的人力與物力，已經無法支應同時對抗英美中各國，迨至戰爭末期，殖民地台灣的經濟情況已然相當惡化：

> 不但物資供應缺乏，且台胞被迫大批參加侵略戰爭，徵調技術人員修築國防工事，不但都市之技術員工極端缺乏，廣大農村勞力，亦難補充。由於人力物力奇缺，農工礦業無法維持生產。一般人民生活，亦因戰時通貨膨脹，物價不斷上漲，日人又積極搜刮資源，倍加困苦。〔註42〕

生產力的降低，源於農業與勞動人口的短缺，中日戰爭爆發後，日本即已開始召募台人擔任軍中雜役，熟悉中文的人擔任翻譯。隨著戰事漸次擴大，兵員需求日殷，台灣青壯子弟，終於不免於要披上皇軍制服，開赴戰場；帝國於1942年開始實施特別志願兵制度，1945年更是全面實施徵兵制，生產勞動人力受到影響，加以農產品依法必須被以低價強制收購，種作意願也普遍降低；所以物資匱乏的情形，經此惡性循環，唯有更形加劇。吳濁流在《台灣連翹》裡，藉由回憶的書寫，對當時大環境的惡劣留下了如是紀錄：

> 時局越來越緊張，物質的缺乏越趨嚴重，穿的衣服都是一些纖維代用製品，頗不自由。食米一個人一天只能配到二合三勺（0.414公升），其他副食品也少得可憐。因此，台灣六百萬的大部份人民都被逼往餓死線上掙扎。〔註43〕

而若奉行「皇民化」政策，則「國語家庭」將可以獲得相對優厚的糧食物資配給，不啻是亂世中的生存之道，亦見殖民政府的可議心態。不可否認，誠然有一定比例的台灣人，經過長期的日本教化，產生自我認同的偏差，更希冀藉由皇民化運動躋身而成「日本人」；但如果為安身立命而與世推移，有其不得不做的調適，以人情之常觀之，其實是不須多加苛責的，因為眼見貧病交侵的家人，嗷嗷待哺的稚子，面對抉擇的心境，畢竟是煎熬的，正如陳

---

〔註42〕台灣省文獻委員會編：《台灣史》，頁638。
〔註43〕吳濁流著，鍾肇政譯：《台灣連翹》（台北：前衛，1989年2月），頁120。

翠蓮的理解：

> 時代變局之下的人民，爲了生存所做的種種妥協，並非以冷漠的「民
> 族大義」標準可以強求，人們所做的種種因應與抉擇，應該放在時
> 代脈絡下被理解。〔註44〕

1941年殖民政府成立「皇民奉公會」，「皇民化運動」自此轉入第二階段，即「皇民奉公運動」，由台灣總督兼任總裁，依各地行政區域，在各地設立各級組織，達至最基層的奉公班，將全島600萬人口全部納入單一體制〔註45〕，台人生活行動莫不受到控制之外，更有對人力、物力資源的搜刮壓榨，務求達到鉅細靡遺的目的。

1942年日本提出「內外地行政一體化」的政策，限縮台灣總督的權力，讓殖民地直接受到日本帝國的統轄，如是政策似乎意謂，台灣殖民體制的差別待遇將有所改變，但究其實仍是基於「皇民化運動」的戰略需求，意欲收編所屬殖民地的人民，使之能成爲日本軍國主義延長戰線可運用的資源，卻美其名讓台灣人成爲眞正的「天皇子民」。

殖民政府的戰時治台策略，運用至此等地步，已可見日本帝國的敗象顯露，對外擴張侵略的野心，也終究來到自食惡果的田地，而所屬的殖民地台灣，也難逃受到牽連而橫遭肆虐的乖舛運命。

戰爭末期，不僅工商業幾近停頓，城市也因盟軍轟炸而致居民逃散，滿目瘡痍近似鬼城〔註46〕，台灣在經由現代化建設與殖民政策主導下，所提升的農業生產、初期工業發展與城市經濟的興起，在1930年代都收到一定的成果，但卻也終因日本「大東亞共榮圈」的痴心妄想，而在進入1940年代後受戰禍波及而頓挫，直至日本戰敗投降，台灣始能蹣跚邁步，重整旗鼓。

日據下的台灣，不管是居於殖民宗主國經濟的附屬地位，或是軍國主義南進的基地，抑或是帝國宣揚國威的看板，自始至終均未脫殖民地的工具角色，無從具有獨立的自主性，即使是在1930年代以後，因爲現代化的急遽提升，經濟以及文化上都得到相當程度的進步，但是台灣人民的生存權利，依

---

〔註44〕陳翠蓮：〈戰爭、世代與認同——以林獻堂、吳新榮與葉盛吉爲例（1937～
1945）〉，收入陳翠蓮：《台灣人的抵抗與認同（1920～1950）》（台北：遠流，
2009年8月），頁276～277。

〔註45〕參見台灣省文獻委員會編：《台灣史》，頁501。

〔註46〕「末期，戰事迫近，盟軍轟炸頻仍，威脅及災害至甚，各大城市因居民疏散幾
成鬼域，且因轟炸滿目瘡痍。」參見台灣省文獻委員會編：《台灣史》，頁502。

然是脆弱而遭漠視的，隨著傳統農村經濟、社會遭受連串的衝擊，農業資源遭搜刮殆盡瀕臨崩解的邊緣，日據下人口佔最大比例的基層農民，成為受害最深的族群。

## 第二節　第一次鄉土文學論戰的影響

在寫實主義的主張下，反殖民意識的積累中，加上社會主義思潮的影響，新文學的創作，面對多重語言文字的現實，並且碰觸複雜的文化認同問題，發生台灣文學史上的第一次鄉土文學論戰，誠然是日據下台灣新文學發展歷程中，無可迴避的趨勢。

在歷經將近四年（1930年8月～1934年4月）的論爭過程中，1930年代的鄉土文學論戰，處於殖民統治的壓迫箝制但卻思想昂揚的社會氛圍裡，藉由報刊雜誌提供的公共論述場域，讓各種豐富多元的思考與訴求，張力十足地交互激盪而出，也同時表達了新興知識分子的各類思想傾向與意識型態。

若就結果論而言，雖然論戰本身並未能得到具體結論或共識，但是藉由參與論辯，卻聚合了1930年代初期關於台灣文學創作內容與形式的各種意見與主張，也著實對台灣新文學的發展與走向，產生重要的影響。

經過論戰的多方表述，呈現出紛雜豐富的理念、構想與主張，絕不僅止於正反兩面意見的頡頏上下而已，多元的論辯角度，甚且經常相互交雜「鄉土文學」與「台灣話文」兩個名詞中各自蘊含的概念，加以諸多失焦的名實之辯，遂使論戰內容顯得更形複雜。

透過梳理論戰過程中的各種主張，前行研究大致已釐清最主要的兩個層面，即是「內容」與「形式」的討論，前者源於文藝大眾化的主張，強調創作的取材應以社會現實面為依歸；後者則是針對文學表現媒介的語言文字，在使用選擇上的建構與爭議。但是由於日據下台灣社會陷於日本異民族殖民的框架而遭制約，所以在論戰過程中，從事新文學工作者的意識型態表達，也透露出無數關於民族、文化主體性的思索與想像。

本單元行文內容將不詳細羅列論爭過程與正反兩面意見，而將分別聚焦於「鄉土文學」與「台灣話文」兩者互為表裡的命題，並將論戰置入台灣新文學發展過程中加以觀察，試圖理解1930年代鄉土文學論戰對文壇的衝擊，並見其對農民小說創作的影響。

## 一、文藝大衆化與寫實主義精神的實踐

發生於 1930 年代的台灣鄉土文學論戰，其實是台灣獨特的歷史文化和社會背景，以及日據下多重現代性影響下的台灣新興社會，在文學創作辯證上的具體反映，充滿無窮的想像空間，也因此在台灣文學史上，留下清晰而深刻的印記。

肇始於 1920 年代的台灣新文學創作，在奮力掙扎長成的過程中，歷經對於創作語言文字的選擇，以及寫實主義要求的辯證，加上社會主義引進的影響，至 1930 年代初期，已然促使新文學並不以現行的創作模式而滿足，則 1930 年 8 月黃石輝〈怎樣不提倡鄉土文學〉一文的出現，就整體新文學發展進程與外在客觀環境的刺激做觀察，確實並不突兀。

當時處於殖民地現實的台灣，與中國割裂並受日本統治與同化，是爲客觀事實，「台灣人」的概念與「台灣意識」的萌生，也是始於日據下相對於日本異民族而有的轉變，文學創作範疇裡的訴求與論爭，可以說是反映了這樣外在客觀現實，而或許「鄉土文學」的主張，在提出以「台灣」爲概念及範圍，甚至是對基層大衆關懷爲主體的創作取向，呈現的思想理念在若干程度上，也內含了抵拒殖民統治，以及對於民族的與文化的主體性的堅持。施淑有這樣的觀察：

> 這次以母語和鄉土爲正面和根本訴求的論戰，除了延續二○年代反殖民同化的精神基調，反映社會主義階級分析的新思考方向，同時還透露著對鄉土認同和族群處境的焦慮情緒。〔註47〕

「鄉土文學」的提出，與論戰過程中呈現的諸多意見與主張，或許就該當與彼時台灣的殖民地社會裡的實況做連結，比較能確切掌握新興知識分子身在其中對於鄉土、族群、文化認同等概念，所表達的意識型態。

然而若將 1930 年代台灣文學史上的第一次鄉土文學論戰，完全置入台灣新文學發展系統中做檢視，葉石濤則認爲發生這樣的論爭，正代表著「台灣本身逐漸產生和建立自主性文學的意念」〔註48〕，意即台灣新文學的走向，已經逐漸擺脫反殖民與新文化運動的從屬與工具地位；而陳芳明也認爲論爭的思辯內涵，是具有文學發展內在質變的趨勢：

---

〔註47〕施淑：〈想像鄉土・想像族群——日據時代台灣鄉土觀念問題〉，收入曾建民主編：《台灣鄉土文學、皇民文學的清理與批判》（台北：人間，1998 年 12月），頁 69。
〔註48〕葉石濤：《台灣文學史綱》，頁 28。

在 1920 年代，文學只能作爲政治運動的附庸；但是，甫跨入三○年代，這場論戰似乎把文學帶出政治運動的脈絡之外，而純粹就文學運動的目的，以及文學使用何種語言進行創作，在當時作家之間廣泛爭辯。〔註49〕

但是，日據下台灣新文學的發展，是否眞能擺脫「政治運動的脈絡」而完全自主發展，其實是具有討論空間的。

其中關於論戰中對於選擇使用語言的爭辯，且留待下一單元作討論，於此先行就「鄉土」的概念作探討，意即鄉土文學所書寫的「內容」。

回到引發鄉土文學論戰的篇章——〈怎樣不提倡鄉土文學〉的文字裡，黃石輝清楚而著名的揭示，認爲作家生爲台灣人，又身處台灣，筆下應該就要書寫台灣，因爲：

你是台灣人，你頭戴台灣天，腳踏台灣地，眼睛所看的是台灣的狀況，耳孔所聽見的是台灣的消息，時間所歷的亦是台灣的經驗，嘴裡所說的亦是台灣的語言……〔註50〕

黃石輝刻意使用一連串近乎排比的的修辭筆法，來強調「台灣」的屬性，最後導出「所以你那枝如椽的健筆，生花的彩筆，亦應該去寫台灣文學」的結論，這樣的揭示，明顯是以台灣主體爲文學創作取向的呼籲，而這已經有別於 1920 年代以來台灣新文學發展進程裡，單純地反帝、反封建，以及堅持寫實主義精神的創作思辯，更兼具了「台灣」的地域意識型態與國族想像的表白。

新文學創作之所以形成如此轉變，其中因素之一，即是與社會主義無產階級論述在台灣的深化，有直接的關係；根據殖民政府的觀察紀錄，刊載〈怎樣不提倡鄉土文學〉一文的《伍人報》，即是主張「無產階級文化運動」的重要刊物，黃石輝甚至具有刊物地方委員的身分〔註51〕，而若再依據黃琪椿的統整也可以發現，黃石輝擔任文協左傾後的中央常任委員，並且參與台灣勞動運動統一聯盟籌備委員會等，都足資印證其思想主張裡所懷抱的社會主義

〔註49〕陳芳明：《台灣新文學史》，頁98。
〔註50〕黃石輝：〈怎樣不提倡鄉土文學〉，原載《伍人報》第9～11號（1930年8～9月），收入中島利郎編：《1930年代台灣鄉土文學論戰資料彙編》（高雄：春暉，2003年3月），頁1。
〔註51〕參見王詩琅譯：《台灣社會運動史——文化運動》（台北：稻香，1988年5月），頁505～506。

理念，因此論者咸認黃石輝所提倡的鄉土文學，乃是普羅文學運動下的產物，黃石輝是為左翼文學理論的先行者。〔註52〕

所以，自 1927 年文協分裂左傾以後，主導社會、政治運動的無產階級路線，其所主張的大眾文藝與工農階級關懷取向，引領出黃石輝文章中「以勞苦群眾為對象去做文藝」的創作理念，就若合符節而順理成章：

> 你是要寫會感動激發廣大群眾的文藝嗎？你是要廣大群眾心理發生
> 和你同樣的感覺嗎？不要呢？那就沒有話說了。如果要的，那末，
> 不管你是支配階級的代辯者，還是勞苦群眾的領導者，你總須以勞
> 苦群眾為對象去做文藝，便應該起來提倡鄉土文學，應該起來建設
> 鄉土文學。〔註53〕

準此，可以理解黃石輝的「鄉土文學」觀，其實是以無產階級意識論及文藝大眾化的文學理念為主體，而在殖民體制客觀環境下建構出來的，明顯地具有受到社會主義薰陶的階級意識；以社會主義對無產階級的關注立場而言，其所謂「勞苦群眾」，就當時台灣社會住民的成分加以篩檢，當指大多數無產階級的農工階層，殆無疑義。〔註54〕

然而，1930 年代由於社會主義思想的瀰漫，也正是「普羅文學」廣為流行的時節，身為無產階級文化運動者的黃石輝，何以捨「普羅文學」之名而另外提出所謂的「鄉土文學」？根據黃石輝的立論，認為「普羅文學」乃是以無產階級「前衛鬥士」為對象，而對於文言無以一致的台灣社會的文字使用現況，仍然具有其局限性〔註55〕，未若「鄉土文學」為勞苦群眾設定的大眾文藝——「用台灣話做文，用台灣話做詩，用台灣話做小說，用台灣話做歌謠，描寫台灣的事物」〔註56〕。針對此，橫路啓子有如下的分析：

> 對黃石輝來說，他的「鄉土文學」跟普羅文學的定義有所差異。黃
> 石輝的「鄉土文學」所指的文學比普羅文學更加徹底、更為狹窄，

---

〔註52〕 參見黃琪椿：《日治時期台灣新文學運動與社會主義思潮之關係初探》第四章〈社會主義影響文學運動之表現〉（新竹：國立清華大學文學研究所碩士論文，1993 年）。

〔註53〕 黃石輝：〈怎樣不提倡鄉土文學〉，收入中島利郎編：《1930 年代台灣鄉土文學論戰資料彙編》，頁 4。

〔註54〕 例如陳芳明的分析：「黃石輝眼中的群眾，就是勞苦群眾。說得更清楚一點，那就是以農民與工人為主的無產階級。」陳芳明：《台灣新文學史》，頁 100。

〔註55〕 參閱橫路啓子：《文學的流離與回歸——三〇年代鄉土文學論戰》，頁 46～47。

〔註56〕 同註53，頁 1。

他並非是爲「前衛鬥士」而生的產物，而是專以「勞苦群眾」爲對
象的文學。〔註57〕

如是分析或許應該還要再納入一點思考，即是黃石輝的「鄉土文學」創
作所訴求的對象，係爲台灣社會中絕大多數，接近目不識丁程度的勞苦農工
階層，所以，或許「鄉土文學」並非是比普羅文學「更爲狹窄」，而是爲了更
契合殖民地台灣的現況。

1930 年代殖民地農村社會受到持續性的經濟恐慌，以及米穀統制等相關
措施的影響，原本即已身陷殖民與封建雙重桎梏的台灣農民，處境更加愁雲
慘霧；所以，積極求取生存的掙扎奮鬥，與反殖民、反階級壓迫的意識，自
然強烈地結合在一起，也由於社會主義的革命理論與階級鬥爭意識，更能夠
符合彼時農民的需求，於是，反殖民運動的民族立場，逐漸與社會主義的階
級立場產生結合，葉石濤即指出，農民反抗意識之所以經歷如是轉變的因素：

> 特別是日本殖民者剝削下的佃農幾乎無以爲生，農村的凋敝使得農
> 民的覺醒加速發展。在這種經濟情況下，反帝反封建已不再是觀念
> 的遊戲，而是跟窮苦大眾息息相關的生活現實。因此，資產階級的
> 民族革命運動即——台灣文化協會等的啟蒙運動——業已失掉往
> 昔的指導力量，代之而掌握時代潮流的社會主義革命理論，滲透於
> 台灣各階層的人民之間，逐漸變成民族革命運動的主要思想意識。
> 〔註58〕

外在客觀環境與社會意識的轉變，自然也對文學創作場域產生影響；台
灣新文學本具有寫實主義的血統，復又匯流社會主義的無產階級意識，處於
新階段的文學創作取向，於是乎便期待能更貼合於「勞苦群眾」的心聲與處
境，甚至於是取得共鳴，所以「文藝大眾化」的訴求，即應置入於殖民地社
會遭受制約的客觀現實中加以觀察，始能清晰。

陳芳明甚至更進一步，將黃石輝所掀起的鄉土文學論戰，視爲台灣左翼文
學發展過程中具有指標意義的里程碑，認爲黃文中「以勞苦群眾爲對象去做文
藝」的創作指涉，「無疑的，這是台灣鄉土文學的一個基調，也是左翼文學路線
的一個指針」〔註59〕，並以此爲將之納編入台灣左翼文學發展系譜的依據。

---

〔註57〕橫路啓子：《文學的流離與回歸——三○年代鄉土文學論戰》，頁 47。
〔註58〕葉石濤：〈台灣鄉土文學史導論〉，收入葉石濤：《台灣鄉土作家論集》（台北：
　　　　遠景，1979 年 3 月），頁 16。
〔註59〕陳芳明：《左翼台灣——殖民地文學運動史論》，頁 37～38。

　　按此思考理路加以推演，則台灣新文學的發展，在日據下無論如何外擴或收束，其實始終都受到殖民社會外在客觀政治環境的影響，也無從逃於「日本天年」的籠罩。

　　因為，社會主義之所以導引入台灣社會，除了是世界思想潮流的趨勢外，更重要的是，日據下台灣農業社會為主體的結構，由於殖民策略致使無產農工受到的剝削壓榨的現實，於是造成社會主義的階級對抗意識，遂得以與反日殖民統治的政治反抗運動相互結合；其後，1931年殖民政府擴大對反抗意識及共產主義的肅清，使得從事社會、政治運動的人士，紛紛轉而投入文學創作，繼續藉由文字，力行傳遞反殖民與階級抗爭的訴求，而這同時也是鄉土文學論戰過程中，之所以吸引眾多文字工作者縱身泳入論辯潮流的重要背景因素，並且引發無數對於民族、文化主體性的思考與想像。

　　黃石輝文章的第一組命題，針對文學內容的探究，若簡言之，即是——鄉土文學應該為誰而寫、應該寫什麼？黃石輝以為，應該為勞苦群眾而寫，內容應該是反映台灣社會現實的書寫；如是訴求，設若藉由葉石濤寫實主義的文學觀加以考察，則台灣文學「反帝、反封建」的現實反映論，與台灣獨特的歷史發展脈絡，以及殖民統治的現實環境，就具有直接的關係：

　　　　台灣一直在外國殖民者的侵略和島內封建制度的壓迫下痛苦呻吟；
　　　　這既然是歷史的現實，那麼，反映各階層民眾的喜怒哀樂為職志的
　　　　台灣作家，必須要有堅強的「台灣意識」才能了解社會現實，才能
　　　　成為民眾真摯的代言人。……台灣作家這種堅強的現實意識，參與
　　　　抵抗運動的精神，形成台灣鄉土文學的傳統，而他們的文學必定是
　　　　有民族風格的寫實文學。〔註60〕

　　其所謂的「台灣意識」，應是指出了彼時作家身處殖民地台灣，直接感受的，是殖民統治所加在身心上的桎梏，而親眼目睹的，是遭剝削壓榨後的滿目瘡痍，與同胞難堪的境遇，而作家當然同樣也無以置身事外，絕緣於他所依存的時代和社會；所以，扎根現實的文學創作，所反映的便即應是社會的真實，甚至是遭遇多重壓迫的殖民地社會現實，而所謂的「鄉土文學」，必然也會是以寫實精神為其文學創作底蘊。

　　援依盧卡奇（Georg Lukács,1885～1971）的寫實主義理念，認為荷馬、但

丁等人所創作的「史詩」之所以偉大，在於反映了當時歷史發展的真實；因此，文學作品的成功，與現實社會的關係，就不容被忽略，那是因為：

> 在所有偉大的作品中，它的人物，必須在他們彼此之間，與他們的
> 社會的存在之間，與這存在的重大問題之間的多方面的相互依賴上
> 被描寫出來。〔註61〕

所以主張應該在文學作品中，將人與社會錯綜複雜的關係描寫出來，具體而微，卻能擴而大之地披露社會現實中，想要被反映的各個層面。而且，個人「是和他們的社會歷史環境不可分割的，他們作為人的意義和每個人的特殊性，不能從塑造他們的環境中抽離」〔註62〕，而相對地作家對這個與個人無法分割的、相互影響的整體社會，必須具有深切的體認與敏銳的關注，能夠掌握社會發展的方向與脈絡，忠於現實生活經驗的感受，並且發掘問題，進一步洞悉造成社會問題的矛盾性，以期能在文學創作中去塑造凸顯矛盾衝突的人物典型，以此去反映客觀現實中的諸多問題。

盧卡奇的文學理論與文學批評，基本理念來自於馬克思主義美學的「反映論」，認為文學會反映社會，文學也應反映社會〔註63〕。而寫實主義作品要反映社會現實，必須體現社會的「整體性」（totality），使文學的創作內涵與社會的真實面確切聯繫，而其方法即是創造「典型」（type）人物，藉著敘述「典型」人物的行為，去凸顯整個現實社會中的各種關係脈絡〔註64〕，如此方能清晰地呈現整體社會關係中的種種對應與矛盾，忠實地反映社會的「整體性」。

準此，再回到黃石輝〈怎樣不提倡鄉土文學〉文章中應該為誰而寫、應該寫什麼的命題，則應為勞苦群眾的農工階層而創作的理念，已如前文所敘，而鄉土文學的內容，則顯見以日據下受害最烈的農工階層為對象做書寫，尤其是農民，當是最能反映整體殖民地多重壓迫剝削系統下的典型；因此，以農民、農村社會為書寫題材的文學作品，是最能夠勾勒殖民地台灣社會的整體性面貌，由作家代言，替農民行使話語權利，去凸顯殖民政策的偏頗，傳遞無產階級鬥爭的意識，甚而達致對殖民體制的批判；黃石輝所標舉的「鄉

---

〔註61〕盧卡奇（Georg Lukács）著、陳文昌譯：《現實主義論》（台北：雅典，1988年10月），頁69。

〔註62〕同註61，頁112。

〔註63〕參見呂正惠：《小說與社會》（台北：聯經，1988年5月），頁267。

〔註64〕同註61，頁159～161。

土文學」，在內容上的指涉，應可作如是觀。

其實，對於「鄉土文學」的定義，在歷經四年的論戰過程中，均未能形成交集，更遑論共識；針對「鄉土文學」一詞提出異議的，當以廖毓文為代表，發表於 1931 年 8 月的〈給黃石輝先生──鄉土文學的吟味〉，便質疑鄉土文學即是所謂的的田園文學，其內容過於浮泛，缺乏時代性與階級性，同時舉德國鄉土文學為例，「是在描寫鄉土特殊的自然風俗和表現鄉土的感情思想」〔註65〕，文章意見認為鄉土文學缺乏普遍性，並以為不能將台灣文學自外於中國民族文化，標榜台灣的地方特殊色彩。

如是討論，其實已然無法對焦，流於名義之辯。究其實，黃石輝的「鄉土」，即是「台灣本土」，是日據下台灣社會具體存在的時空環境，是經由殖民體制架構而成，階級化明顯的殖民地社會；而若更進一步加以探究，則「鄉土文學」概念的提出，是表達了對於殖民者執行強勢的同化政策，將使台灣漸次失卻文化與民族主體性的疑懼；因此，對台灣主體性漸被蠶食的憂心，不管是主動的覺知，或是被動的發現〔註66〕，憂慮心境的形成，均是客觀存在的事實，加以漸次普及的日語教育，中國白話文無緣生根的語言使用環境，更存在有日據下差異的文化認同，所以，「鄉土文學」觀念的產出與鄉土文學論戰的發生，其實自有脈絡可循。

因此，面對「鄉土」一詞名義的莫衷一是，黃石輝於論戰末期，表達了已然不再堅持的態度，而冀望回歸到文學的內容去做討論：

> 由於鄉土的解釋，我是把台灣規定做一個鄉土的，有人以為不當，
> 在我卻是認為很適當的。假如真的不當吧，就把我所主張的內容，
> 任你去變換名稱，我亦沒有反對的必要。因為在我的意思，只有內
> 容要緊，那裡要去爭什麼名詞呢？〔註67〕

如是陳述或許並非是情緒性的意氣，亦非無奈的妥協，應是肇因於黃石

---

〔註65〕廖毓文〈台灣文字改革運動史略〉，收入李南衡主編：《日據下台灣新文學明集五・文獻資料選集》，頁 493。

〔註66〕呂正惠：「把這個運動詮釋為台灣文學想在中國文學之外尋求『自主性』，實在是違反了歷史的面目；把被動的『不得不』的行為，說成是主動的、有意識的行動了，這不能不說是把歷史加以扭曲了。」呂正惠：〈日據時代「台灣話文」運動平議〉，收入龔鵬程編：《台灣的文學與社會》，頁 19。

〔註67〕黃石輝：〈所謂「運動狂」的喊聲──給春榮克夫二先生〉，《台灣新民報》967～969 號（1933 年 10 月 29 日～31 日）。收入中島利郎編：《1930 年代台灣鄉土文學論戰資料彙編》，頁 404。

輝的「鄉土」二字，本源於僅是對台灣本土的一個界定，界定一個與中國割裂，受制於日本殖民統治框架裡，擁有如1920年代黃呈聰所謂「特種文化」的台灣社會；所以，爲避免論辯失焦而有所修正，黃石輝乃棄稱謂之辯，而希冀能回到「內容」上做討論。

　　誠然，彼時「鄉土文學」概念的建構未必完整，檯面上文字的論辯也失之模糊，然而以台灣本土爲論述的標的，不管是鄉土的或是語言的，卻都在論爭過程中，被圈注了出來；因此，以本土論的視角做分析，游勝冠認爲「鄉土文學論戰」具有這樣的象徵意義：

> 台灣本位立場的「鄉土文學」、「台灣文學」的提出，象徵日據下台灣
> 社會裡中國—台灣雙重意識結構的分裂，台灣單獨被凸顯出來，以新
> 的台灣意識對五四影響下的台灣新文學運動進行再革命。〔註68〕

　　或許黃石輝的主張，未必完全具有如是截然二分的意識型態，但是以其強烈的台灣屬性與台灣勞苦階層取向的鄉土文學主張，著眼於文學作品應與台灣社會緊密結合的創作態度，確實是具有台灣本土意識的明顯傾向。

　　考察文獻紀錄，論戰雙方在初啓戰端後不久，即已紛紛將「鄉土文學」的辯證，聚焦在語言文字的使用上，這部分留待下一單元後續討論，但是這樣的轉變，卻致使「鄉土」的定義未能進一步有所釐清；然而若是擴大觀察視野，則台灣文學關於「鄉土」的含意，實有待日後再進行反覆的辯證，這似乎始終與台灣獨特的歷史發展過程，不無直接的關係，也是台灣文學史上無以迴避的課題。

　　鄉土文學論戰進行期間，同時也是台灣文學社群的成立與文學雜誌刊行最爲豐富的時期；新興知識分子集結在各文學社團組織，而論戰中各種意見主張的陳述，也藉由雜誌提供的公共論述場域，得以聚合共鳴，或各抒己見；隨著論戰的熱烈發展，與諸多因論戰而形成的文學創作活動，文學雜誌也得以獲得出版的契機，與產出作品的活潑動力。

　　根據黃得時的紀錄，當時的文學社群與文學雜誌，如「南音社」刊行《南音》半月刊，東京「台灣藝術研究會」刊行《福爾摩沙》，「台灣文藝協會」刊行《先發部隊》，後改爲《第一線》，「台灣文藝聯盟」刊行《台灣文藝》，以及由楊逵夫婦創辦的成立「台灣新文學社」刊行《台灣新文學》等〔註69〕，

---

〔註68〕游勝冠：《台灣文學本土論的興起與發展》，頁48。
〔註69〕參見黃得時：〈台灣新文學運動概觀〉，收入李南衡主編：《日據下台灣新文學

對台灣新文學發展的影響，一如向陽的看法：

> 以純文學雜誌來看，在台灣新文學發展過程中一直表現出強烈的社
> 群特質，它們在凝聚文學社群與文化認同、推湧文學思潮與活動的
> 兩個主要功能上，扮演了主要的角色，具有對台灣新文學發展舉足
> 輕重的關鍵性影響力。〔註70〕

以《南音》爲例，是爲鄉土文學論戰的重要舞台，於創刊詞中明確表達
負有「怎樣纔夠使思想、文藝普遍化」〔註71〕的使命感，足見其積極普及文
化、使文藝大眾化的創刊理念，而積極參與鄉土文學論戰的創刊成員——郭
秋生，更於刊物中特闢「台灣話文嘗試欄」〔註72〕，提供台灣話文形式的寫
作交流園地，這些內涵與作爲，對於鄉土文學的提倡與新文學的發展，均具
有莫大的助益。

雖然文學雜誌或因資金短絀、或遭查禁，均無法維持長期的發行，但是
值此大量新興知識分子投入文學運動與創作的階段，乃具有推波助瀾的積極
作用，致使1930年代台灣新文學作家輩出，作品日豐。

然而，不管是鄉土抑或是台灣本土，普羅也好，是左翼也罷，台灣文學
經過梳理辯證的過程之後，不僅強化了對於台灣主體性的追求，同時也訴求
透過文字書寫對無產勞苦階層進行擁抱關懷，期使能對台灣社會的現實面做
充分地反映；而如是以台灣主體與勞苦階層取向的文學主張，對農民小說的
創作，顯然是具有更順勢而爲的啓發與引導，不管是語言形式或是書寫意識，
也造就1930年代的台灣農民小說，成爲日據下興盛豐美的文學代表。

前文提及，日據下台灣新文學的發展，無論如何外擴或是收束，其實都
無從逃脫殖民統治的制約；1934年4月，台灣鄉土文學論戰甫停歇，三年後
的1937年，因爲帝國主義持續向外侵略，殖民地台灣也因軍事戰略上的需
要，而成爲帝國南進的基地，並且爲了因應戰時體制，防範台灣住民的反動
意識，總督府於該年的4月1日，下令廢止報刊漢文欄，不僅使得漢文作品
難以出現之外，在同年9月展開的皇民化運動裡，日文作品亦是處境艱尬。

---

　　　　明集五‧文獻資料選集》，頁301～324。

〔註70〕向陽（林淇瀁）：〈文學雜誌與台灣新文學發展：以日治時期爲場域的觀察〉，
　　　　收入向陽《浮世星空新故鄉——台灣文學傳播議題析論》（台北：三民，2004
　　　　年1月），頁18。

〔註71〕參見黃得時：〈台灣新文學運動概觀〉，收入李南衡主編：《日據下台灣新文學
　　　　明集五‧文獻資料選集》，頁302。

〔註72〕同註71，頁304。

　　如是鉅變，造成鄉土文學論戰以來，經過淬煉而更形成熟的台灣新文學，剎時橫遭腰斬，台灣本土意識的強化與歸趨，亦是訴求無憑。施淑的看法，相當清晰地指出鉅變後的蒼涼：

> 隨著日本殖民侵略的擴張，台灣政治地理位置的轉換，這僅存於日據時代台灣文學中的台灣意識和鄉土想像，也在日本南進政策的步伐中扭曲甚至消失於無形。〔註73〕

　　所謂「扭曲甚至消失於無形」的表現，當指為了奉公「大東亞共榮圈」的目的，而成為工具的皇民文學，緣因日本軍國主義面對戰爭時期的精神動員需求與強勢作為。

　　然而鄉土文學論戰的興起，本即隱伏了對於台灣主體性消失的焦慮情緒，提出「鄉土」概念，若干程度上表達的是對於強勢同化政策，將消滅台灣文化主體性的疑懼；日據下新興知識分子對台灣意識懷抱的堅持，本欲在透過吸收現代性後，期許與殖民性形成抗衡，並保有台灣文化主體性，最終目的不外是終結日本的殖民體制，其實正如陳芳明在《台灣新文學史》裡的剖析：

> 無論作家強調的是鄉土文學或大眾文藝，基本上都在啟發讀者的階級意識，使他們關心社會最底層的農民、工人生活實況。藉由文學的傳播，知識分子可以認識殖民體制與資本主義的真正本質，從而培養抵抗的意識。〔註74〕

　　於是，抵抗殖民性與吸收現代性，在兩相頡頏，多重角力之後，呈現了亟待尋求民族與階級雙重解放的努力，試圖跨越文化、種族的階級位階，同時也顯露了釐清當時台灣複雜處境的契機，文學創作活動頗能彰顯如是目的；然而，這一切卻在軍國主義的皇民化運動下，終歸於苦悶黯然，更遑論表達焦慮疑懼。

　　皇民化運動時期，除了語言文字的使用遭到限制外，新文學創作的反殖民精神底蘊亦遭到壓抑，而相對地，較易飽含強烈的批判意識，以及能夠明顯暴露惡劣殖民體制的特質的農民小說，在殖民政府對台人言論思想加強箝制的階段中、戰爭時期的肅殺氛圍裡，以及文學奉公的戰鬥精神指導下，當然也隨著趨於沉寂。

---

〔註73〕施淑：〈想像鄉土・想像族群——日據時代台灣鄉土觀念問題〉，收入曾建民主編：《台灣鄉土文學、皇民文學的清理與批判》，頁72。
〔註74〕陳芳明：《台灣新文學史》，頁100～101。

## 二、台灣話文的辯證與文字使用的文化認同

　　鄉土文學欲表達關懷並代表農工階層發聲，取得農工階層的共鳴，就必須以勞苦大眾的語言，方能落實鄉土文學追求的目的與精神，這同時也代表日據下日語教育環境裡，台灣意識對話語權的取得；所以鄉土文學論戰就「形式」部分而言，即尋求建立將台灣話加以文字化的「台灣話文」模式，以期能達致言文一致的書寫與溝通目標。

　　因此，1930 年代台灣新文學，在語言改革的討論中，已經從 1920 年代新文學革命時期的白話／古文之爭，一變而爲台灣話文／中國白話文的選擇，並成爲鄉土文學論戰的核心議題，其中當然亦涉及意識型態與文化認同之辯。葉石濤指出台灣話文建立的緣由：

> 語文是抗日民族運動中最重要的一環，給民眾灌輸民族意識，授以
> 打破迷信陋習的觀念，衛生常識的培養，以改革台灣社會結構，促
> 進近代化，獲得民族解放，必須依靠普及民眾的語文才行——這就
> 是台灣話文構想萌芽的基礎。〔註75〕

　　然而，新興知識分子尋求能契合台灣通行口語文的書寫文字，其目的除了期盼能提升民眾智識所具有的工具性之外，也同時蘊含了文化認同的傾向性，在歷經各方意見的融會與激盪下，對語言文字的選擇與論辯，竟爾飽滿了意識型態的紛雜呈現。

　　黃石輝認爲，文學創作要朝向文藝大眾化的目標，創作的語言就必須使用大眾熟知慣用的台灣話，因此，再回到〈怎樣不提倡鄉土文學〉裡所指出的台灣文學創作模式——「台灣的文學怎麼寫呢？便是用台灣話做文，用台灣話做詩，用台灣話做小說，用台灣話做歌謠，描寫台灣的事物」，其所強調的，便是須將台灣社會大多數人民習用的「台灣話」語言模式，與文章、詩歌、小說等文學創作加以結合，達致眞正的「我手寫我口」，意即「言文合一」的主張，並在 1931 年〈再談鄉土文學〉一文中，更進一步強調其主張的動機爲：

> 因爲我們所寫的是要給我們最親近的人看的，不是要特別給遠方的
> 人看的，所以要用我們最親近的語言事物，就是要用台灣話描寫台
> 灣的事物。〔註76〕

〔註75〕葉石濤：《台灣文學史綱》，頁 25～26。
〔註76〕黃石輝：〈再談鄉土文學〉，原載《台灣新聞》（1931 年 7 月 24 日，連載 3 回），

其所揭櫫的文學創作形式，明白指出即是以「台灣話」來書寫「鄉土文學」，書寫生活周遭「親近」的台灣人、事、物，以之為文學作品的內容；然而，針對1920年代以來中國白話文的提倡，以及逐漸普及的日語教育，在呈現語言多樣性的台灣社會裡，之所以選擇台灣話為媒介，是因為：

> 台灣是一個別有天地，政治的關係上，不能用中國話來支配；在民
> 族的關係上，不能用日本的普通話來支配，所以主張適應台灣的實
> 際生活，建設台灣獨立的文化。〔註77〕

就語言的援用態度而言，除了台灣意識的實踐外，同時也表現了黃石輝的階級意識，明確表達台灣的實況是，與中國分離割裂、具有「獨立的文化」、而籠罩在日本殖民體制下，因同化政策而逐漸流失文化主體性的現實面；同時，在殖民與階級雙重壓迫下，勞苦大眾是承受壓力最大的社會底部階層，所以黃石輝不僅提出主張，甚且發出呼籲，期勉有志之士共同協力投入，進行將台灣話予以文字化的工作，以期能真正深化鄉土文學的現實性。所以，向陽認為黃石輝的「大眾文學」，乃是具有強烈無產階級理念的：

> 在黃石輝的論述中，相對於殖民帝國日本的語言、祖國的白話文，
> 都具有階級性，是「支配階級的語言」，不是無產階級「勞苦大眾」
> 的語言，台灣勞苦大眾說的台灣話才是。〔註78〕

雖然，對於台灣社會亦存在的客語系統及原住民多種語系而言，黃石輝的主張，畢竟不無盲點，而之於台灣相對多數來自福建漳泉移民的語言，以「台灣話」名之，在當時亦不免顯露些許霸道，但是其著眼之處，應是針對日本優勢殖民同化政策在文化上的階級壓迫，並欲凸顯台灣的主體性地位，目的即是葉石濤在《台灣文學史綱》中所言：

> 其目的在於使台灣新文學如何才能打進廣大的台灣民眾裏，使得台
> 灣新文學成為台灣民眾的精神食糧，影響民眾的精神結構，使得民
> 眾變成近代化的人民，獲得民族解放。

呼應黃石輝「鄉土文學」主張的郭秋生，在《台灣新聞》上連載發表〈建

---

収入中島利郎編：《1930年代台灣鄉土文學論戰資料彙編》，頁56。

〔註77〕黃石輝：〈我的幾句答辯〉，原載《昭和新報》第142～144號（1931年8月15日～29日），收入中島利郎編：《1930年代台灣鄉土文學論戰資料彙編》，頁70。

〔註78〕向陽（林淇瀁）：〈民族想像與大眾路線的交軌：1930年代台灣話文論爭與母語文學運動〉，收入陳大為、鍾怡雯主編：《20世紀台灣文學專題Ⅰ：文學思潮與論戰》（台北：萬卷樓，2006年9月），頁48。

設台灣話文一提案〉〔註79〕的長篇論文，文章中認爲不管是同化政策下的日語、中國白話文抑或古文，盡皆無以符合台灣一般民眾的口語，也阻隔民眾吸收新知，成爲「現代智識的絕緣者」，唯有建立台灣話文，方爲「文盲症的對症藥」。

郭秋生除了明確標舉「台灣話文」一詞外，並且主張用漢字來表達台灣話，欲建設出一種文言一致的書寫文字，並提出其理論與方法，依據廖毓文的簡約歸納，包含有幾個原則，如「首先考據該語言有無完全一致的漢字」、「如義同音稍異，應屈語音而就正於字音」、「如義同音大異，除既成立成語（如風雨）呼字音外，其他應呼語音（如落雨）」等，而若無相應文字，則另造新字〔註80〕，至此，「台灣話文」與「鄉土文學」運動於是合流，語言文字的使用成爲焦點，這同時也是「鄉土文學運動」與「台灣話文運動」在名詞上產生重疊或混淆的伊始；而隨後相繼投入論爭的正反主張或其他相關意見，除了少數針對「鄉土文學」一詞提出異議外，已鮮有「文藝大眾化」理念的探索，大抵均針對「言文合一」的語言文字問題參與論辯；這樣的轉變，松永正義的看法是：

> 由於對普羅列塔利亞文學的彈壓及其他因素，論爭沒有作爲文藝大眾化論而進步發展，只圍繞著在台灣話文可否創作的問題進行。在這兒看到的中國白話文分裂的情形，它也象徵了在台灣底民族主義分裂的情形。〔註81〕

在台灣話文論爭過程中，可以見到對中國白話文在台灣的推行，有諸多重新檢討的聲浪，但同樣也存在著擁護文化血脈傳統的堅持，更有抵拒異民族同化的主體性捍衛，以台灣話文、中國白話文與日文而言，便形成台灣／中國、台灣／日本，甚至是中國／日本等多面向的相對性文化認同的議題。

而就台灣社會的語言文字而言，古文的使用屬於舊知識分子階層，而中國白話文和日文，又僅止於新興知識分子始能駕馭，所以，1930年代的台灣社會裡，絕大多數台灣的一般民眾，語文的使用根本未能普及。回顧1920年

---

〔註79〕郭秋生：〈建設台灣話文一提案〉，《台灣新聞》（1931年7月7日，連載33回）。

〔註80〕參閱廖毓文〈台灣文字改革運動史略〉，收入李南衡主編：《日據下台灣新文學明集五‧文獻資料選集》，頁491。

〔註81〕松永正義著，葉石濤譯：〈台灣文學的歷史與個性〉，收入葉石濤：《沒有土地、哪有文學》，頁273。

代新舊文學論爭語言改革之際，張我軍即欲移植中國白話文以為台灣新文學的書寫工具，然而卻終究因為昧於台灣社會語言使用的現實面，致使「我手」依然無法「寫我口」，翁聖峰也分析了箇中緣由：

> 台灣的語文環境有其特殊時空，北京話不易傳播，使得學習中國白話文仍然採取言文分離的方式，造成學習中國白話文障礙重重、難以克服，這也是促成後來台灣話文興起的重要原因。〔註82〕

復加以日據下的教育環境，殖民體制對漢文極盡限制及排斥之能事，所以欲求中國白話文的普及，實有諸多窒礙難行之處。究其實，語言文字的使用若未能納入國民教育體系之中，再經過長期的實踐厲行，是很難形成普及的，欲求台灣話文的建構成立，亦復如此。另外，藤井省三也清楚地指出中國白話文與台灣通行的口語文，彼此之間存在著許多扞格不入的差異：

> 大陸口語文基礎的北京話和台灣方言在發音和語彙等方面，皆有顯著的差異，對於從逐漸形成國民場域的大陸被割離而去的台灣人而言，要接受大陸的口語文學是困難的。〔註83〕

況且，除了言文無法統合的先驗障礙存在以外，逐漸強化的台灣主體意識，以及文藝大眾化的呼聲，加上殖民體制的日語教育環境，在這樣特殊的時空背景下，均迫使中國白話文成為日趨受到質疑的選項，許俊雅認為，「中國白話文受到台語、日語的侵蝕並無優勢可言，文學工作者對台灣本土特殊性的自覺也隨之提高，發展出鄉土文學論戰及台灣話文論爭，乃是勢之所趨」〔註84〕，如是推演，已經點出了對台灣主體性的追求，在語言文字選擇上的影響。

所以基於上述各種原因與變數，面對「文言合一」的語言文字的選擇，自不免歸趨於大多數人所使用的所謂「台灣話」，這也即是黃石輝提倡以「台灣話」書寫「鄉土文學」，以及郭秋生主張「建設台灣話文」的客觀背景因素。

再者，鄉土文學的訴求，本即是欲透過彼此熟知的語言，開鑿作者與讀者之間的交流渠道，作家始得以接觸、「親近」平民大眾，以期激發共識或提昇智識，並藉由書寫文字的傳播，營造屬於「台灣」的共識，凝聚「台灣意

---

〔註82〕 翁聖峰：《日據時期台灣新舊文學論爭新探》，頁277。
〔註83〕 藤井省三著，張季琳譯：《台灣文學這一百年》，頁32。
〔註84〕 許俊雅：〈再議三〇年代台灣的鄉土文學論爭〉，收入許俊雅：《台灣文學論——從現代到當代》，頁150。

識」的匯流，所以，將台灣話予以文字化的普及書寫文字，郭秋生認爲是勢
在必行的，甚而進一步懷有理想目標的企望：

> 台灣話文的建設，斷然不是只既成台灣話之成立文字，和創設附隨
> 的新字爲能事的，可是以構成「台灣話的文學」，進向成就「文學的
> 台灣話」，爲建設台灣話文唯一的目標啦。〔註85〕

其實，關於台灣話與文字達到合一的主張，1914 年即有蔡培火向「同化
會」提出普及羅馬字的建議，但遭到反對而未被接受；1921 年「台灣文化協
會」成立時再次提議，然也由於受到五四新文學運動的影響，亦未引起重視；
時至 1923 年才通過會員的議決，並成爲文化協會致力的目標之一。〔註86〕

所謂「羅馬字」，指的是伴隨著基督教傳入台灣時，所利用的羅馬拼音
文字來拼寫台灣話，以利於《聖經》的說解傳道，這即是後來長老教會所提
倡的「白話字」系統。而蔡培火之所以推動羅馬字的起心動念，同樣在於認
爲台灣民眾必須普及知識的獲取媒介，但是漢文（字）與台灣口語文卻存在
極大的差距，於是蔡培火戮力持續推廣宣導，爲文立說，1929 年更是大張旗
鼓，積極申請籌備辦理「羅馬白話字講習會」，然最終卻遭殖民政府以「恐
有影響於日語的普及，有碍教育方針」爲由未准予成立〔註87〕，羅馬字的推
廣工作，於是逐告停頓，亦見日本殖民同化策略的處處防範。

姑且不論堅持漢字書寫是否爲「台灣話文運動」失敗的因素之一，然而
台灣話文字化的嘗試，其實以漢字爲基礎顯見並非是唯一的選擇，但就彼時
的新興知識分子捨羅馬字而趨漢字的態度而言，多少顯露了對民族文化一定
的堅持，這當然與台灣陷於異民族殖民統治的客觀環境有直接的關係，形成
對語言文字選擇上的文化認同傾向。

所以，在論戰過程中出現的各種意見，不管是主張將台灣話文字化的台
灣話文，或是站在反對立場堅持以中國白話文爲書寫的語言，均傾向於摒棄
羅馬拼音文字，而對保存漢字的態度卻有志一同，也足見「台灣話文運動」
在日據下特定的時空環境裡，同樣也透露著堅持台灣文化主體性的意識型
態，試圖拮抗日本同化主義強勢入侵的意味，橫路啓子歸結了論戰中的共識

---

〔註85〕郭秋生：〈新字問題〉，《南音》一卷 7 號（1932 年 7 月），頁 24～25。
〔註86〕參閱廖毓文〈台灣文字改革運動史略〉，收入李南衡主編：《日據下台灣新文
　　　　學明集五・文獻資料選集》，頁 470～471。
〔註87〕關於蔡培火推廣羅馬字的始末，參見廖毓文〈台灣文字改革運動史略〉，同註
　　　　85，頁 470～482。

之一，即是：

> 無論是支持派、反對派，或是抱持其他意見的論者都贊成保存漢語。
> 這點與當時社會存在著漢語廢止論，以及對抗統治政府的教育體制
> 和政策有關，論戰成員的社會立場在此表露無遺。〔註88〕

這與其言說是社會立場，或可將之名爲民族文化的立場，而以此體察「鄉土文學運動」與「台灣話文運動」的精神底流，或許能以更高的視角來俯瞰日據下新興知識分子抵拒殖民性的過程中，對文化主體性漸次流失的焦慮，並對同化政策進行反詰的努力。

同樣的，設若來到文字藝術的傳遞與共鳴的討論層面，則作家亟欲表達心中的意念，化爲文字的排列組合，架構起蘊含美感的篇章，並且寄寓意識型態傳遞而出，以取得讀者的共鳴，則語言文字的使用是爲重要關鍵，否則「鄉土文學」的創作，若成爲僅限於知識分子之間爲流通範圍的同人誌，何能達致「親近」勞苦大眾的寫實目標？葉石濤綰合黃石輝與郭秋生的主張，認爲台灣話文運動即是以寫實主義爲導向：

> 爲了文學能夠激發感動廣大民眾——即勞苦大眾，文學語言不能採
> 用統制者的語言——日文，也不能採用屬於封建地主階層的古文，
> 也不好採用貴族化的新知識分子提倡的白話文，而一定要使用勞苦
> 大眾慣用的台灣話文。台灣話文的文法、文字都可應用漢文建立起
> 來，這樣鄉土文學必定會往寫實主義的路上跑。〔註89〕

以文學社會學的觀點而論，作者相應讀者而生，文學作品也相應閱讀而始具有產出的意義，但是，若存在有語言文字的隔閡，則文學創作的意義亦將不復存在，更遑論寫實主義精神的落實，同時也悖離鄉土文學倡導時的呼喊：「你是要寫會感動激發廣大群眾的文藝嗎？你是要廣大群眾心理發生和你同樣的感覺嗎？」因此，尋求適用的語言文字，遂成爲當務之急，否則將使共鳴與寫實俱付之闕如。台灣話文運動的意義，或許可以如是看待。

經過四年的鄉土文學與台灣話文運動，論爭雖然止息，但卻未形成共識或結論，論者咸認是因爲台灣話文的書寫模式並未能全面建立，且成爲可依循的規則；儘管如此，卻已然對台灣文壇產生了直接的影響，將台灣話文形式置入文學作品之中的比例已經漸次提高，論戰止息後兩年的1936年，王詩

---

〔註88〕橫路啓子：《文學的流離與回歸——三〇年代鄉土文學論戰》，頁95。
〔註89〕葉石濤：《台灣文學史綱》，頁26。

琅對當時的文壇即有這樣的觀察：

> 自所謂鄉土文學的討論以來，一般有關心的人雖積極的要解決，卻
> 仍未見就緒。作家們於用語問題，依然還在徬徨。不過在最近，台
> 灣語式的白話文之嘗試者漸增，而也漸漸地決定爲它主要方向，由
> 我們看起來，固然是個必然的歸趨。〔註90〕

1930 年代雖有鄉土文學與台灣話文運動的論爭，呈現了日據下對於台灣
意識、文化與語言文字等問題的關照，以及聚焦本土的書寫意識，鄉土、台
灣話文以及衍生議題的討論甚囂塵上，然而值此時期，由於普及的日文教育
漸收成效，以及諸多旅日留學生的豐厚日文素養，致使日文創作的場域也逐
步擴大，甚至於在文學論戰後期，以日文寫作進入「台灣話文」的討論，是
頗值得觀察的一個現象。

根據橫路啓子對出土史料的整理分析，以發表於《福爾摩沙》的〈一九
三三年的台灣文學界〉爲例，或許源於作者劉捷的日文書寫相對爲其強項，
所以在行文中將鄉土文學論戰中「形式」部分的語言文字視爲次要，擱置不
論，而將書寫相關台灣的「內容」視爲鄉土文學的主要特色，並將「充滿台
灣在地色彩」的日文作品，納入鄉土文學的範疇中：

> 關於應該使用以往的中國文字，或者是重新創造出台灣特有的文
> 字，至今仍然意見百出，不脱文體理論的範圍。在評論鄉土文學的
> 議論聲中，從去年開始出現以日語書寫且充滿台灣在地色彩的創
> 作，並於新民報紙上沸騰一時。廣義來看，這是鄉土文學的重大收
> 穫。〔註91〕

而同樣援用日文的吳坤煌，則以社會主義立場寫下〈論台灣的鄉土文
學〉，強調應該具體反映日據下的實況，台灣社會其實是「汲汲營營於有一餐
沒一餐悲慘生活的農民諸相」，是「勞動者的掙扎」於剝削壓迫，造成許多「流
落街頭的失業群眾」〔註92〕，文學應該著力書寫如是眞實面貌，以期能傳遞

---

〔註90〕王錦江（王詩琅）：〈一個試評——以「台灣新文學」爲中心——〉，原載《台
　　　灣新文學》1 卷 4 號（1936 年 5 月），收入李南衡主編：《日據下台灣新文學
　　　明集五・文獻資料選集》，頁 217。

〔註91〕劉捷：〈一九三三年的台灣文學界〉，原載《福爾摩沙》第 2 號（1933 年 12
　　　月），譯文轉引自橫路啓子：《文學的流離與回歸——三〇年代鄉土文學論戰》，
　　　頁 276。

〔註92〕吳坤煌：〈論台灣的鄉土文學〉，原載《福爾摩沙》第 2 號（1933 年 12 月），譯
　　　文轉引自橫路啓子：《文學的流離與回歸——三〇年代鄉土文學論戰》，頁 277。

階級批判的意識，方為鄉土文學的真正精神。

　　上述主張對鄉土文學的內容，在認知上容或有所差異，但是以台灣為主體的的傾向卻殊途同歸，同時據此也可以發現，以日文書寫的作家族群，期待在台灣鄉土文學中取得作品的正當性與爭取話語權的企圖，不致因為以日文為創作媒介，而在「以台灣話書寫鄉土文學」的大敘述中遭到邊緣化；易言之，若是鄉土文學以台灣主體為其要求的重要「內容」，則所援用的語言文字「形式」應屬次要，無礙於對台灣本土關注的表達，或是台灣意識的傳遞，如是，作家方不致因為以日文寫作而令自身處境陷入尷尬。台灣獨特的歷史發展經驗，又一次清晰地呈現在語言文字的使用方面，而且更形複雜。

　　1930年代日文作品之所以質量俱升，源於面對殖民政府強制日語教育的無可如何，以及缺乏接受高等教育管道而必須負笈東瀛等因素，能夠嫻熟使用日文各自有其養成的背景因素，而拜各類漢、日文雜誌陸續刊行之賜，文學作品遂得以獲得展現的舞台，楊逵、呂赫若、張文環等人的小說作品也在日本文壇嶄露頭角，才情語文俱佳，但均統攝於台灣文學的範疇裡，自不待言。

　　然而，語言文字的使用選擇，在日據下的台灣文壇裡，似乎也不可避免地受到文化認同的意識型態所影響，已如上述，但是在鄉土文學與台灣話文運動與論爭中，中國白話文與台灣話文的立場，雖然各自有其文化認同上的基礎，但是並非截然二分，全然各自歸趨中國或台灣，所以對於1930年代廣泛存在的日文作品，亦必須做如是觀，不必然視之為大和民族同化下的產物。

　　若是綜觀日據下的日文作品，誠然存在有向殖民者靠攏的書寫內容，但卻仍有更多作家抱持台灣主體意識援筆批判，同樣積極反映日據下台灣社會的淒苦與人民的困境，並且達致一定的藝術成就，亦足見其抵拒殖民同化的心態。所以，相應於日本殖民同化政策的日語教育，台灣住民的態度，其實就未必一致，陳培豐有這樣的獨到看法，頗值得參酌：

> 台灣人對日本殖民統治之抵抗未必就一定是以「漢賊不兩立」的態度拒絕「同化」教育；反之，順應「積極地接受『同化』教育→近代文明化的進展→撤除差別統治的政治壓力→抵抗殖民體制」的政治流程和邏輯，便可產生掏空日本統治基礎的功用。換言之，就是因勢利導地接受「同化」教育，逐步削弱殖民地差別統治的正當性。〔註93〕

────────────────

〔註93〕陳培豐著，王興安、鳳氣至純平編譯：《「同化」の同床異夢──日治時期台

　　如是分析，即是知識分子希冀藉由透過日文接收現代性，提升智識以跨越現代化差異的位階，進而抵銷殖民性的侵襲；或許，並無有確切證據足資證明書寫台灣主體意識的日文作家，均具有這樣的苦心孤詣，但是日據下確實存在許多台灣作家的日文作品，同樣也傳遞著反殖民的抵抗精神，並飽滿台灣的「鄉土色彩」，不因使用殖民者的語言文字，而失卻台灣主體性的立場，楊逵等作家的小說創作，即是鮮明的例證。

　　1930 年代，屬於日據下新文學第二代的作家輩出，作品產出豐富，與仍持續創作的賴和等第一代作家，同樣都受到鄉土文學論爭的洗禮與台灣話文運動的影響，於是在文學創作的「內容」表現上，更深化了取材台灣社會、以勞苦大眾為關懷對象的寫實主義文學理念，而大量湧現的農民小說，應是最佳註腳。再者，既然要求以勞苦大眾為對象，於是在語言文字的使用「形式」上，則必須貼合勞苦大眾的口語文，所以，文學創作較之 1920 年代的作品，更有意識地置入台灣話文的形式，並蔚為風潮，其中尤以小說作品中人物的對話，涉及口語模擬的部分，最為顯著。

　　歷來論者多以賴和的創作為例，討論其經過論戰後的作品，較之以往運用更多的台灣話文，並以此論斷賴和對於台灣話文建設運動的認同。然而，也因為台灣話文運動在 1930 年代並未能獲得充分的時間，得以形成具體共識與書寫模式，因此賴和的晚期作品——〈富戶人的歷史〉〔註94〕，雖大量使用台灣話文，但是小說中頻繁發自轎伕口中的專有辭彙，至今識者已稀。

　　台灣話文運動雖未獲致實質成果，但是其所代表的意義，不僅是日據下台灣新文學發展過程中，因為複雜而多重的語言使用環境，而為落實以大眾的語言書寫的目的，因此無從迴避的客觀存在問題，但是其影響所及，同時也使得台灣新文學得到了進化與躍升。正如葉石濤在《台灣文學史綱》中所言——「向前跨了一大步」：

> 這些各種主張，其目的在於使台灣新文學如何才能打進廣大的台灣
> 民眾裏，使得台灣新文學成為台灣民眾的精神食糧，影響民眾的精
> 神結構，使得民眾變成近代化的人民，獲得民族解放。〔註95〕

　　除了言文一致的追求，同時也要落實文字共鳴與啓發的作用，運動的主

---

灣的語言政策、近代化與認同》，頁 463～464。

〔註94〕賴和：〈富戶人的歷史〉，經由林瑞明先生整理後，刊載於《文學台灣》創刊
　　　　號（1991 年 12 月），頁 29。

〔註95〕葉石濤：《台灣文學史綱》，頁 27～28。

張也更形確認了台灣新文學對文化主體性的堅持與反殖民意識的蘊含；所以，游勝冠即以本土化的傾向，羅列了鄉土文學論爭與台灣話文運動後，對台灣新文學走向趨勢的影響：

> 這一步只是簡單提出台灣話和台灣本土，卻爲日後台灣新文學開拓了兩條殊途同歸的主要發展路線，一是以台灣話文爲語言形式的鄉土文學；二是以台灣定位，發展自主的台灣文學路線，兩者因爲視點共同集中在「台灣」，在台灣意識的聯絡下，將台灣新文學共同推向本土化的道路。〔註96〕

台灣話文運動所面對的，不僅是台灣話與中國白話文背後的差別文化認同，更存在有日語教育環境的侵蝕威脅，欲想凸顯台灣主體意識，卻面對難以超越的殖民地現實，以及特殊複雜的語言文字使用環境，因時、因地制宜的各方意見，也都難掩其局限性，所以，鄉土文學論戰與台灣話文運動，歷經了過程，產生了影響，但在 1930 年代卻未形成具體的結論。

最終，在 1937 年施行的皇民化運動下，所有對於語言文字的爭辯，以及台灣話文在文學作品中的嘗試與建設，都因報刊漢文欄的廢止，而被迫無奈地偃旗息鼓，至於想像的鄉土與認同的文化，也都再次面臨嚴苛的試煉；所以，在進入文學奉公的激越戰爭時期之後，「鄉土文學」與「台灣話文」的議題，也唯有留待戰後的重拾辯證。

## 第三節　現代化衝擊下的小說作品呈現

1930 年代新文學創作所呈現的的質與量，使新文學大有取代古典文學而成爲文壇主流之勢，豐富的農民小說作品於此階段也蔚爲主流題材，這與日本殖民政府奠定各項現代化建設與資本主義基礎工程，至此際已收實效的局面，不無連動關係。伴隨著各種現代化的農業建設，農村社會裡各個層面的生活運作，所接受到的衝擊也與日俱增，小說作品反映農民除了承受異族統治與封建體制的雙重桎梏與掠奪，更必須面對現代化過程而做調適掙扎，相對剝奪感持續加深，復加以歷經鄉土文學論戰與台灣話文運動的錘鍊，標舉文學理當以大眾的語言與生活現實爲創作依歸，並揉雜社會主義的階級意識，在反日殖民體制的綿密抗爭力量之外，更含有以文化主體性抵拒同化政

---

〔註96〕游勝冠：《台灣文學本土論的興起與發展》，頁 49。

策的堅持，使得 1930 年代的農民小說，無疑是呈現了民族、政治、經濟與文化的多重面向。

新興知識分子面對新時代殖民現代性的曖昧態度，一再透過小說作品流洩而出，在觀察農村社會變化的同時，依然不斷拋出質疑，致使農民小說持續湧現；而設若書寫社會底層農民面臨的困境，則寫實主義依然是最佳的選擇，正如同葉石濤的分析，「以冷靜透徹的寫實，同被殖民的、被封建枷鎖束縛的人民打成一片，去描寫民族的苦難才行。須知寫實主義之所以發揮它的真價，就在於反對體制的叛逆所產生的緊張關係存在的情況下，始有可能。」〔註 97〕而如是可能，寫明了日據下農民面對世局變化的態度與反應，所批判的依然是造成殖民社會苦難成因的殖民體制；然而，隨著日本帝國主義持續向外擴張的野心，帶來皇民化運動對台人言論思想的嚴密控管，反殖民意識的表達，亦不得不迂迴隱匿於文字之間，甚至是銷聲匿跡，而作家面對強勢的皇民化運動，擺盪在抵拒與屈服之間，抉擇全繫乎一心。

## 一、寫實主義的延續──賴和與楊守愚等作家

1930 年的第一天，賴和的〈蛇先生〉就見諸報端，小說故事的主人翁以捕捉田雞維生，因謀生方式常遇蛇類而迭生風險，因此對為蛇所咬傷的醫治頗具心得，而得「蛇先生」之名號。工作之餘，在所處農村裡，亦常為不幸被蛇所傷的病人提供醫療，而其所用之草藥似乎頗具療效，名聲逐漸傳揚開來，甚至驚動官府，以其未具醫療人員資格卻擅自替人醫病的罪名加以逮捕，並刑求逼供欲了解其「秘方」成分，同時現代西醫亦好奇慕名而來，故事主軸即繫於此。

賴和藉由這樣的小說主題所展現的創作意念，歷來有許多評論均將之解讀為，代表新興知識分子階層對傳統蒙昧落後的反省或批判，如陳芳明即以強烈的語意指出：「拆穿傳統漢醫借用秘方，在鄉間招搖撞騙」〔註 98〕，小說創作欲傳達台灣傳統社會亟需進行現代化改造的呼籲。

然而，賴和身為西醫具備現代醫學技術與專業的背景，看待所謂「秘方」、「偏方」的態度，或許不免帶有質疑的意味，然而閱讀通篇文字卻未見作者對於「蛇先生」醫治蛇傷的行為透露貶抑或否定，顯然對於存在民間行

〔註 97〕葉石濤：〈台灣鄉土文學史導論〉，收入葉石濤：《台灣鄉土作家論集》，頁 10。
〔註 98〕陳芳明：《台灣新文學史》，頁 85。

之有年的醫療行為，賴和在小說語言上是不置可否的，但卻隱隱然透露著對於台灣社會裡，諸多傳統生活習慣與社群相處模式的眷戀，所質疑的當是殖民者所挾帶的現代化改造工程，對傳統台灣的戕害與滅絕，尤其是殖民者所訂定的法律：

> 法律！啊！這是一句真可珍重的話，不知在什麼時候，是誰個人創造出來？實在是很有益的發明，所以直到現在還保有專賣的特權。世間總算有了它，人們才不敢非為，有錢人始免被盜的危險，貧窮的人也才能安分地忍著餓待死。〔註99〕

致使「蛇先生」須依此而遭受逮捕，也因心生恐懼致使替人療治蛇傷變得遮遮掩掩，看在身為醫生的賴和眼裡，或許不免憤恨怨懟：「疾病也是人生旅路一段行程，所以也有法律的取締，醫生從別一方面看起來，他是毀人的生命來賺錢，罪惡比強盜差不多，所以也有特別法律的干涉」〔註100〕，而這樣的憤恨，同樣也出現在小說〈辱？！〉之中，代表殖民政府的警察闖將進入參與文協的醫生診所裡的耀武揚威〔註101〕，故事裡的醫生很顯然是賴和的自況，而這些描寫在在都顯示了身為醫生的賴和，對這殖民體制下的台灣人境遇，有著強烈的不平心情。面對日本異民族殖民現代性的「教化」，趙稀方就認為：

> 在殖民統治下的台灣，「啓蒙」其實是一悖論，因為「新／舊」、「文明／落後」、「現代／封建」等等總是與「日本／台灣」等同起來，它事實上成了殖民者藉以壓迫教化殖民地的「事業」，這不能不讓被殖民者心存疑慮。〔註102〕

所以，〈蛇先生〉小說故事的創作意念，取向的重點實在於此。而故事末了蛇先生去世後，賴和藉由眾人的唶嘆聲中：「而今蛇先生也死了！此後被蛇咬的人不知要多死幾個？」〔註103〕似乎也象徵著對美好過去漸次流失的歎噓。

〔註99〕 賴和：〈蛇先生〉，原載《台灣民報》第294、295、296號（1930年1月1日、11日、18日），引文見李南衡主編：《日據下台灣新文學‧明集1‧賴和先生全集》，頁29。

〔註100〕 同註99，頁29。

〔註101〕 賴和：〈辱？！〉，原載《台灣新民報》第345號（1931年1月1日），參見李南衡主編：《日據下台灣新文學‧明集1‧賴和先生全集》，頁57。

〔註102〕 趙稀方：《後殖民理論與台灣文學》，頁193。

〔註103〕 賴和：〈蛇先生〉，引文見李南衡主編：《日據下台灣新文學‧明集1‧賴和先生全集》，頁36。

　　這美好的過往，或許也就存在於〈蛇先生〉中對於農村典型環境的描繪：「這間店仔面著大路，路的那一邊有一口魚池，池岸上雜生著菅草林投，大路這一邊有一株大黃楝，樹葉有些扶疏，樹枝直伸到對岸去，樹下搭著一排瓜架，垂熟的茉瓜長得將浸到水面，池的那邊盡是漠漠水田」〔註104〕，而一派悠閒靜謐的農村景觀，恰如陶潛詩中的質樸自然：

> 榕樹下臥著一匹耕牛，似醒似睡地在翻著肚，下巴不住磨著，有時又伸長舌尖去舐牠鼻孔，且厭倦似地動著尾巴，去撲集在身上的蒼蠅。馴養似的白鷺絲，立在牛的領上，伸長了頸在啄著黏在牛口上的餘沫。池裡的魚因這一陣新鮮的雨，似添了不少活力，潑刺一聲，時向水面躍出。〔註105〕

　　在〈蛇先生〉著實不長的篇幅裡，於此卻鋪陳總共六百多字的豐富描繪，兼有農村社會的人文與自然景觀的摹寫，並怡然自得，陳建忠就認為：「像這樣將台灣農村描繪得具有如此閑靜熙和的情調的，尚不多見」，並認為賴和將鄉土「美學化」的意圖，懷有「為了反抗殖民者對台灣本土價值的貶抑」〔註106〕，這相對於許多呼籲進行文化、社會改造的解讀，事實上是較為中肯的看法。

　　若是對封建傳統社會的反省檢討，則未若1931年發表的〈可憐她死了〉來得清晰直接。小說〈可憐她死了〉對受到階級差別對待的女性處境表達了關懷，並對於納妾包養的偏差行徑提出批判。

　　台灣話稱「媳婦仔」的童養媳，難堪地成為貧窮人家無奈之餘取得經濟補貼的來源，將稚幼女兒以幾近「販賣」的形式先行「嫁入」夫家；雖然，造成貧窮的因素眾多，或許在大環境的影響下，任何時代都在所難免，但是對於彼時身陷殖民體制遭受多重桎梏的台灣農民而言，卻有著無從翻身的絕望無依。小說中貧病交加的農民夫妻，因為生活無以為繼又加上稅金催繳，遂令女兒阿金從此遭逢悲慘的運命，然而透過夫妻間的交談，亦可知經濟窘迫的家庭並非僅屬個案：

> 又像憨九嫂，不是因為憨九兄什麼科料金不能繳被拿去關，趁食人（幹活的人）無趁無得食，不忍聽著大細（大人小孩）的啼飢叫餓，

---

〔註104〕同註103，頁31。

〔註105〕同註103，頁32。

〔註106〕陳建忠：《書寫台灣‧台灣書寫：賴和的文學與思想研究》（台北：春暉，2004年1月），頁219。

> 她才去乞食，在憨九嫂哪有料想到要做乞食也要官廳應准（准許），
> 求乞沒有幾日就碰著警官，被打到那樣你也是曉得，不是因此傷心
> 不過才去上吊……〔註107〕

　　非乞討無以維生，但因為貧窮而淪為乞丐，竟也必須獲得殖民政府的法令許可，方得謀生的權利，這一再縈迴反覆的悲劇，迫使憨九嫂走向絕路，阿金也因此慘遭滅頂，或許真應驗了小說中的那句沈痛呼喊——「一死萬事休」；而同樣的，〈惹事〉裡的寡婦遭日本警察誣指偷雞的無處申冤，都一再反映出台灣社會底層農民不幸遭遇的典型。

　　〈惹事〉裡警察飼養的雞隻，陰錯陽差地讓寡婦遭冤枉為偷雞賊而無從辯駁，只因飼主是日本警察，連其所放養的雞隻竟也帶著威勢，致使農民看著雞隻踐踏菜園，小心驅趕之際，嘴裡也只能憤恨咒罵——「娘的！畜生也會傍著勢頭來糟蹋人」：

> 大家要知道，這群雞是維持這一部落（村莊）的安寧秩序，保護這
> 區域裡的人民幸福，那衙門裡的大人（警察）所飼的，「拍（打）狗
> 也須看著主人」，因為有這樣關係，這群雞也特別受到人家的畏敬。
> 〔註108〕

　　賴和筆法裡對「雞」仗人勢的鄙夷，實則迂迴地諷刺日本警察倚仗的是日本帝國戰勝者的優越心態，而也再一次對日據下作威作福，甚至胡作非為的日本警察，做成犀利的批判。

　　值得注意的是，〈惹事〉發表的時期，正是鄉土文學論戰與台灣話文運動的相關辯證如火如荼之際，顯然對原本已經傾向於以台灣話文形式創作的賴和，產生了更明顯的影響，根據胡民祥的統計，〈惹事〉一篇中，在總共 150句小說人物對白中，台灣話文的使用，已經超過了中國白話文〔註109〕，亦見論戰過程中的具體文學創作實踐。

　　而〈豐作〉則是日據下製糖會社剝削蔗農的典型反映之作，獨占的資本

---

〔註107〕賴和：〈可憐她死了〉，原載《台灣新民報》第 363～366 號（1931 年 5 月 9日、16 日、23 日、30 日、6 月 6 日），引文見李南衡主編：《日據下台灣新文學‧明集 1‧賴和先生全集》，頁 73。

〔註108〕賴和：〈惹事〉，原載《南音》1 卷 2 號、6 號、9、10 合刊號（1932 年 1 月17 日、4 月 2 日、7 月 15 日），引文見李南衡主編：《日據下台灣新文學‧明集 1‧賴和先生全集》，頁 98。

〔註109〕胡民祥：〈賴和的文學語言〉，「賴和及其同時代的作家：日據時期台灣文學國際學術會議」論文（1994 年 11 月 25 日～27 日），頁 11。

家在日本殖民政府保護之下爲所欲爲，對蔗農予取予求，吃乾抹淨。賴和以小說主角添福兄的內心獨白與情緒起伏，帶出了一幕幕製糖會社苛扣蔗農的乖張行徑，以及蔗農處於公義嚴重傾斜的農產供需結構中，由懷抱期盼到失落憤怒的過程，筆觸細膩而眞切，並見「豐作」二字的諷刺意味。

添福兄因爲甘蔗豐收，兀自內心盤算著寄望此番豐收所獲，將可讓兒子取媳婦的計畫，但是製糖會社則處心積慮地想方設法要壓低甘蔗收購成本：

凡甘蔗有臭心的皆要削掉。

凡納入的甘蔗對蔗根併附著的塗，須要十分掃除。

凡被會社認爲掃除不十分的甘蔗，應扣去相當斤量，其應扣的重量，由會社認定。〔註110〕

猶有甚者，竟在磅秤上動手腳，這在史料紀錄裡亦曾記載如是行徑〔註111〕，賴和拈來寫實地置入於小說情節之中，益見資本家的醜惡面貌：「兩個甘蔗委員和一個警察大人，便同時立到磅台上去，警察大人看到所量的結果，自己也好笑起來，三個人共得二十七斤」〔註112〕，揭露了製糖會社剝削蔗農的手段，除了藉由殖民政府的協助將蔗農納入不合理的原料採收制度中，更使用如是卑劣的技倆欺騙蔗農，無怪乎彼時俗話說「插甘蔗繳會社磅」，被戲謔地稱爲最「憨」的一件事；而添福兄希望盡皆落空，也只能咒罵：「伊娘咧！會社搶人！」卻無可如何。

賴和發表這篇小說時，距離1925年的「二林蔗農事件」，已經有將近7個年頭了，賴和在事件發生後，寫下飽滿義憤的〈覺悟下的犧牲——寄二林事件的戰友〉著名詩作，而如今藉由添福兄的咒罵，依然義憤填膺，文學反映社會，足見台灣農民於殖民體制下遭受宰制的處境，是始終未曾獲得改善的。

---

〔註110〕賴和：〈豐作〉，原載《台灣新民報》396號、397號（1932年1月1日、9日），引文見李南衡主編：《日據下台灣新文學·明集1·賴和先生全集》，頁110。

〔註111〕根據記載，當時林本源製糖會社的溪洲工廠曾有這樣的荒謬情事，因爲一車甘蔗的重量以蔗農多年經驗大抵均可估計，但是過磅結果卻相去甚遠，會同過磅的保正不相信，三個保正跳上甘蔗原料車再度過磅，結果顯示只增加八十台斤，於是「三個保正八十斤」的笑話傳遍遠近。參見吳三連等著：《台灣民族運動史》，頁503～504。

〔註112〕賴和：〈豐作〉，引文見李南衡主編：《日據下台灣新文學·明集1·賴和先生全集》，頁114。

製糖會社也常與封建地主在日據下成爲共犯結構，對台灣農民形成更極端的剝削，就如賴和在〈一桿「稱仔」〉中所言：「有幾家說是有良心的業主，肯膊給農民，亦要同會社一樣的『租聲』（田租）」。因爲製糖會社爲擴大原料取得範圍，於是在收購土地之外，亦向地主佃租土地，並且提供了高於一般佃農的租額和磧地金，而唯利是圖的地主則是樂見競價，坐享其成。楊守愚的〈升租〉裡，對此即有所著墨，寫地主召集佃農宣告：「製糖會社說甲當每年納我八十石租，此外還加上磧地金二佰，怎樣呢？」〔註113〕意即將提高佃農們的田租，否則將轉租予會社，迫使佃農唯有離開耕地，或是含淚負擔更高額的田租，繼續緊守耕地且無以掙脫赤貧的窘境。

製糖會社掠奪耕地，地主無視佃農生計，造成台灣農民淪爲製糖會社傭工，但實又陷入另一類悲苦的循環，楊守愚的〈誰害了她〉與〈鴛鴦〉兩篇小説，應可併讀參看；兩篇小説裡男主人皆在會社農場裡因職災導致傷殘，必須倚賴家中婦女上工以維一家溫飽，不同的只是〈誰害了她〉是女兒，〈鴛鴦〉裡則是妻子，然而卻同遭農場監工調戲侵犯，〈鴛鴦〉裡妻子爲了生計的忍辱負重，令人鼻酸：

> 但爲了飯碗，爲了獨腳的丈夫和幼弱的小毛，她是不得不忍辱，不
> 得不隱瞞著丈夫，仍然若無其事似的到農場來勞動。〔註114〕

但是委屈終究無以求全，最終仍是導致家庭破碎，在飽受屈辱後而境遇悽慘，小説強調對女性地位關懷的同時，也欲暴露日據下台灣社會失衡的價值體系與道德觀念的淪喪；台灣農民面對一再縈迴而似乎無窮無盡的苦難，或許就如〈鴛鴦〉裡獨腳阿榮的無聲嘆息：

> 他覺得自己就像一頭牛，自小能夠做小勞動時，就一直辛辛苦苦地
> 工作著，沒有快樂，沒有慰安，更不曉得什麼叫做幸福，一生祇有
> 被窮苦和過度的勞動支配著，直到殘廢而不能再任驅使爲止，還是
> 脫不離這難堪的折磨。〔註115〕

封建地主對佃農的壓迫，同樣也是日據下農民小説常見的反映主題，楊

---

〔註113〕 楊守愚：〈升租〉，原載《台灣民報》371號、372號、373號（1931年7月4日、11日、18日），引文見施懿琳編：《楊守愚作品選集》（彰化：彰化縣立文化中心，1995年6月），頁179。

〔註114〕 楊守愚：〈鴛鴦〉，原載《台灣新文學》1卷10號（1936年12月5日），引文見施懿琳編：《楊守愚作品選集》，頁346。

〔註115〕 楊守愚：〈鴛鴦〉，引文見施懿琳編：《楊守愚作品選集》，頁342。

守愚〈凶年不免於死亡〉已如第二章所討論,進入1930年代後,楊守愚持續對此表達關注;小說〈醉〉中,藉由三個佃農在寒夜裡聚首小酌的對話,顯示佃農與地主之間的複雜糾葛。佃農似乎唯有依存土地別無他法,彼此之間常為保有耕地,惡性競爭,因此承擔了高額不合理的佃租:

> 先時先時這份田地,原是給一個鄉下人耕作的,每年祇有四十二石
> 的租谷(租穀);這原是很高價了。那知琉璃頭仔卻出了四十五、六
> 石,強要向阿正舍瞨耕。哼哼!錢動人心,那怕阿正舍不允給他呢?
> 阿正舍馬上就叫那個佃人來,借端要升他的田租;不然就要討回他
> 耕作的田地。〔註116〕

如是層層疊疊,縱然將田地強租下來,終也因無法負擔如此高的租穀而虧損,而獲利的僅是毫無同理心的地主了。所以三個佃農不禁感嘆:「辛苦一年,尚且換不到兩字『粗飽』,何苦又要田做呢?」「唉!說到現在的世界,想要耕作田地過活,實在比乞丐還苦呀!」。〔註117〕

1930年代,隨著台灣大量生產的蓬萊米輸出到日本本土,地主當然也從中獲利日豐,然而,單一面積產量越高的耕地,地主要求的佃租也相對跟著水漲船高,加上佃農因競逐耕地自行提高佃租,終至必須仰賴借貸過活,蓬萊米輸日的米價利潤,是無緣回饋在佃農身上的。

而農民小說對於此類地主／佃農的主題,或源於社會主義思潮的影響,也源於台灣鄉土文學論爭關注本土的意識,作品相繼出現。佃農們為了爭取有限的放租耕地,卻將勤苦的收穫任由地主剝削,「唉!獸固然是獸,不過沒有田作,又怎能夠過活呢?」〔註118〕亟欲獲取耕地種作維生的佃農,如張慶堂的〈他是流淚了〉中的阿狗,就在其他佃農競爭下,失去了耕地,「阿狗也是務農的,但他所耕作的一份田,去年竟為了多加兩石租,就被龜清奪去了」〔註119〕,阿狗失去耕地之後雖以扛轎為業,但總是處心積慮欲再佃租耕地,於是如法炮製地向地主提議:「這份田要是給我耕作,包管田會更肥美,且可

---

〔註116〕楊守愚:〈醉〉,原載《台灣民報》第294號(1930年1月1日),引文見施懿琳編:《楊守愚作品選集》,頁46。

〔註117〕同註116,頁47。

〔註118〕楊守愚:〈醉〉,引文見施懿琳編:《楊守愚作品選集》,頁47。

〔註119〕張慶堂〈他是流淚了〉,原載《台灣新文學》第2卷第1期(1936年12月28日),引文見張恆豪主編:《台灣作家全集‧短篇小說卷‧日據時代‧陳虛谷、張慶堂、林越峰合集》,頁177。

多加三石租。……磧地金再多給你二十塊錢吧。」〔註120〕由此陷入惡性競爭而無法自拔。張慶堂另一篇小說〈鮮血〉裡，佃農九七辭掉耕地之後，便有許多農民爭相租耕，地主便藉機升高田租，「可是，升租後的這份田，競爭者仍然用著同樣的力，在競爭著」〔註121〕，但是九七卻看透了地主的剝削，也恥於以同樣惡劣的手法獲取佃耕權，九七道：

> 因爲耕作者的田，被自己用手段奪來，他必也用和自己同樣的手段，
> 去奪他人的田；如此一鬧了起來，簡直是送肉於地主，而無益於許
> 多的耕作者的。〔註122〕

奈何許多農民迫於求生存的無奈，只得任地主坐收其利，自身卻日益貧窮。而地主傲慢的嘴臉，也是作家著力鋪陳的小說題材，如劍濤〈阿牛的苦難〉一作，佃農阿牛恐因稻穀仍有濕氣而招地主不悅，帶著月餅，拜訪地主豬哥舍，盼其不致收回耕地。小說極其細膩地刻畫地主高高在上的神情舉止：

> 我懇切地、反覆挨求他開恩這一次，以後萬不敢有這樣不謹慎。豬
> 哥舍躲在煙盤邊，一言不答他只顧抽阿片。他的癖氣，我很知道，
> 我看他一言不發，恐多擾他，便也把話頭收起，一聲不敢再説，因
> 徒也似的在恭候他的恩赦令。有頃，他坐了起來，吐了一口煙又斟
> 了一杯茶，才探手於我，提去要孝敬他的那紙包裡，拿了一個月餅，
> 慢慢的送入嘴裡去。我看這光景，心頭好像捨下了一塊大石，暗自
> 歡喜他已經默許明年欲再贌我作了，便和他相辭。〔註123〕

摹寫佃農誠惶誠恐、戒慎恐懼的卑微姿態，相對於地主高傲的神氣，極其生動；然而，地主終究在未曾告知的情況下，還是將田地轉租他人，阿牛驚愕之餘，只能百般憤恨地對接手耕地的佃農說道：「你們也不想想看，一樣是歹命人、作田人，你們偏要去做他的走狗來欺負同類」。〔註124〕

〔註120〕張慶堂〈他是流淚了〉，原載《台灣新文學》第 2 卷第 1 期（1936 年 12 月 28 日），引文見張恆豪主編：《台灣作家全集‧短篇小說卷‧日據時代‧陳虛谷、張慶堂、林越峰合集》，頁 182。

〔註121〕張慶堂〈鮮血〉，原載《台灣文藝》2 卷 9 號（1935 年 9 月 24 日），引文見張恆豪主編：《台灣作家全集‧短篇小說卷‧日據時代‧陳虛谷、張慶堂、林越峰合集》，頁 120。

〔註122〕同註 121，頁 121。

〔註123〕劍濤：〈阿牛的苦難〉，原載《台灣新民報》第 349 號（1931 年 1 月 31 日），引文見鍾肇政、葉石濤主編：《光復前台灣文學全集1‧一桿秤仔》，頁 290。

〔註124〕同註 123，頁 293～294。

楊守愚〈移溪〉中遭逢惡水沖走辛勤收成的佃農，面對地主又何嘗不是徒有閉門羹？因為水利工程的缺失，致使農村在稻穀收穫之際，一夕之間卻遭大水流失了一整年的辛苦，不僅生活陷入困頓，地主竟又無視天災仍欲強收佃租，態度甚至窮凶惡極，「把水煙筒猛地向桌上一擲，暴跳了起來」：

> 你們近來也學會了狡詐了。別人田裏失收，也來吵著減租，他家流
> 失穀子，你也想來鬼混。哼！說不完你早把穀子偷偷地糶了，倒又
> 來趁火打劫。可惡可惡！〔註125〕

絲毫不考慮佃農的生活因水災而陷入絕境，卻只為一己的利益短少卻暴跳如雷。而且，佃耕租約除了多以口頭約定缺乏保障之外，還存在有一種所謂「鐵租」的形式，即是無論有任何因素影響收成，約定的租穀均必須悉數繳納，如徐玉書的〈謀生〉裡，主角競英不僅繼承了父親佃租的耕地，也繼承了這份「鐵租」：「乃是田主和佃人契約每期是否有收成是不大關係田主的事，總是每期佃人定期要納租」〔註126〕，而〈阿牛的苦難〉中，對「鐵租」的描述更是清晰：

> 這鐵租的意義是說，無論是兇年，或其他受著自然的災害、不可
> 抗力的歉收等等時，他都不管你三七二十一，甲當（每甲以……
> 計）每年定要你七十石租谷（租穀），任你有怎麼樣充份的理由去
> 對他哀求乞憐，他都不許你少缺乏分毫，一定要你通通如數完
> 納……〔註127〕

因而，只要是未遇風調雨順，佃農們的處境便更形艱難，殘酷的地主，卻不肯給予些許寬貸，日據下佃農的處境，真猶如戴銬了難以卸脫的枷鎖，或許，一如楊守愚〈醉〉中佃農們由於酒意的催發，只能發出了這樣情緒性的吶喊：

> 對啊！要想不受地主的榨取、剝奪，祇好大家把農具丟掉，把農具
> 一起丟掉……
>
> 現在的農民自絕了！

---

〔註125〕楊守愚：〈移溪〉，原載《台灣新文學》1卷5號（1936年5月14日），引文見施懿琳編：《楊守愚作品選集》，頁326。

〔註126〕徐玉書：〈謀生〉，原載《台灣文藝》2卷3號（1935年3月），引文見鍾肇政、葉石濤主編：《光復前台灣文學全集6・送報伕》，頁142。

〔註127〕劍濤：〈阿牛的苦難〉，引文見鍾肇政、葉石濤主編：《光復前台灣文字全集1・一桿秤仔》，頁290～291。

把農具丟掉吧!不要做田! 〔註128〕

很顯然具有無產階級思想傾向的楊守愚,是欲透過小說語言,彰顯了積極使無產農民獲得階級解放的主張,以期擺脫嚴重傾斜的土地制度,重新尋回應有的土地正義。然而,丟棄農具,離開耕地,尋求逃脫惡質體制而獲得解放的日據下台灣農民,亦可能淪為作家另一篇小說中苦無謀生門路的〈一群失業的人〉,1930年代初期的經濟恐慌,連動造成台灣島內經濟蕭條,無能憑依耕地以維生的基層勞動人民,面對的更是惡劣大環境的凌遲:

「像這樣的景氣,今年如果再繼續下去,嘻!不怕人吃人嗎?走遍天下,也還找不到一點工作,要不到一碗飯吃。」……

「一百斤蘿蔔祇賣三角錢,還會不壞嗎?這可以說連工錢都抵不上,何消說到血本。」……

「這樣的世間,實在比地獄還要痛苦,不死不活,老教人們受凌夷。」
〔註129〕

身繫耕地,不免愁苦無奈橫遭剝削,但是,離開耕地,卻掙扎徬徨,失卻立足點,幾同失去監獄的囚犯;在楊守愚的農民小說裡,看不到靜謐祥和的農村風光,盡皆是晦暗哀愁的殘破景觀,這並非因為天道無常,而是人世存在著公義極端匱乏的異族殖民統治與封建土地制度的雙重束縛。

楊守愚在回顧日據下台灣新文學的發展時曾言,小市民與農民,成為新文學小說創作的主要題材,而作品的內涵,則「大都充滿了自然主義的無力的揭露醜惡與貧乏的同情」〔註130〕,所以,具象取材農村社會生活運作,將可以指出這個結構失衡的原因,並重現遭受剝削後的農村破敗景況,以及農民的愁苦境遇,陳芳明《台灣新文學史》裡對此這樣進一步的論述:

所謂自然主義,乃是直接呈現社會生活的實相;猶如照相機一般,讓作者所觀察到的現實,客觀地以文字描繪出來。它沒有像寫實主義那樣充滿了戰鬥性,反而表現了無力的悲哀與無盡的黯淡。縱然自然主義具有消極的意味,其文學作品置放於殖民地社會仍然還是

---

〔註128〕楊守愚:〈醉〉,引文見施懿琳編:《楊守愚作品選集》,頁48。

〔註129〕楊守愚:〈一群失業的人〉,原載《台灣新民報》360號、361號、362號(1931年4月18日、25日、5月2日),引文見施懿琳編:《楊守愚作品選集》,頁146。

〔註130〕楊守愚:〈報顏閒話十年前〉,原載《台北文物》3卷2期(1954年8月20日),收入李南衡主編:《日據下台灣新文學明集5‧文獻資料選集》,頁350。

挟帶了高度的批判意識。〔註131〕

若以此觀察楊守愚以及其他作家們在上述作品裡反映的諸多現象與問題，則不難清晰地理解彼時在異族的壓迫與經濟的榨取系統下，台灣農村的真實面貌，從而體會及小說作品泛著深沈悲戚的原因。因此，也唯有將賴和、楊守愚等作家的作品，置入於日據下殖民地特殊時空背景下的農村社會裡，始能更完整具體地發現這些農民小說作品所具有的時代意義。

## 二、戲謔嘲諷的異軍突起——「保正作家」蔡秋桐

依據黃武忠親至雲林縣元長鄉五塊村訪談的印象裡，1981 年時已逾 80 高齡的蔡秋桐，其外貌是——「五短身材，身體健朗，看來卻只近 70 而已。留短髮、著短衫、短褲，一介老農打扮，若不瞭解其背景，實看不出他是個動筆桿的人」〔註132〕，這段文字的描繪，寫實了蔡秋桐其人原生農村的形象，如是形貌與其創作的一系列農民小說作品，亦存在著直接的關連。

蔡秋桐生於農村，長於農村，80 高齡仍然早晚到田裡「尋頭看尾」〔註133〕，足見其貼近土地、根植農村的創作底蘊，而日據下曾有擔任保正 25 年的資歷，無疑比一般農民小說作家更具有洞悉殖民體制的客觀發話立場，蔡秋桐曾表示，在日據時期，「我當時是保正，兼製糖會社原料委員，與製糖會社有些來往，與警察也有聯繫」〔註134〕，因此，對於日據下製糖會社與蔗農間的複雜對應關係有近身的觀察，至於身為保正的身分，更有異於一般民眾對殖民客觀現實的體會。鹽見俊二曾云：「講到統治台灣，不能忽視警察；講到台灣警察，不能忽視保甲。」〔註135〕，日據時期保甲制度乃是改革舊有制度建置而成，受警察監督而形成其運用的輔助系統，使警察的力量得以深入基層，確實掌握台灣住民，對政令的執行，可以達成更具體的效果。

所以，身為被殖民者的台灣人，一旦擔任保正或甲長的職務，等同於納編入殖民統治的行政體系，不免也就落入尷尬的夾縫立場，在面對殖民者與

〔註131〕陳芳明：《台灣新文學史》，頁 134。

〔註132〕黃武忠：〈退隱田園的蔡秋桐〉，原載《台灣日報》（1981 年 1 月 1 日），收入黃武忠：《台灣作家印象記》（台北：眾文，1984 年 5 月），頁 5。

〔註133〕此依黃武忠原文，然似以「巡頭看尾」較為合宜。同註132，頁 7。

〔註134〕黃武忠：〈北港地帶的代表人物——蔡秋桐〉，收入張恆豪主編：《台灣作家全集・短篇小說卷・日據時代・楊雲萍、張我軍、蔡秋桐合集》，頁 278。

〔註135〕鹽見俊二著、周憲文譯：〈日據時代台灣之警察與經濟〉，收入王曉波編：《台灣的殖民地傷痕》，頁 89。

被殖民者對立時的自我認同與定位，如何取捨，實端賴一心。或許源於如是特殊身分，蔡秋桐認為自己的創作，「小說內容鮮有激烈的反抗意識，只是真實的紀錄一些事情而已。作品的主題，大部分是寫自己心裡的矛盾，全都是本地所發生的事情，只是名字更換一下而已，其人和事皆是真實的，並沒有特意的去反抗。」所以有「保正作家」稱號的蔡秋桐，在小說作品裡，形塑保正在農村社會裡的人物角色，時而呈現的「矛盾」之處，即可鮮明地加以拾掇。

〈奪錦標〉裡警察 A 大人為了寒熱鬼（瘧疾）的防治工作，執意要每日為農忙不克得閒的村民，集合一起進行各項環境清潔美化工程，而這召集命令的執行，當然是落在保正身上，但是保正卻清楚知曉農民必須為生活而勤苦的現實，內心自不免百轉千迴：

> 真是左右做人難，居在這中間的保正伯，確焦灼到有些程度，不去作業呢？A 大人的謾罵、糟蹋，要教你忍不過氣。硬叫保民出去作業？稅金著納，三餐有沒有得吃還小事，稅金延納卻教你地皮都要起三寸，納稅，難道沒有耕種、收成，還有錢嗎？然而現在又要叫人放下了田事……保正想到處這境遇的保甲民，險些兒把眼淚淌下來。〔註136〕

如是的左右為難，或許正是蔡秋桐所謂內心矛盾的真實寫照，同樣身為被殖民制約的台灣人，卻因為職務的關係，而不得不站在凌壓的一方，這或許即是陳建忠所謂的「焦慮感」，對身為保正與殖民統治者的關係密切一事所形成的煎熬掙扎〔註137〕；而另一種保正形象，出現在〈王爺豬〉裡，小說中保正以第一人稱的角度，敘說對殖民者乖張行徑的冷眼看待。保正眼見警察 S 大人宿舍前以竹竿掛滿了香腸，即可推想當是村莊裡善男信女們為祭祀王爺而殺豬宰羊，家家戶戶莫不奉承以饗大人，「沒有分別是富戶也是（或是）散家（貧戶），大小無論，一戶若準做（若是）刣一隻，一口灶（一戶）

---

〔註136〕蔡秋桐：〈奪錦標〉原載《台灣新民報》第 1 卷第 3 號（1936 年 4 月 1 日），引文見張恆豪主編：《台灣作家全集·短篇小說卷·日據時代·楊雲萍、張我軍、蔡秋桐合集》，頁 185～186。

〔註137〕陳建忠認為，蔡秋桐與殖民者的關係是複雜的，身為保正的他既是協助殖民者的台灣人，又是批判殖民統治的作家，小說中時有這種戔心煎熬的敘述。參見陳建忠：〈新興的悲哀──論蔡秋桐小說中的反殖民現代性思想〉，收入陳建忠：《日據時期台灣作家論──現代性、本土性、殖民性》，頁 101。

送做一斤重，噢啊！呆算（不好算），怎驚沒有香腸！」〔註138〕亦見日本警察平日在村莊裡盡受農民的餽贈，或是接受逢迎巴結，卻視之爲理所當然的態度。

爲了迎請五年駐蹕一回的王爺公，依據舊慣習俗，援例要殺豬宰羊敬備豐厚祭品以表心虔，致使全村總起動員，唯恐落於人後，「乞食叔也刣豬，圭屎哥也刣豬，就是年間著受庄役場救助的 P 伯也都有刣豬呵！」〔註139〕如此這般共襄盛舉，雖未言明窮困者何有能力宰殺豬公，但舉債借貸應是不在話下，小說至此轉而譏刺爲風俗迷信而不惜血本大肆鋪張的封建愚昧行徑；但是，犧牲既成，祭祀完備，卻仍不免還是難逃殖民者無所不用其極對私宰牲口的罰金取締，作者刻意將此與祭壇上的紅聯：「天泰地泰三陽開泰／神安人安合境平安」作兩相對照，小說語意中隱藏的戲謔反諷，清晰躍然紙面。而小說中村民磨刀霍霍向豬羊的同時，保正聽聞豬隻的嚎叫，驀地油然而生悲憫之情：

> 唉！王爺公啊！你有看見嗎？有聽見嗎？如果你是有聽見這弱者，
> 無力可以抵抗的悲鳴，你的心也忍得過嗎？……
>
> 你當真耳孔無聽見嗎？聲聲叫著苦，聲聲哭著苦，這憨大豬，也像
> 曉得死日將到了，那麼萬人稱呼你是王爺，豈沒有點慈悲的心嗎？
>
> 〔註140〕

這是慣以戲謔筆法的蔡秋桐小說語言裡少見的淒愴，頗值得觀察，或可解讀爲作者欲借待宰的豬隻，以譬喻日據下台民的聲聲叫苦，是無力抵抗的弱者而任異族凌夷，而卻連神明也袖手旁觀的悲慘處境。然而身爲農村中相對是較富於現代化思想的「保正作家」蔡秋桐而言，面對同胞的境遇與行爲表現，其所呈現的內心矛盾，卻也是再清楚不過了。所以，在其系列農民小說作品中，蔡秋桐再三對台灣農夫農婦使用的「放屎百姓」一詞，當非鄙夷之意，卻是戲謔與反諷下迂迴的關懷與悲憫。

蔡秋桐自述其小說故事的編寫並未「特意去反抗」，其意應指其作品未若賴和〈一桿「稱仔」〉中的奮力反撲、或如楊守愚〈凶年不免於死亡〉等作品

---

〔註138〕蔡秋桐：〈王爺豬〉原載《台灣新文學》第 374、375、376 號（1931 年 7 月 25 日、8 月 1 日、8 日），引文見張恆豪主編：《台灣作家全集・短篇小說卷・日據時代・楊雲萍、張我軍、蔡秋桐合集》，頁 252。

〔註139〕同註138，頁 256。

〔註140〕同註138。

流露的強烈控訴意識，而是宕開筆墨，以反諷戲謔的手法，對殖民體制以及代表殖民體制的日本警察，甚至是產生認同偏差的惡劣保正之流，予以無情的嘲弄，張恆豪如是說：

> 其嬉笑怒罵的技法，可說是另闢蹊徑。他以最詼諧、最輕鬆的形式，
> 來暗藏最無奈、最嚴肅的主題……他不像賴和、守愚的「正面寫實」，
> 而是自成「反面寫實」一格。〔註 141〕

因此，蔡秋桐的作品，在日據下農民小說中，遂形成獨樹一幟的風貌；若言詼諧與輕鬆的「反面寫實」，則〈保正伯〉裡的台灣人李サソ（樣），由地痞而躍升為保正的過程，實為蔡秋桐此類筆法中最成功而完整的表現。李サソ本是無德無行之徒──「亭仔腳（騎樓下）是他的宿舍、豬砧是他的眠床，賭博是他的正業，打架是他的消遣」〔註 142〕，卻又性喜巴結日人，為了告密取寵竟連自己的姑媽都可以出賣，保正一職無非是百姓希望能替自己爭取權益，而推舉地方素孚眾望的人士，否則一般人通常不願與警察交好，以避免負擔對警察的孝敬與周旋，所以由民眾選舉保正時，便順水推舟地成就了李サソ逢迎之輩的心願：

> 全庄的人無一口灶（比喻沒有一家）無受著李サソ的致陰（庇蔭），
> 不被官廳所罰。李サソ的勢頭也就可知了，庄民也無一個不愛戴他，
> 所以在選舉保正的時候，庄民一致選他，這名譽職就戴到李サソ頭
> 上了。在人民的意思，是因為李サソ和官廳有話講，這「卵胞架」
> 正好給他去承當，而且正經的庄裡人，也無和官廳晉接的才能和時
> 間……〔註 143〕

字裡行間的遣詞用字無一不顯辛辣調侃，令人發噱亦令人鄙夷；而李サソ也著實不辜負庄民的「愛戴」，酣暢淋漓地發揮逢迎諂媚的工夫，作者詳細描述其送禮給警察後歸返的得意形狀：

> 保正伯提一大包來，雖然空手返去，行路卻也很活潑，態度也是很

<hr />

〔註 141〕張恆豪：〈放屎百姓的浮世繪──蔡秋桐集序〉，收入張恆豪主編：《台灣作家全集‧短篇小說卷‧日據時代‧楊雲萍、張我軍、蔡秋桐合集》，頁 170。

〔註 142〕蔡秋桐：〈保正伯〉原載《台灣新民報》第 353 號（1931 年 2 月 28 日），引文見張恆豪主編：《台灣作家全集‧短篇小說卷‧日據時代‧楊雲萍、張我軍、蔡秋桐合集》，頁 172。

〔註 143〕蔡秋桐：〈保正伯〉，引文見張恆豪主編：《台灣作家全集‧短篇小說卷‧日據時代‧楊雲萍、張我軍、蔡秋桐合集》，頁 174。

得意，像表示著他和大人交陪，是有無上光榮的樣子。〔註144〕

　　小說對台灣社會裡的此類人物，在嘲弄之中其實也泛著對日據下台灣人民因掙扎求生而致變形扭曲的悲涼。保正的角色，因為日據殖民體制使然，處在夾縫中的尷尬地位，本即是小說故事編寫裡討喜的要角，在諸多作品中均可見其粉墨登場，而懷抱如是阿諛諂媚心理的保正類型，新文學第一代作家楊雲萍的〈光臨〉裡，即有保正林通靈欲藉攀附日本警察，以要譽鄉黨朋友的描繪。再如陳虛谷的〈無處申冤〉中貪求保有職位的鴨角，持著虛榮的心態刻意結交日警，殷勤奉承：

> 這個地保名鴨角，也有幾許薄產足以維持生計，卻也粗通文字，略曉世事，但生成（生來）是個怯懦怕事的人……他每見日人，就裝出諂媚的面孔，還有一種虛榮心，是好當公職、交官結吏。今年四月是地保的改選期，他再三運動岡平替他盡力，才得保持現在地位，所以他奉敬岡平，直如太祖公一樣，岡平也儼然以大恩人自居，……〔註145〕

　　遂任日警予取予求，最終卻連累家人受辱，甚至冤死，也丟失了保正職位。賴和在〈惹事〉中便毫不遮掩直接批判這樣喪失民族尊嚴的心態——「保正（按：指小說情節中的保正）是極端信賴官府，以為他們的行為，就是神的意志，絕無錯誤」〔註146〕，足見日據下此類人物所佔據的比例，而如楊逵〈送報伕〉中剛毅不屈，挺身而出抗爭統治者的保正，在新文學小說作品中，卻是零星稀有。但是，不論其形象是正面抑或負面，上述作品出現的保正角色，皆失之平面而有類型化的缺點，未若蔡秋桐筆下塑造的保正，顯得立體而富含血肉，這當然與蔡秋桐的實際生活經驗有密切的關係。

　　蔡秋桐處理小說故事的另一個要角——警察，也有異於過往新文學第一代作家如陳虛谷、楊守愚、張慶堂等人的農民小說，在作品中直指日本警察欺壓台灣農民的惡形惡狀，日警到了蔡秋桐筆下，或許由於其行政職務的關係，以介於殖民者與被殖民者之間的保正觀察角度，便形成了特殊的詮釋手法。

---

〔註144〕蔡秋桐：〈保正伯〉，引文見張恆豪主編：《台灣作家全集・短篇小說卷・日據時代・楊雲萍、張我軍、蔡秋桐合集》，頁172。

〔註145〕陳虛谷：〈無處申冤〉，引文見張恆豪主編：《台灣作家全集・短篇小說卷・日據時代・陳虛谷、張慶堂、林越峰合集》，頁44。

〔註146〕賴和：〈惹事〉，引文見李南衡主編：《日據下台灣新文學・明集1・賴和先生全集》，頁105。

以〈奪錦標〉爲例，日警 A 大人屬行已經超越瘧疾防治的村莊美化工程，其目的不外是爲了自身績效並著眼於未來升遷，利用職權逼使村民一齊動員，且賦予冠冕堂皇的理由——「哼！專專（全是）爲著你們，要保護恁的健康，爲著恁放屎百姓的衛生上打算，我即著這款（才要這樣）勞苦……」〔註 147〕大張旗鼓地進行農村現代化建設，事實上卻是日警假借文明進步的虛僞名義以營一己之私利，因此蔡秋桐以揶揄反諷的手法，表達了對如是虛假殖民現代性的反思：

> 爲了撲滅寒熱鬼，用到這樣心神，不能不叫咱們感激流涕。大人們
> 的如此煞費苦心，其愛民之切，更不是從前那個老大清國所能幾及。
> 什麼農村文化——文化村落呀！什麼建設模範部落呀！在這被卑視
> 的農夫，被厭惡的放屎百姓集居的這牛村，一直地就少有人顧及，
> 何以近來倒有了這些標語出現？〔註 148〕

這同時也譏刺了 1930 年代以降，台灣在現代化進程中，對農村社會造成的衝擊，致使傳統與經濟漸次崩解之餘，農村社會的面貌亦未必眞能形成蛻變，因爲「自從 A 大人榮遷之後，牛庄的文化氣也漸漸消失了。東也荒廢，西也荒廢……」經過一番勞民傷財之後，當初撲滅瘧疾的立意早已無存，而唯一獲利者也已經飄然遠去。〈理想鄉〉裡的農村美化工程何嘗不是如此，代表現代化社會的鐘聲取代雞鳴狗吠日出日落的傳統農村作息依憑，形成約束的力量，強制奪其農時，召集村民共同從事那「無錢工」：

> 今日是美化日，庄眾個個要去美化作業，庄的美化工程，是以鐘聲
> 爲號，如聽著鐘聲一響，勿論誰人有怎樣重要的工程，亦要放掉而
> 服從這個美化工作！大家集齊在那鐘台下而候指導員指揮了……
> 〔註 149〕

指導員即是老狗母仔（中村）大人，在台日久，深諳民情，通俗的台灣髒話朗朗上口，驅策村民從事環境美化基礎建設時毫不手軟，動輒打罵，然

---

〔註 147〕蔡秋桐：〈奪錦標〉，引文見張恆豪主編：《台灣作家全集・短篇小説卷・日據時代・楊雲萍、張我軍、蔡秋桐合集》，頁 185。
〔註 148〕同註 147，頁 184。
〔註 149〕蔡秋桐：〈理想鄉〉，原載《台灣文藝》第 2 卷第 6 號（1935 年 6 月 10 日），引文見張恆豪主編：《台灣作家全集・短篇小説卷・日據時代・楊雲萍、張我軍、蔡秋桐合集》，頁 222。

而其求好心切務求農村進化的背後動機，仍是居心叵測，雖意圖明顯卻手法高妙，「為要吾鄉好，不但盡力指導工作，也為全庄人們接洽經濟，如有人資力不接一，伊也勞心苦戰，流通金融，現時全庄的經濟機關也被他握在手中」〔註150〕，蔡秋桐雖然語意含蓄，但想必是要求農家改善居家環境，凡遇經濟能力不許可者則借予金錢，成為村莊裡最大的債權人，對村民的控制就更形嚴密；但是，其著眼點更是在於環境建設完成後的更龐大利益：

> 他是致全力於產業衛生，如衛生思想沒有普及，是不得獎勵產業，污穢之鄉誰肯來，他要吾鄉好，無一不是著獎勵產業，因吾鄉資力不足，非仰外資不行，他之衛生建設，真有長足之進步，產業之建設也非昔日之可比。〔註151〕

地方產業的積極發展，則身為地方官吏始能藉機上下其手，從中獲取有形與無形的利益，如是看來，相對於陳虛谷、楊守愚等作家筆下僅能貪小便宜的日警，則蔡秋桐筆下的警察大人，斂財營私的手段顯然要高明了許多，小說裡日本警察的形象，在此也迥異於其他作品裡僅是窮凶惡極凡事刁難的單調類型。陳建忠觀察這一點而有清楚的分析：

> 蔡秋桐對殖民地「警察問題」的思索，獨到之處是將其放在當時農村的「生活改善運動」這個脈絡裡思考的。他把「殖民主義」以「現代化」為名進行台灣農村生活改善／進步運動，而實際上是以農村傳統文化解體、經濟破產為代價的一面揭出，從而指陳了殖民主義的虛偽性格與剝削本質。〔註152〕

蔡秋桐能洞悉這樣的矛盾，所以在〈理想鄉〉裡安排弱勢貧農乞食叔，而通過日警與如是人物相對的衝突，去凸顯殖民者的霸凌與對殖民現代性的指摘，呈現乞食叔這一類人物在殖民性與現代性多重擠壓下無所措手足的窘境，另外在〈四兩仔土〉中的土哥，所反映出來的這個特點則是更為鮮明，亦當為蔡秋桐所塑造的小說人物中最為成功之作，整篇小說故事的完整性與藝術價值，充分與其身為保正，並「兼製糖會社原料委員，與製糖會社有來

---

〔註150〕蔡秋桐：〈理想鄉〉，原載《台灣文藝》第2卷第6號（1935年6月10日），引文見張恆豪主編：《台灣作家全集・短篇小說卷・日據時代・楊雲萍、張我軍、蔡秋桐合集》，頁224。

〔註151〕同註150，頁231。

〔註152〕陳建忠：〈新興的悲哀──論蔡秋桐小說中的反殖民現代性思想〉，收入陳建忠：《日據時期台灣作家論──現代性、本土性、殖民性》，頁109。

往」的實際工作經驗，存在有直接的關係。

　　1936年載於《台灣新文學》的〈四兩仔土〉，堪稱是蔡秋桐所謂「放屎百姓」的最佳寫照，主角土哥在「美化部落」的建設旗幟下，因為「厝前厝後的林投腳、竹莿腳不使人放屎了。用便所（廁所）不慣的土哥，不得不著學放了」〔註153〕，小說語言極具反面寫實的突梯滑稽。

　　蔡秋桐在小說故事裡，讓土哥呈現一個清晰的形象──憨厚、勤勉、堅忍與孝順，一個台灣農民的典型，雖然窮苦卑微但卻不怨天不尤人，每當別人詢問近況，他一定是以「我想著眞害（眞糟糕）」作為回答，然話雖如此卻始終帶著笑容訴說窮苦，「他的臉上卻沒有些點兒的愁容，沒有些點兒的不滿的樣子」〔註154〕，如是樂天知命的素樸農民，卻不幸淪為殖民體制下，多重剝削體系裡，受害最深的人。

　　〈四兩仔土〉裏土哥所處的農村，價值觀念和傳統生活模式一如其他小說描繪的破敗扭曲，但是小說情節並未刻意設計去鋪排殖民者與被殖民者兩造的尖銳衝突，卻自然而然地暴露了日據下台灣農村社會與農民所面對的諸多問題。官廳出面召集農民，強迫出售土地予製糖會社，無視農民的回應與生計，因為「承諾者使之回家，不承諾者關到承諾，不使他回去。」〔註155〕揭露資本家勾結殖民統治者對耕地的惡毒掠奪手段，所以土哥也因此失去了大部分的耕地，而且由於貧窮且機具牛隻盡皆缺乏，時勢逼迫下，僅剩的土地也只能被迫年年種蔗，因為：

　　　插蔗可有蔗葉重（壓蓋屋頂）厝，另有一層最大的原因者，放前貸
　　　金（即貸款）的時候，正好逢著地租期，獎勵金支拂期在戶稅，不
　　　但如此，過（又）可以特別貸付等等的特點（好處），……〔註156〕

　　原來農民可以用貸款和獎勵種蔗的資金，來應付種種租稅，一如前文的討論，製糖公司預先借貸給蔗農耕作資金，收成後以繳納甘蔗代價去償付貸款，但是因為貸款常是農民維生的依據，更由於甘蔗收購價格低賤，償還貸款後已所剩無幾，以致於不得不繼續貸款以維生計，惡性循環下農民遂成為

〔註153〕蔡秋桐：〈四兩仔土〉，原載《台灣新文學》第1卷第8號（1936年9月19
　　　日），引文見張恆豪主編：《台灣作家全集·短篇小說卷·日據時代·楊雲萍、
　　　張我軍、蔡秋桐合集》，頁271。
〔註154〕同註153，頁270。
〔註155〕同註153。
〔註156〕蔡秋桐：〈四兩仔土〉，引文見張恆豪主編：《台灣作家全集·短篇小說卷·日
　　　據時代·楊雲萍、張我軍、蔡秋桐合集》，頁269。

矢內原忠雄所謂「信貸的奴隸」，而曾兼任製糖會社原料委員的蔡秋桐，即清
楚洞悉這一複雜的結構性問題，但是小說語言卻揚棄直陳批判的方式，而採
取戲謔滑稽的語氣──「所以土哥喜插甘蔗，不但土哥，人人都是喜歡插的」，
卻同樣達成了反映日據時期，破敗的台灣農村社會裡，底層貧窮農民的悲哀
和無奈。

　　喪失土地正義的日據下台灣農村，農民遭剝奪得也只剩下四體勞動力，
爲了生存只好走入農場，成爲製糖會社的雇傭工，在日本殖民糖業政策下的
角色，台灣蔗農僅是蔗糖原料的生產工具而已，這也肇使蔗農走入悲慘的境
地。

　　進入會社農場工作，除了如同牛馬一般的勞苦外，女性傭工還不時受到
農場監督的調戲和騷擾，如前文已討論過的楊守愚〈誰害了她〉與〈鴛鴦〉；
而農場監督對於稍具姿色的女工，動輒以提高工資作爲誘惑的手段，在小說
作品中似乎是常見的故事情節，進而也有女工或因現實所迫而獻身的情形，
就如郭水潭在〈某個男人的手記〉中的記述：

> 在農場作工的女工中，有人暗中把貞操賣給領班，那是每天下班時，
> 領班交給女工的傳票被揭穿的，所以領高額工錢的女工，必定會給
> 別的女工講閒話。〔註157〕

　　淳樸的台灣農村社會當中，竟存在如是道德脫序的現象，亦見日據下殖
民體制對傳統社會觀念的擠壓以致變形。而如是既曖昧也令人鼻酸的情節，
到了蔡秋桐手裡，有更爲露骨的描述，雖大肆鋪陳但是語詞卻顯得輕鬆詼
諧：

> 農場是野合之鄉，是監督和女工的歡樂場。容貌好點，工資自然能
> 夠多點。他們的野合之巧妙，使尋常人所想像不到。「阿笑！你可拿
> 這張片單去陳棍崙腳交給秉狗仔樣（先生）。」這就是計啦！秉狗仔
> 好空（有福）了。陳棍崙腳的蔗畑就成了他們的愛之巢了。──蔗
> 葉掃來做眠床，蔗草牽來做房門──有時我爲你作媒，有時你爲我
> 作媒，愛這個就這個。如此滿足他的歡慾，工課也可以寬點，又是
> 工貲（工資）有加分。……〔註158〕

---

〔註157〕郭水潭：〈某個男人的手記〉，原載《大阪每日新聞》（1935 年 6 月），引文見
　　　　鍾肇政、葉石濤主編：《光復前台灣文學全集 6・送報伕》，頁 119。
〔註158〕蔡秋桐：〈四兩仔土〉，引文見張恆豪主編：《台灣作家全集・短篇小說卷・日
　　　　據時代・楊雲萍、張我軍、蔡秋桐合集》，頁 268。

這也當是作者長期身在於其中的近身觀察，並導出土哥至會社農場工作，無論其如何努力，工資尚不及女工的荒謬情節。小說〈四兩仔土〉故事的高潮，應是圍繞在「補助金」發放的情事一節，土哥生活窮苦，惶惶終日，過年前竟能得到村中募集的貧戶同情救濟金，以資過年，自是大喜過望；然而大費周章自官廳領了救濟金二圓五角，過年籌辦年節應景卻只敢花用五角錢，因為過完年後不久，即是繳納租稅的期限，剩下二圓被他綁在腳巾裡，待解縛繳納給庄吏時，土哥也戲謔了一番：「這兩張恁（你們）的，再還恁」〔註159〕，小說對如此荒謬的「救濟」情事加以嘲諷的生花妙筆，實有其過人之處。正如葉石濤對蔡秋桐其人與作品的推崇：

> 在日據時代的土地和農民為主題的眾多小說中，以嘲弄、諷刺的筆
> 觸，最透徹地把土地和農民的關係闡釋得最清楚的莫過於終生居住
> 在農村，直接間接地與農民為伍，熟悉他們困境的作家蔡秋桐了。
> 〔註160〕

蔡秋桐雖然並未參與1930年代鄉土文學論爭與台灣話文運動，但卻是具體實踐台灣話文寫作的作家之一；文字優於同時期作家的表現，是其運用台灣話文形式的文字編排，不僅止於呈現在小說人物對話的部分，在敘述文字部分也可見其細膩用心，這與蔡秋桐本人具備一定程度的漢文素養有直接關係〔註161〕，始能充分運用漢字來表現台灣話，也讓台灣話文的漢字運用嘗試，朝向一個可行的方向。下表整理蔡秋桐代表性小說作品裡非對話部分的台灣話文，舉其大要，見其妥適的運用方式：

| 小說作品 | 台　灣　話　文　運　用　例　舉 |
| --- | --- |
| 〈保正伯〉 | 交陪（往來）、坐落去（坐下去）、無法度（沒辦法）、三步做二步行（三步併兩步）、帶（罹患）三四年了 |
| 〈放屎百姓〉 | 會翻悔的（後悔）、愈做愈細（小） |
| 〈奪錦標〉 | 整理好勢（妥當）、一封批囊（信封）、嘉哉（幸好） |
| 〈新興的悲哀〉 | 那搖那讀（指一面揮扇一面讀報）、也著（也得）、吻吻地（眯眯地）笑、出世遇著呆光景（不景氣）、攏總（全部） |

〔註159〕同註158，頁276。
〔註160〕葉石濤：〈文學來自土地〉，收入葉石濤：《台灣文學的困境》，頁9。
〔註161〕蔡秋桐曾入私塾接受漢文教育，後入公學校學會日文，畢業後即擔任保正，
　　　　曾加入「褒忠吟社」，光復後參加「元長詩學研究社」。參閱黃武忠：〈北港地
　　　　帶的代表人物——蔡秋桐〉，收入張恆豪主編：《台灣作家全集‧短篇小說卷‧
　　　　日據時代‧楊雲萍、張我軍、蔡秋桐合集》頁277。

| 〈興兒〉 | 卜煙（抽煙）、後生（兒子）、順續（順利）、乾官（公公）、乾家（婆婆）、斟酌（留神）、面桶水（洗臉水）、灶腳（廚房）、笑咳咳（笑瞇瞇）、越角（轉角） |
|---|---|
| 〈理想鄉〉 | 天未光（天未亮）、準做（就算是）、厝頂（屋頂）、所致（以致）、無算無論（不計較）、晚頓（晚餐） |
| 〈媒婆〉 | 嘴咳咳（微笑貌）、尾椎（臀部）、頭毛（頭髮）、尚夠細漢（還太小）、佳哉（幸好）、目尾（眼角）、好額（富裕） |
| 〈王爺豬〉 | 目睭（眼睛）、清氣相（乾淨）、咳歸（氣喘） |
| 〈四兩仔土〉 | 土哥那（一邊）攏（往上提）著褲、散凶（貧窮）、寄附（捐獻）、散赤（貧窮）、不著時（時機不對）、吞不得下去（嚥不下去）、返來去（回家）、煮熟（煮好飯）、伸的（剩下的） |

　　蔡秋桐的台灣話文運用方式並非典範，尚存在有討論的空間，例如表示晚餐的「晚頓」，似應以「暗頓」較為合適，然而按使用比例而言，已經是台灣話文運動影響下，比較趨近理想化的努力了。況且，蔡秋桐的運用，在字詞的選用上也未能統一，如「吻吻地笑」與「咳咳笑」及「嘴咳咳」三者之間就有差異，甚至在同一篇小說裡，同一個語詞卻出現不同的寫法，如〈四兩仔土〉裡同表貧窮的「散凶／散赤」，〈奪錦標〉裡先稱信封為「批囊」，但後文又出現「信封」，凡此種種，同時也顯示台灣話文運動在 1930 年代並未達成具體共識的明顯特徵之一。

　　若不以雅俗定見或「翻譯模式」的角度加以評論，則蔡秋桐的台灣話文形式，透過選用適切漢字貼近表現台灣話的日常口語，書寫模式其實明顯具有超越同時期作家的水準，李敏忠認為其文字表達形式，「不僅有其在地性格，更具有啟蒙的意識型態」：

> 蔡秋桐將台語融入小說敘事之中的現象，不僅是其現代小說的特色；放大來看，台語也成為吾人在討論所謂「白話文」時無法繞開要件之一。因為三〇年代台灣現代小說所使用的白話文體，無可避免地是混雜了「台灣話文（台語）、日文、中國話文等詞彙、語法，而使所謂的「白話文」有了在地性格。〔註162〕

　　顯見蔡秋桐頗能掌握在地語言使用的實況，呈現多元混雜的語言特色，文字的書寫也把握了溝通共鳴的訴求原則。然而，隨著 1937 年殖民政府廢止報刊漢文欄，台灣文壇進入皇民化運動文學奉公的階段，蔡秋桐也一如眾多

---

〔註162〕李敏忠：〈混雜、嘲諷的文體風格與啟蒙意識形態——論蔡秋桐的現代小說特色〉，《台灣文學研究學報》第 10 期（2010 年 4 月），頁 281。

以漢文寫作的作家一樣，在戰爭期間轉趨沈潛不再產出作品，但觀其 1936 年的創作，實已進入顛峰狀態，卻頹然失卻發表園地而封筆許久，殊屬可惜。

## 三、日文作家的階級書寫——楊逵、呂赫若、翁鬧等

　　1930 年代隨著日文教育的影響與赴日留學生語文能力的養成，以日文為創作媒介的小說作品亦漸次出現於報刊雜誌，藝術手法亦見圓熟，在躋身台灣新文學文壇之餘，進而也在日本文學界獲得肯定，不乏獲獎紀錄。以日文書寫，藉由殖民統治者的語言，進而在台灣主體意識的傳遞上，取得話語權利，實有其難為之處，然而日據下農民小說的發展，也因為語言多樣性的風貌，更反映了台灣這塊土地歷經了殖民歷史經驗的現實。

　　隨著現代化的進程對農村所造成的衝擊，蔡秋桐〈奪錦標〉與〈理想鄉〉中農村現代化建設的誤謬主題，在楊逵手中也以反諷的篇名〈模範村〉作表達，內容同樣呈現與傳統農村生活乖離的現象，充斥令人訝異的突兀。村民在協同建設「模範村」的美麗口號下，環境的整理已到了不合理的程度，因應上級長官將前來巡行視察，嚴明的號令確實要求村民們做到：

> 路傍和庭院的草得一根根拔掉，甚至連房屋附近的鳳梨、香蕉，
> 也都因為有礙觀瞻而被砍掉。鄉下人用來做燃料的甘蔗葉子和稻
> 草，也得重新疊整齊，農具以及零碎的傢具，全不許放在院子裡。
> 一切要收到人家看不見的地方。沒有辦法的，只好收到房子裡去
> 了。〔註 163〕

　　致使許多農家原本即狹窄的屋舍裡，「甚至睡覺的地方以及吃飯的地方也被這些雜亂的東西佔據了。只好坐在糞桶上吃飯，睡在犁耙下面的也不乏其人」〔註 164〕，堆存的稻草和甘蔗葉也充塞在屋舍裡，夜半床底草堆裡還能鑽出蛇來，讓農民因為驚嚇過度而喪命；依存土地而生的農民，原本天寬地闊知足常樂的生命態度，竟因殖民現代化而必須局限於一如雜物間的屋舍內；而且，家家戶戶美化房舍環境的各種工料費用，無端衍生的的金錢負擔，甚至於逼得貧農走向絕境，農村景觀的現代化工程，縱然真能金玉其外，也恰如〈送報伕〉中所言：「那兒表面上雖然美麗肥滿，但只要插進一針，就會看

〔註163〕楊逵著、蕭荻譯：〈模範村〉，原題〈田園小景〉，載於《台灣新文學》第 1
　　　　卷第 5 期（1936 年 6 月），後半部被查禁。引文見張恆豪主編：《台灣作家全
　　　　集‧短篇小說卷‧日據時代‧楊逵集》，頁 286。
〔註164〕同註 163，頁 287。

見惡臭逼人的血膿底迸出。」

隨著 1930 年代台灣殖民政策的工業化轉向，以及機械文明的進步，汽車等新式運輸工具也漸漸在農村裡大行其道，並深入農田之間，「模範村」裡就修建有縱貫南北的公路系統，成為地方官員的重要績效指標，但想當然爾在欠缺工程養護單位的鄉間裡，道路維護整建的工作，就落在了農民的肩上，楊逵也以反諷的語意指出箇中的曲折關連：

> 這些道路是現代文明給予鄉村的恩惠，也成本村的一種值得向外界
> 誇耀的榮譽，如果大雨或洪水把道路沖壞時，祇要公家一個命令，
> 村裡的「保甲民」馬上就可以召集三百多村民，很快把它修理得平
> 坦如初。這是駐在本村的警察的功勞，所以栗本巡查高昇了。〔註165〕

意指農民必須有應召動員修填公路的心理準備，隨時都要暫停手中的工作，「不違農時，穀不可勝食也」，雖古有明訓，但殖民者無視耽誤農民耕種的時節導致民生凋敝的現實問題，卻汲汲營營於追求現代進步的假象，並從中牟取一己之私利，於是，乞食伯家中待翻土的田地，就因為奉公修築公路，以致耽誤了插秧的時間。小說故事一開場，即刻畫了乞食伯的兒子添進為趕取進度，不畏烈日曝曬勤苦耕地的景狀，與其背後的因由：

> 正因為前兩天，他們奉令放下剛剛開犁的水田，把自己的活計擱下，
> 去替公家修築公路，以致於把工作耽誤了。……否則就要趕不及插
> 秧的時間了。〔註166〕

現代化的表象下，卻著實填塞著台灣農民在種族位階上受到的殖民歧視，與工具化的客體對待。除了農村荒謬現代化建設的諷刺主題外，〈模範村〉故事也包含另外兩個軸線發展，情節並相互揉雜牽動，其一是封建地主與佃農之間的糾葛，其二便是新興知識分子對殖民體制的挑戰與無產階級的關懷。

首先，乞食伯一家所耕作的田地，是佃租自地方土財主——阮固，為日據下唯利是圖封建地主的典型，並與殖民體制勾結對佃農層層剝削，使得「佃租年年在漲，捐派雜稅多如牛毛」，以致於乞食伯最終不得不打消蓋新房的念

---

〔註165〕楊逵著、蕭荻譯：〈模範村〉，原題〈田園小景〉，載於《台灣新文學》第 1
　　　　卷第 5 期（1936 年 6 月），後半部被查禁。引文見張恆豪主編：《台灣作家全
　　　　集‧短篇小說卷‧日據時代‧楊逵集》，頁 237。
〔註166〕楊逵著、蕭荻譯：〈模範村〉，引文見張恆豪主編：《台灣作家全集‧短篇小說
　　　　卷‧日據時代‧楊逵集》，頁 238。

頭，退而求其次，只剩「不能添福壽，但求保平安」的卑微想望。然而製糖
會社慣以較高佃租由地主階級手中奪取佃農耕地的事例，楊逵亦將之納入情
節編排裡：

> 農人們種了甘蔗，糖業公司要七除八扣，用低價收買，農人們自
> 然是不甘心的，就想盡辦法來避免種蔗。所以糖業公司便要結交
> 地主，共同來壓迫農民。至於地主，自然是站在糖業公司一邊較
> 有利。〔註167〕

阮固的惡行，除了貪圖製糖會社更高的佃租外，還經常收回已經由佃農
墾熟的荒地，轉租予製糖會社，小說中失去耕地的憨金福即訴說得涕淚泣血：
「老子開墾那塊地，父子兩代費了多少功夫，下了多少本錢！家裡的東西全
賣光不說，還要天天到鎮上去挑大糞，載垃圾來作肥料，好不容易把這塊滿
是石頭的荒地弄成了熟田」〔註168〕，至此佃農「但求保平安」也顯然已成奢
望。相較於蔡秋桐戲謔反諷的筆法，楊逵則顯然是更為直接地寫實批判，力
道十足，並且清楚指出殖民體制掩護下的資本主義與封建土地制度所形成的
共犯結構，迫使台灣無產農民斷送謀生的途徑與選擇權利，而這本即與楊逵
身為無產階級論者，並親身參與台灣農民組合以及積極從事農民運動，有直
接的關係，更是其意識型態的具體實踐；如是階級抗爭意識，便化為小說中
的知識青年──阮新民，對傾斜失衡的農村社會實況表達心中憤慨。〔註169〕

阮新民即為地主阮固之子，留學東京並接觸進步思想的經歷，人物角色
顯然有楊逵自況的意味，回鄉後目睹父親的作為，遂埋下衝突因子，阮固對
兒子的言行也難以接受──「在東京沾染了危險思想，聽說他一回來，就到
處煽動農民」、「說我千方百計剝削農民。說我把田地收回來租給糖業公司是
魔鬼一樣毒辣的手段」〔註170〕，父子關係終至決裂，阮新民遠走他鄉矢志為

---

〔註167〕楊逵著、蕭荻譯：〈模範村〉，引文見張恆豪主編：《台灣作家全集‧短篇小說
卷‧日據時代‧楊逵集》，頁257。

〔註168〕同註167，頁256。

〔註169〕黃惠禎指出，楊逵有不斷修改自己作品的習慣，〈模範村〉裡藉由阮新民之口
說出日本侵略中國以及出現青年們研讀「三民主義」、「中國革命史」的情節
等，都是後來中文版所增加的，使〈模範村〉從「日文原稿中的階級意識，
轉換為具有高度的民族意識」，參見黃惠禎：《楊逵及其作品研究》，（台北：
麥田，1994年），頁138～140。

〔註170〕楊逵著、蕭荻譯：〈模範村〉，引文見張恆豪主編：《台灣作家全集‧短篇小說
卷‧日據時代‧楊逵集》，頁264。

台灣人的處境奮鬥，藉由留下的書籍教化農村年輕的一代，以期能達到智識的提升並傳輸抵抗的意識，寄望能以群眾的力量，去改變台灣人身陷異族殖民與經濟剝削的多重階級壓迫，這活脫是楊逵自身戮力以赴的寫照。正如葉石濤在〈楊逵先生與我〉一文中的懷想，認為日據下像楊逵這樣的作家所創作的文學，都是「參與的文學」，因為：

> 這是現實社會情況所決定的道路，沒有一個人擺脫得了。所以日據
> 時代的作家大多擁有社會運動家的一面；因為只要是知識分子，他
> 的使命就在於洞悉民眾痛苦，替他們發言，爭取福利。不過楊逵的
> 一生，社會運動家的層面特別顯著，他的文學也就是來自他改革社
> 會的熱烈意願。〔註171〕

同樣的熱烈意願在〈送報伕〉中更是表露無遺，雖然堪稱楊逵代表作的〈送報伕〉應係為工人小說，是無產階級勞動者奮鬥的遭遇與心路歷程，但主角楊君之所以成為勞工階級，乃是因為製糖會社資本家仰仗殖民者的強悍收奪作為，導致父親身亡並失去世代傳承的耕地，只好遠赴日本謀求生路。

農民耕地遭剝奪的過程，在小說故事裡藉由楊君的回憶娓娓道來，述說資本家設定美麗而冠冕堂皇的理由，「為了這個村子底利益，本公司現在決定了在這個村子北方一帶開設農場」，未來村民均將蒙受其利，榮景可期：

> 公司這次的計畫，徹頭徹尾是為了本村的利益。對於公司底計畫，
> 我們要誠懇地感謝才是道理！想一想看！現在你們把土地賣給公
> 司……而且賣得到高的價錢，於是公司在這村子裡建設模範的農
> 場。這樣，村子就一天一天地發展下去。公司選了這個村子，我們
> 應該當作光榮的事情……〔註172〕

在光榮願景未必可期之前，就如同〈四兩仔土〉裡逼迫農民就範的模式——「承諾者使之回家，不承諾者關到承諾，不使他回去。」而這裡更施以嚴刑毒打，楊君父親遂因此重病而一命嗚呼，村裡的農民，無緣享有「模範農場」的利益，只能成為農場低賤的勞工，資本主義與誤謬的殖民現代化聯手瓦解了傳統農村社會生活模式：

---

〔註171〕葉石濤：〈楊逵先生與我〉，收入葉石濤：《文學回憶錄》（台北：遠景，1983
　　　　年4月），頁53。
〔註172〕楊逵著、胡風譯：〈送報伕〉，引文見張恆豪主編：《台灣作家全集・短篇小說
　　　　卷・日據時代・楊逵集》，頁37。

失去了耕田，每月三五天到製糖公司農場去賣力，一天做十二個鐘
頭，頂多不過得到四十錢，大家都非靠賣田的錢過活不可。錢完了
的時候，和村子裡的當局者們所說的「村子底發展」相反，現在成
了「村子的離散」了。

　　日據下的農民被迫離開耕地而成為勞工，掙扎以求生的農民小說題材，
一再為小說家所取用，〈一桿「稱仔」〉裡的秦得參、〈誰害了他〉裡阿妍的父
親、〈他是流淚了〉裡的阿狗、〈四兩仔土〉裡的的土哥等盡皆如是，直到〈送
報伕〉裡的楊君，亦復如此，題材幾近類型化的趨向；然而，相對而言，日
據下農民小說類型化的題材，卻不見喜樂秧歌處處飄聞的農家樂活景狀，所
以，這或許也正是日據下農民苦難的通相，亦見寫實主義的反映訴求。陳芳
明即以批判性的話語，指陳面對殖民體制與誤謬現代化的雙重侵襲，農民小
說家自是無法迴避：

他們見證到，資本主義不斷擴張到農村，它以著現代化改造的的假
面，掩護日本資本家對農民的無情掠奪。現代化並未改善台灣農民
的生活，反而逼使他們瀕臨死亡的邊緣。〔註173〕

　　盧卡奇認為塑造社會關係網絡下具體而又真實的典型人物，乃是源於作
者對「人物的典型特點的深邃理解」，並深切體認及「個人與社會環境之間的
關係」，然後透過寫實主義手法的表現，即是反映社會真實的創作模式，重點
在於能夠把握人與社會實踐的意義。文學創作若是與現實社會脫節，是空洞
的，缺乏生命力的，甚至喪失了人存在的價值，並據此加以評斷：

這與其說是文學才能的正與負的問題，毋寧是一個傾向與原則的問
題。所創造的人物的豐富與深湛，有賴於對整個社會過程有豐富而
深湛的概念。在實際生活中，人並不是孤立的存在而是社會的存在。
〔註174〕

　　盧卡奇認為這無關乎文學才情的高低，而在於態度問題，這是寫實主義
的創作取向，或可援以觀察楊逵作品與眾多小說創作中的深邃內涵，以及日
據下農民小說發展的一貫精神。

　　當楊君在日本成為送報伕以後，見識到派報所老闆壓榨勞工的惡劣行徑
後，才發現農工階層受到不平等的對待與壓榨，是資本主義蔓延所形成的普

〔註173〕陳芳明：《台灣新文學史》，頁 130。
〔註174〕盧卡奇著，陳文昌譯：《現實主義論》，頁 99。

遍社會問題，並且是造成階級矛盾的禍首：

> 同時，我好像第一次發現了故鄉也沒有什麼不同，顫抖了。那同樣
> 是和派報所老闆似地逼到面前，吸我們的血、剮我們底肉，想擠乾
> 我們底骨髓，把我們打進這樣的地獄裡面。〔註175〕

小說語言充分展顯了無產階級意識，並且在藉由故事中楊君形成爲農工階層努力奮鬥的期許精神，寄寓了翻轉現況其實事在人爲的樂觀心態，創作意識導向未來的光明面。張桂華如是總結楊逵的創作內涵與作品風貌，論述頗爲完整：

> 以農民的困苦生活爲景，襯托出殖民統治者的壓迫與剝削；指出帝
> 國主義中的本質，及其不可行性；反對資本主義所造成的對自然的
> 破壞，對環境的污染，譴責在亂世中奪利的商人；指出台灣人的無
> 知，呼籲台灣人民不要迷失在日本所謂「共存共榮」的美麗謊言中；
> 譴責那些鷹犬的欺壓自己同胞。此外，我們可以看到他作品中一貫
> 地爲讀者指出一條光明之路。〔註176〕

而綜觀楊逵的文學創作精神，正一如他奮鬥但坎坷的人生，雖然屯邅困躓，但是卻屢仆屢起，始終抱持堅定的立場，替弱勢農工發聲，匯聚不平之鳴與抗爭意識，試圖破除階級壓迫，飽滿寫實主義的反映與批判精神，這或許即是楊逵其人與作品持續受到矚目的眞正因素。

相對於楊逵在作品裡指出的光明希望，呂赫若的小說則顯得陰鬱，誠如葉石濤的形容，予人「冷酷而乾枯」〔註177〕的質感，來呈現鮮明取材農村社會題材的農民小說。在戰爭時期之前，1935年呂赫若發表了〈牛車〉與〈暴風雨的故事〉，細述現代文明對傳統農村生活運作的衝擊，以及地主與佃農之間階級矛盾的複雜糾葛。

〈牛車〉裡隨著現代化文明漸漸侵蝕農村，以牛車運送貨物的楊添丁，無法意識到時代巨輪轉動碾壓的危機，卻固守著一成不變的傳統營生方式，終究被汽車的快速與便利特性所取代，讓自己與家庭經濟均陷入難以扭轉的

---

〔註175〕楊逵著、胡風譯：〈送報伕〉，原載於東京《文學評論》（1934年10月），引文見張恆豪主編：《台灣作家全集・短篇小説卷・日據時代・楊逵集》，頁35。

〔註176〕張桂華：〈試探文學俠士楊逵日據時期的理念〉，《台灣新文學》創刊號（1995年4月），頁30。

〔註177〕葉石濤：〈從「送報伕」、「牛車」到「植有木瓜樹的小鎮」〉，收入葉石濤：《作家的條件》（台北：遠景，1981年6月），頁66。

困境。雙親遺留下的謀生工具，在過往的美好歲月裡，「口袋裡隨時都有錢，即使在家中發呆，從四、五天前，就有人爭著拜託請他運米、運甘蔗」，日子一如坐著牛車漫步在鄉間道路上，緩慢而悠閒。然而好景不長，農村現代化的轉變卻使楊添丁措手不及，遍尋不著載運貨物的門路：

> 等到保甲道變成六個榻榻米寬的道路，交通便利時，即使親自登門
> 拜訪，也無功而返。結果，連老婆都得把小孩放在家裡，不是去甘
> 蔗園，就是去鳳梨工廠，否則明天的飯就無著落。是認為自己不夠
> 認真嗎？楊添丁自問自答。不！自己還比以前更認真，一天也不曾
> 懈怠。〔註178〕

身無長技又無資金，保正地主也斷然拒絕其佃租農地的請求，只能緊守牛車載貨一途，但認真奔波卻毫無著落，這接二連三的效應，無非是要凸顯現代文明強加在傳統農村社會所造成的無所適從；呂赫若更藉由因家計問題所引爆夫妻之間不間斷的衝突爭吵，以及兩個鎮日嗷嗷待哺，孤單且形同棄置於家中的幼子，讓故事情節步步導向悲劇，烘托出日本殖民統治者對台灣人疾苦的視若無睹，並從而凸顯台灣農民憎惡殖民體制所挾帶而來的現代文明：

> 不只是牛車。從清朝時代就有的東西，在這種日本天年，一切都是
> 無用的。原本我家的稻穀，就是委託那個放尿溪的水車。可是，當
> 這種碾米機出來後，那個慢到無話可說。反正都要付出相同的工資，
> 那就決定靠這個囉。不只是我，大家都這麼認為。如今，那個水車
> 已經不見踪影了吧？總之，日本東西很可怕。〔註179〕

恐懼於代表現代文明的機械與車輛，並將之等同於統治者的日本一樣看待，惶恐於其造成失業貧困的強大力量，卻又束手無策，累積壓抑的怨懟與憤恨，便只有以撞倒「道路中央不准牛車通過」的警語石碑作為宣洩方式，伴以情緒性的咆哮：

> 他們再怎麼，近年來越發被推進了不景氣底深坑，那是因為被混蛋

---

〔註178〕 呂赫若著、胡風譯：〈牛車〉，原載《文學評論》第2卷第1號（1935年1月），
引文見張恆豪主編：《台灣作家全集・短篇小說卷・日據時代・呂赫若集》，
頁17～18。
〔註179〕 呂赫若著、胡風譯：〈牛車〉，原載《文學評論》第2卷第1號（1935年1月），
引文見張恆豪主編：《台灣作家全集・短篇小說卷・日據時代・呂赫若集》，
頁21～22。

汽車所壓迫。無論是怎樣沒有知識的他們也是知道的。他媽的，混
蛋機器，是我們的強敵。──敵意由心裡湧了上來。〔註180〕

　　敵意源於雖是代表現代文明的機器，卻未能改善自身的生活條件，相對
於進步的氣息，農村社會底層的台灣人民卻必須淪為赤貧的階級，呂赫若質
疑與批判的意味在娓娓道來的故事敘述中，至為清晰。而最終的結局是，楊
添丁的妻子被迫賣淫維持家計，忍受村人的訕笑，而自己也淪落到因偷竊而
被捕，難逃淒涼悲愴的下場，如同小說中形容的小石頭，在道路上被車輪碾
壓，「發出了悲鳴，在黑暗裡那響得更大更悲哀」〔註181〕；小說呈現了日據下
傳統農業經濟運作模式在過渡到工商經濟所面對的困境，一如施淑女的評析：

　　一方面它反映了三〇年代日本殖民統治者繼糖業保護政策，米穀管
　　理法案等措施後，進一步與大財團勾結，打擊農村經濟，對農民生
　　活造成的威脅和夢魘。另一方面，它反映了在農村經濟瓦解過程中，
　　破產的農人以他們那連同物質生活一道破產了的心理，憎恨新財富
　　的擁有者，從而敵對那創造新財富的機器文明。〔註182〕

　　而同一年發表的〈暴風雨的故事〉，則專注於地主對於佃農的階級壓迫的
主題，看到農民依存土地「有土此有財」的根深蒂固觀念，在日據下卻出現
無奈的翻轉，過往素樸的農民相信只要依照節氣努力種作，天道酬勤，必將
有所回報，然而除了封建地主的壓榨手段外，殖民體制下的苛捐雜稅，使得
生活的壓力讓佃農幾乎無法承擔：

　　其實，靠著租耕二甲不到的田要養活一家七口人，哪還有可能奢談
　　儲蓄呢？有時趁著農閒的時候去做個工，或讓女兒到甘蔗田去幫
　　忙，一天賺人家二、三十塊錢，繳了這個稅、那個稅，往往還入不
　　敷出。這樣年年寅吃卯糧，窮得真正到家徒四壁的地步……〔註183〕

〔註180〕呂赫若著、胡風譯：〈牛車〉，原載《文學評論》第 2 卷第 1 號（1935 年 1 月），
　　　　引文見張恆豪主編：《台灣作家全集・短篇小說卷・日據時代・呂赫若集》，
　　　　頁 30。
〔註181〕同註 180，頁 25。
〔註182〕施淑（施淑女）：〈最後的牛車──論呂赫若的小說〉，原載於《台灣文藝》第
　　　　85 期，（1983 年 11 月 15 日），引文見張恆豪主編：《台灣作家全集・短篇小
　　　　說卷・日據時代・呂赫若集》，頁 305。。
〔註183〕呂赫若著、李鴛英譯：〈暴風雨的故事〉，原載《台灣文藝》2 卷 5 號（1935
　　　　年 5 月 5 日），引文見張恆豪主編：《台灣作家全集・短篇小說卷・日據時代・
　　　　呂赫若集》，頁 53。

日據下的台灣農村裡最底層掙扎求生的佃農，普遍活在瀕臨飢餓的貧窮線上，風調雨順的年歲裡，尚且不得溫飽，若是加上天災以致作物受損，面對地主的催逼，常致鬻子賣女家人離散的慘境。但是縱然地主窮凶惡極，失去耕地卻仍是佃農最為恐懼的夢魘，〈暴風雨的故事〉中描寫了暴風雨導致農作物損失慘重，地主寶財卻拒絕寬限佃租，年輕的佃農憤恨咒罵，反遭老佃農制止道：「小夥子別亂說話，我們走吧。要是真的田被收回去了，明天看你喝西北風去！怪只怪我們運氣不好。」〔註184〕故事主角老松同樣也抱持如是的思考理路，對於妻子罔市抱怨地主的態度頗不以為然：

> 頭家並不像你說的那般窮凶惡極吧？對頭家還是敬重些的好！……
> 頭家給我們田耕也是一項恩德，我們全家的生計還得靠他照顧呢！

〔註185〕

許多佃租的耕地是世代傳承的，佃農的階級身分亦如是，離開耕地便手足無措的佃農，對掌握生計命脈的地主，與其說是敬重，毋寧說是畏懼，一如前文所討論的諸多作品；但老松被蒙在鼓裡的卻是，施予「恩德」的地主寶財，竟以收回耕地作要脅，逼迫老松的妻子罔市就範以逞其獸慾，直至罔市醒悟到委屈仍無以求全後懸樑自盡，老松始能看清地主的醜惡。封建地主藉由權勢的階級壓迫行徑，透過小說作品的描寫，反映了日據下農村經濟與道德一起破敗的景況。

至於代表殖民者的警察角色，呂赫若亦在故事裡編排了其執行殖民政策之餘，進而掩護地主，對於廣大佃農階層，予以欺壓的形象與情節；在老松因妻子長期遭地主玷污而悲憤輕生後，產生伺機欲殺地主洩恨的反應，警察卻語帶威脅並飽含階級歧視地訓斥道：

> 還是你真的想關鐵窗，吃牢飯？殺人要償命你不會不知道吧？身為
> 佃農就該本本份份耕作才能博得頭家疼，你的頭家是個老好人哩。
> 你別不識相，再那一副愛理不理的樣子我可不饒你。〔註186〕

赤貧的無產階級佃農，慘遭封建土地制度與殖民體制的雙重壓迫，於此

---

〔註184〕呂赫若著、李鴛英譯：〈暴風雨的故事〉，原載《台灣文藝》2 卷 5 號（1935 年 5 月 5 日），引文見張恆豪主編：《台灣作家全集・短篇小說卷・日據時代・呂赫若集》，頁 56。

〔註185〕同註 184，頁 67。

〔註186〕呂赫若著、李鴛英譯：〈暴風雨的故事〉，引文見張恆豪主編：《台灣作家全集・短篇小說卷・日據時代・呂赫若集》，頁 79。

又呈現一個鮮明的典型形象，葉石濤認爲其「明白地指出帝國主義與封建主義猶如雙翼的大鵬覆蓋在台灣土地上的事實」〔註187〕，而透過呂赫若冷峻卻細膩的文筆，烘托出加諸在台灣農民身上的凌辱，顯得更爲無情，益發突出了日據下台人身受壓抑與宰制的悲涼。故事最終老松視死如歸狙殺地主的反撲，令人不禁聯想及作者呂赫若在戰後親身參與的反對運動，是否一如張恆豪的推論，「以『行動』來應證他的『理念』，用『槍桿』來代替『筆桿』」〔註188〕，則有待新資料出土方足以說明，但是其所具有的反抗批判意識，在上述兩篇小說中，已經表露無遺。

在鄉土文學論戰產生影響之後，以日文書寫的農民小說作品，雖以殖民者的語言，但同樣表達對鄉土的觀照檢視，呂赫若作品如是，翁鬧的作品亦如是，在翁鬧的〈戇伯仔〉與〈羅漢腳〉這兩篇小說中，卻幾乎看不到代表殖民者的身影，或是殖民體制壓迫欺凌的故事情節，而是以無產階級貧農的視角，對自身處境與農村社會的實況做成描摹，小說敘述語言泛著破敗、貧窮、陰暗與腐朽，不須構設衝突情節，不須使用批判性文字，然而日據下台灣農村社會的慘況，卻清晰而令人不捨。

〈戇伯仔〉與〈羅漢腳〉皆以小說主人翁的主觀感受爲敘述本體，著重於心理層面的描寫，兩篇小說中的一老與一小，65 歲飽經滄桑的老農，但卻與只有 5 歲的稚齡孩童一樣，都對現實生活同樣莫名所以，兩者交互參看，或可更清晰翁鬧的創作意圖。

小說〈戇伯仔〉故事步調緩慢，幾無迭宕起伏，除了主角到市街魚乾店打工一折外，全係陰鬱冷清的農村生活與居家場景，甚至極其瑣碎；而隨著流光消逝竟也似乎未見物換星移，恰似與世隔絕，唯有相同的愁苦無憑，重複著日復一日的絕望消極，戇伯仔總是這麼覺得，「寂寞的早晨來了，卻從未有過教他歡欣鼓舞的事，黑漆漆的夜幕便又罩下來了。」生而爲底層階級農民的宿命，讓他只能有這樣的認知：

> 他也祇能認爲人是爲了做工才活著。因此，不管是高興的時候或者
> 悲哀的時候，他都不忘握起鋤頭柄。話雖這麼講，但也不是有多大
> 的園，只不過是一天到晚挖掘同樣的一塊狹窄的土地而已。有時換

---

〔註187〕葉石濤：〈清秋──偽裝的皇民化謳歌〉，收入葉石濤：《小說筆記》（台北：前衛，1983 年 9 月），頁 87。

〔註188〕張恆豪：〈冷酷又熾熱的慧眼──呂赫若集序〉，見張恆豪主編：《台灣作家全集‧短篇小說卷‧日據時代‧呂赫若集》，頁 11。

換苗，有時挖挖小溝，有時把泥塊敲碎，一天便過去了。夜便來了。
〔註189〕

　　同樣的日出而作日入而息，但無疑與傳統農家安詳的生活步調大異其趣，缺乏依存土地怎麼栽就怎麼收穫的良性循環，而是只能近乎百無聊賴的慣性勞動而已，但是生活卻依然無以爲繼，貧窮一如陰鬱始終籠罩在鄉里農民的臉龐，揮之不去：

　　　　村子裡，人人都牛馬般的幹著活。他們之中沒有一個人懶惰的，也
　　　　沒有一個人想著生活以外的事，或策劃著什麼陰謀。然而，那種晴
　　　　朗的笑卻從他們臉上消失了。〔註190〕

　　農民在日據下消極絕望地過活，即使是傳統風俗民情裡最具喜氣的過年時節，卻在翁鬧筆下泛著絲絲死亡的氣息，不具有任何特殊意義——「村子裡根本談不上什麼過年。村人們只是胡亂地加上了一歲又一歲，胡亂地死去」〔註191〕，如是萎靡也如同戇伯仔面對眼疾的心態，眾人皆謂若不趕緊醫治，恐將有失明之虞，但是戇伯仔卻只能持著「除了等待那一天以外，還能怎麼樣呢？」的態度，全然匱乏對於未來的期許，僅剩下能吃上一口飯得以存活的卑微想望，諷刺的是，即便僅是如此卻也仍顯得好高騖遠，因為「他們只吃米、蕃薯、蘿蔔乾，所以用度不多。然而，這麼一丁點的錢都沒有地方弄到」〔註192〕，戇伯仔卻是持續不輟的辛勤勞動，奈何整體客觀經濟環境的蕭條，農民已遭偏差殖民現代化進程所遺棄，於是形成這樣的局面：

　　　　在這小村裡，要找活兒幹有那麼容易嗎？沒法，戇伯仔只得去到野
　　　　地裡刈了草，扔進豬圈，或者砍倒得了萎縮病的香蕉，將它們連根
　　　　挖起來。這些活兒卻不能為他換來一分錢。〔註193〕

　　所以戇伯仔也不禁有感於自己就像蝸牛、鼻涕蟲這些劣等動物般「無法從陰暗濡濕的地方逃開」，恰如無從擺脫貧窮階級的宿命。在過完年後，故

〔註189〕翁鬧著、鍾肇政譯：〈戇伯仔〉，原載《台灣文藝》第2卷第7號（1935年7月），收入張恆豪主編：《台灣作家全集・短篇小說卷・日據時代・翁鬧、巫永福、王昶雄合集》，頁27。

〔註190〕同註189，頁45。

〔註191〕翁鬧著、鍾肇政譯：〈戇伯仔〉，原載《台灣文藝》第2卷第7號（1935年7月），收入張恆豪主編：《台灣作家全集・短篇小說卷・日據時代・翁鬧、巫永福、王昶雄合集》，頁46。

〔註192〕同註191，頁48。

〔註193〕同註191，頁34。

事裡光棍戀伯仔高齡 66 了，算命先生曾斷言戀伯仔倘若安度 65 歲，則將有機會活到可賀的長壽 100 歲，倘若真係神機妙算，卻反倒令戀伯仔黯然神傷——「光這麼想就叫人難受了」，這不是小說語言的諧謔，而是象徵猶如永無止境的淒苦。

〈羅漢腳〉裡透過 5 歲孩童稚齡的眼光觀看同樣局限一隅的台灣農村，卻見微知著地呈現日據下悲慘的世界，以稚嫩心靈的感知帶著零碎跳躍的記憶來呈現，讀來令人鼻酸。

翁鬧認為村子裡的人大都替孩子們取名粗俗，一如「羅漢腳」，乃是因為「並非他們的家長未受教育，而是他們對人世從未懷抱任何的希望，所以也不想替孩子取個堂堂皇皇的名字」〔註194〕，來凸顯對於人生無奈的態度，其實是悖離了傳統將孩子的喚名低賤化的原因，乃是在生養與醫療環境俱惡的時代，相傳有免於遭天忌而早夭的作用，但是翁鬧刻意如此編寫的悲觀意識，卻也是再明白不過的。

所以，故事雖然是透過孩童的感知，但「也依稀了解，母親所以終日不停地忙碌，容色黯淡，都是因為貧窮的緣故」，而家境貧窮的景況，也輕描淡寫地藉由近乎乞食模式取得他人掃墓祭拜後的「白粿」，甚至是年幼的弟弟被「賣到很遠的地方去了」來勾勒，沒有喟嘆與憤恨，但農家塊肉餘生的窘迫同樣一覽無遺，不幸仍舊接踵而至：

> 周遭的不幸，陸續映入羅漢腳的眼簾，他們彷彿是從遠方包圍侵近似的，最後終於降臨在他身上。〔註195〕

意外遭台車撞傷的羅漢腳，必須轉到市鎮大醫院醫治，顯見傷重，但小孩卻對於終究得到前往市鎮的機會而雀躍不已：「我也要到員林去了！」故事情節運用無知的興奮，掩蓋濃厚的悲淒，繼之而來赤貧農家將面臨龐大醫藥費與羅漢腳殘疾的可能性，翁鬧於小說末了雖收束不予著墨，但留給讀者的想像空間，卻自有閱讀情緒上侵蝕與蔓延的綿密力道。

小說〈羅漢腳〉裡附帶書寫了許多風俗習慣的素材，如傳統泛神論對奇石巨木的膜拜，以及祭祀的儀禮等，而其中收驚一段，雖未必完整，但卻是

---

〔註194〕翁鬧著、陳曉男譯：〈羅漢腳〉，原載《台灣新文學》第 1 卷第 1 期，（1935年 12 月 28 日），收入張恆豪主編：《台灣作家全集‧短篇小說卷‧日據時代‧翁鬧、巫永福、王昶雄合集》，頁 83。

〔註195〕翁鬧著、陳曉男譯：〈羅漢腳〉，收入張恆豪主編：《台灣作家全集‧短篇小說卷‧日據時代‧翁鬧、巫永福、王昶雄合集》，頁 88。

日據下少有對此類民俗療法的描繪：

> 他母親就從米缸掏出一碗米，用一條廚巾連碗帶米都包住，然後用
> 它在羅漢腳的頭部、腹部和身體各部按壓起來，嘴巴同時呢呢喃喃
> 地唸著……〔註 196〕

　　翁鬧於此創作的意圖，反映了當時農村社會中，依舊存有相當份量的傳統習俗與民間信仰，似乎也有抵拒殖民異民族文化入侵的堅持，同時也令小說作品流露鄉土懷舊的幽情，未因以殖民者的語言書寫，而喪失台灣本土意識的鋪陳，許俊雅對此有更深入的看法：

> 隨著時間的進展，作品之藝術日益成熟，三〇年代日文作品則較能
> 藉著習俗的自然呈現，烘托人物形象、性格或命運。傳統的風俗常
> 常是比正規的新教育有著更大的塑造台灣人性格的力量，可說民風
> 習俗雖然無一字一句的明文規定，但它卻由世代傳承中的仿效產生
> 了廣泛的法約力量，及教育功能。〔註 197〕

　　藉由文字的力量，傳遞出鄉土民俗的可貴之處，雖以日文書寫，但依然座落在以台灣鄉土為去向的清晰座標，去探討殖民體制下，台灣農村裡無產階級農民遭逢困厄卻無從擺脫的肇因，並且呈現壓迫下頹然蕭瑟而邊緣化的農村景觀。

　　農村本當是人世間最具活潑生機的居住場域，看萬物得時生生不息，春耕至秋收配合季節更迭的生活步調，更自有其天人相應的和諧內蘊，然而在接近日據末期時的台灣農村社會，在歷經 40 年的殖民統治與殖民現代化的建設後，作家筆下的農民，卻像身陷冤獄的囚徒一般，僅能於暗夜的角落裡飲泣悲鳴。

## 四、皇民化運動的抵拒掙扎——文學奉公的書寫困境

　　1930 年代進入戰爭時期（1937 年）前夕的農民小說，其時作品的訴求在對傳統落後愚昧的批判與改造，已經相對於 1920 年代的作品來得薄弱許多，或許也是源於殖民現代性的虛偽架構對台灣農村社會的戕害，已遭新興知識分子所洞悉，而從漢文作家蔡秋桐到以日文寫作的翁鬧，其實都已然刷新了

---

〔註 196〕同註 195，頁 84。
〔註 197〕許俊雅：〈文化傳統與歷史選擇——談日據時期台灣小說的文化內涵〉，文收
　　　　　許俊雅：《台灣文學論——從現代到當代》，頁 25～26。

新文學奠基時期同聲要求的改革進步意識，一致回頭檢視台灣農村社會的底蘊，次第呈現對台灣主體文化的關注，似乎也顯示作家們衍生出對於文化主體性喪失的憂懼，一如前文的討論。

中日戰爭爆發之後，為禁絕台人可能產生的民族意識並加強對殖民母國的認同，以配合戰爭動員的需要，於是積極地在殖民地社會推動「皇民化」政策，台籍作家終於失去使用漢文的自由。報刊漢文欄的廢止，殖民地進入厲行國語（日語）的戰爭時期以後，漢文作品無法出現之外，日文作品的創作同樣也嚴苛受限。日文書寫雖然成為文學創作唯一的出路，但是由於農民小說的題材，能輕易呈現殖民體制漠視土地正義，壓榨剝削的特質，值此強勢杜絕「非國民」言論的戰爭時期，是難以出現的。因此，漢文作品與 1930 年代中期後漸增的日文作品，盡皆趨於沈寂，農民小說的發展，甚至是整體台灣新文學的進程，至此乃遭遇頓挫。

配合軍國主義進入戰爭時期的皇民化運動，在「皇民鍊成」的口號下，對殖民地人民的思想與行為，建立了強制支配性的影響力，台灣文壇的生態也因此產生改變，台籍作家與在台日人的創作，此消彼長的趨勢相當明顯，文壇幾乎均由在台日人所主導。如是情形，直到 1940 年日本成立「大政翼贊會」之後，態勢方始有所轉變。

日本國內成立「大政翼贊會」，負責主導帝國轄下的殖民地極力推動各項戰時體制運動，其中的內容之一，即著眼於能廣納殖民地的人力資源為帝國所運用，並且傾向於修正過往對殖民地社會本體文化壓抑的策略，重新評估提倡地方文化的「政治效用」，雖不無籠絡之機巧用心，但卻給予沈寂已久的台籍作家以復甦的契機，李文卿即清楚分析了其中關鍵：

> 由於大政翼贊會文化部對於「地方文化」與「外地文化」的提倡，
> 間接使得殖民地的文化受到了重視，台灣作家受到「地方文化」影
> 響，得以重新在決戰期的台灣文壇上發聲，也因此與在台日人作家
> 有了抗衡的舞台。〔註198〕

這個舞台，指的便是 1941 年《台灣文學》的創刊出版，是以台籍作家為主的文學雜誌，張文環的〈論語與雞〉、〈夜猿〉與〈閹雞〉，以及呂赫若的〈財子壽〉、〈風水〉與〈合家平安〉等日文小說創作，均是藉由這份雜誌而得以

---

〔註198〕李文卿：〈八紘一宇到大東亞共榮圈──台灣決戰文學總動員〉，收入張錦忠、黃錦樹編：《重寫台灣文學史》（台北：麥田，2007 年 9 月），頁 249。

發表，並與西川滿主導的《文藝台灣》幾欲形成抗衡之勢，在戰爭時期，勉力維繫屬於殖民地台籍作家的文學創作園地。

　　戰爭時期緣於殖民政府對思想言論的加強箝制，批判性意識的小說創作無法出現，階級意識的書寫也難以借題發揮，因而在「地方文化」的呈現上，便多所著墨，也恰如其分地延續戰前作家們對台灣主體文化的關注態度。以1942年張文環的〈夜猿〉為例，小說故事裡就佈滿傳統風土民俗的情節，例如土地公的祭拜、過年應景物事等，其中豢養小狗前，先行祭拜神壇與灶王爺的一段描寫尤為細緻，甚至是瑣碎；作品依然寫實地呈現農村社會日常生活的一切，然而，在靜謐祥和中，山村生活卻顯得封閉而有與世隔絕的意味，即使是過年時節，景狀依舊：

> 山裡的風景依舊閴靜，除了大自然的胎動與季節的表情外，什麼都沒有。只有猴子們照樣朝夕一下一上。對面山園的的蕃薯好像都挖掉了，園土在朝陽下看來益發生機盎然。還可看到在園裡，有些猴子們在撿蕃薯……〔註199〕

　　這或許乃是張文環的刻意為之，讓〈夜猿〉等作品所描繪的山村鄉土情境，遠離當時殖民政府如火如荼推動皇民化運動的政治氣氛，不僅在整個小說故事主題中，排除殖民者的角色，同時也避開了文字動員的軍國主義需求，似有在局限的文壇客觀環境中，讓文學創作勉力保有話語權力的用心，如是作品所形成的樣貌，一如陳建忠對其諸多以山村為背景的小說的評論，認為是一則一則「反殖民、反同化的烏托邦寓言」：

> 一個沒有殖民者的山村，沒有必須參贊國策的文學報國書寫，張文環構設的這樣一個鄉土世界，連帶其鄉土生活、民俗細節的描寫，所獲致的效果正是對山下那個殖民者政策下發展出來的資本主義市街的刻意區隔。〔註200〕

　　而同一時期呂赫若發表的〈財子壽〉、〈風水〉等作品，主題雖然相異，但似乎也可見到類似的用心。小說的主題集中在於對人性心理的剖析，處理傳統封建地主家庭的糜爛和沒落，無從見到作者在戰前如〈牛車〉、〈暴風雨的故事〉裡，揭露農村社會諸多不合理現象的訴求，描述農民在所謂「日本天年」下的痛苦掙扎，此際似乎刻意隱藏了抗爭的意涵，這與戰爭時期日本

〔註199〕張文環著、鍾肇政譯：〈夜猿〉，原載《台灣文學》2卷1期（1942年2月），收入張恆豪主編：《台灣作家全集・短篇小說卷・日據時代・張文環集》，頁168。
〔註200〕陳建忠：《日據時期台灣作家論──現代性、本土性、殖民性》，頁161。

帝國法西斯主義的掌控，當然有直接的關係。

〈財子壽〉寫台灣地主階級，在傳統大家庭制度漸趨瓦解的時代裡，即便已然是今非昔比，但依然執拗地固守舊有的生活模式，悖德敗俗的行為也依然故我，故事架構同樣也將小說人物閉鎖於宅院之內，彷彿可以不受外界干擾，甚至可以絕緣於評斷的眼光。外貌已然破敗斑駁的大宅院，代表的正是榮景不再的社會階級地位，「門樓是座舊建築，裝飾在牆上的人物和色彩都已剝落」，寫著「福壽堂」的匾額，上面滿是蜘蛛網，庭院的半月池，也因放養雞鴨而使池水「混濁不清，池邊也撒滿著糞便」，而且「地面濕潤，因人跡罕至，已長滿了青苔」，整體予人的印象是：

> 古老而缺少人的氣息。有四幢之多的後龍（廂房），牆壁大多剝落，
> 窗板已脫落，差不多已荒廢，所有的門都關閉著。〔註201〕

宅院建築雖未至傾頹，但是作家所著力描繪的死寂外觀，卻已然象徵了崩解的傳統家族觀念與失落的家庭倫理秩序，以及淪喪道德的人性，文字的鋪寫泛著陰鬱沈悶，毫無生氣，也見到作者以代表財富、子孫、長壽等富貴指標的「財子壽」命題小說的諷刺意味。小說出現在日本帝國意欲昂揚戰鬥意識武裝思想的皇民化時期，實與殖民策略顯得格格不入，尾崎秀樹分析道：

> 呂赫若在他作品中，藉著處理戰前的中國農村裡存在的「家」庭制
> 度的問題——這制度形式上雖然已經進入瓦解，但實際上封建的桎
> 梏仍然根深柢固的存在——以求探知一般人性問題。這作品雖然是
> 在戰時中寫的，卻看不見絲毫國策色彩。〔註202〕

至於「地方文化」的呈現，在〈財子壽〉裡呂赫若似乎藉由台灣傳統喪禮的進行，也同時意在言外地排除了殖民統治的皇民化影響。小說作品雖然援用的是殖民者的語言，但是呂赫若卻極力排除大和文化的強勢制約，特意呈現台灣文化裡固有的特質，成為皇民化運動霸權論述中，巧妙的抵拒模式，朱惠足從文學裡再現的台灣喪葬習俗作觀察，就認為這是作者經過刻意安排的創作書寫：

---

〔註201〕呂赫若著、鄭清文譯：〈財子壽〉，原載《台灣文學》2卷2期（1942年4月），上列引文見鍾肇政、葉石濤主編《光復前台灣新文學全集 5‧牛車》，頁46～47。

〔註202〕尾崎秀樹著、蕭拱譯：〈戰時的台灣文學〉，收入王曉波編：《台灣的殖民地傷痕》，頁228。

〈財子壽〉則完全執著於在地文化與社會，將視野限制在一個自我
完結、完全不受外界干涉的台灣在地家庭，排除外在的殖民統治現
實。小說中的喪葬儀式透過匿名的村人弔唁者進行觀察，並藉由小
說中「再現」葬禮的模式成為同時具有自然流露的感情與約定俗成
的社會意義，藉此體現台灣特有的民族文化。〔註203〕

　　同樣，在〈風水〉〔註204〕裡將普遍盛行於民間，關於先人墓穴地理風水
對子孫產生影響的迷信之說加以批駁，並塑造利令智昏的小說人物，編排兄
弟鬩牆倒行逆施的乖戾行徑，透露對偏頗迷信採取指摘貶抑的創作取向之
餘，同樣也未見殖民者在小說中現身，儼然揚棄身處殖民體制的現實，以及
皇民運動「文學報國」的主張。迨至1943年4月的〈合家平安〉〔註205〕，呂
赫若再次書寫地主階級由盛而衰過程中的墮落糜爛，便引來以西川滿為首，
早已心生不滿的在台日籍作家，以「糞realism」針對上述作家與作品開始提
出批評。

　　回首1941年12月日本偷襲珍珠港，太平洋戰爭爆發後，「大東亞共榮圈」
的口號便響徹雲端，1942年西川滿領導的「台灣文藝家協會」，便即開始配合
「日本文學報國會」台灣支部，以《文藝台灣》為發表舞台，積極從事以文
學創作激勵大東亞戰爭士氣的任務；直到1943年4月，由於日本帝國在東亞
的戰況日漸吃緊，「台灣文藝家協會」便改組為「台灣文學奉公會」，以配合
「皇民奉公會」的皇民奉公運動，加足力道推動殖民地台灣的皇民文學創作，
因此，對於張文環、呂赫若等台籍作家悖離「八紘一宇」與「皇民鍊成」精
神的小說創作內容，早已失卻耐性。

　　職是之故，1943年5月，就在呂赫若的〈合家平安〉發表之後，西川滿
便以「糞realism」（糞寫實主義）為攻擊語言，展開對台籍作家無視於皇民化
精神的文學創作，加以評斷道：「目前為止在台灣文學中成為主流的糞
realism，完全是明治時期以後傳入日本的歐美文學手法。至少對於喜愛櫻花的
人們──我們日本人而言，是無法產生絲毫共鳴的東西」〔註206〕，並進一步

〔註203〕　朱惠足：〈「小說化」在地的悲傷──皇民化時期台灣喪葬習俗的文學再現〉，
　　　　　收入朱惠足：《「現代」的移植與翻譯──日治時期台灣小說的後殖民思考》，
　　　　　頁254。
〔註204〕　呂赫若：〈風水〉，《台灣文學》2卷4期（1942年10月）
〔註205〕　呂赫若：〈合家平安〉，《台灣文學》3卷2期（1943年4月）
〔註206〕　西川滿：〈文藝時評〉，《文藝台灣》6卷1號（1943年5月），轉引自垂水千
　　　　　惠著、張文薰譯：〈「糞realism」論爭之背景──與《人民文庫》批判之關係

對小說主題偏離「文學報國」精神而耽於寫實主義的手法加以批判：

> 在一成不變的對養子欺凌、家族糾葛等風俗進行煞有其事的描寫的
> 同時，本島的新生代已經在勤行報國、志願兵之中積極的活躍著了。
> 對於現實狀況毫無自覺的 realism 作家，何等諷刺啊！〔註207〕

　　如是指陳，隨即引發世外民、吳新榮等台籍作家群起攻之，楊逵甚至使用「伊東亮」的筆名，以「擁護糞 realism」為題，直接對「糞」大做文章，指出西川滿為首的日籍作家，「就算別過臉不看，摀住鼻子不聞，現實還是以現實的形態存在」，並指出西川滿等人緊握浪漫主義的主張，卻漠視現實的文學偏差創作態度：

> 真正的浪漫主義必須從現實出發，對現實抱著希望，遇到惡臭就除
> 去惡臭，碰到黑暗就多少給它一點兒光明。對於人人別開臉，人人
> 摀著鼻子躲開的糞便，必須看出它的肥料價值，看到它讓稻米結穗，
> 讓蔬菜肥大的功效。〔註208〕

　　在台日人作家對現實視而不見的浪漫主義主張，即形成對台灣的描寫恰如采風般地充滿異國情趣，與無謂的浪漫傷懷，一如西川滿的《赤崁記》、《台灣縱貫鐵道》等作品，柳書琴提出了對比：「台灣的外地文學及浪漫主義文學內容貧乏，而反映沈重殖民地現實的現實主義文學，不但有深厚社會意涵，也肩負著探索社會光明的使命」〔註209〕。而楊逵的話語，卻頗能表現台灣新文學寫實主義風格的堅持，以及鄉土文學論戰以降文學創作理念的依歸，堪為日據下台灣新文學小說作品的寫作精神傳統的體現，並且藉由文學理念之爭，也成為對戰爭時期皇民化政策的強勢同化作為，表達出不同的抗拒態勢。

　　1940年代初期，處於戰爭時期與皇民化運動下的台灣文壇，以台籍作家為主的《台灣文學》，以及由日人主導的《文藝台灣》，便形成互相頡頏的兩個陣營，與其言之為文學理念論爭，或許視之為台灣文壇話語權之爭奪，應

---

為中心〉，收入鄭炯明編：《越浪前行的一代：葉石濤及其同時代作家文學國際學術研討會論文集》（高雄：春暉，2002年2月），頁33。

〔註207〕同註206。

〔註208〕伊東亮（楊逵）：〈擁護糞 realism〉，原載《台灣文學》3卷3號（1943年7月），轉引自樊洛平：《冰山底下綻放的玫瑰——楊逵和他的文學世界》（台北：人間，2008年5月），頁264。

〔註209〕柳書琴：〈誰的文學？誰的歷史？——日據末期台灣文壇主體與歷史詮釋之爭〉，收入吳密察等著：《帝國裡的「地方文化」——皇民化時期台灣文化狀況》（台北：播種者，2008年12月），頁209。

該更為貼近當時皇民化運動的社會氛圍；日人亟欲在文壇取得主導權，並且高姿態地立於對台人進行皇民化認同改造的文化位階，所以《台灣文學》陣營在兩造狀似旗鼓相當的文學論爭中，卻是站在一個殖民地現實的脆弱基礎之上，迨至文學奉公的決戰時期，台灣文學的主體性，遂終究被掩蓋埋藏，無從突破。柳書琴從文壇主體與歷史詮釋的角度加以觀察，可資參酌：

> 在台日人作家逐漸成熟的集體文化意識，與台灣作家中興新文學運動、維護地方文化主體的企圖，在戰時文壇的不同政策階段互相較勁；加之他們對文學統制政策的不同應對，以致此一階段的文學論述與創作活動，充滿文壇主體與歷史詮釋權爭奪的火藥味。〔註210〕

1943年，時值日本在大東亞戰爭中節節敗退之際，台灣亦早已開始實施志願兵制度，足見其人力物力捉襟見肘的窘態，亦見其益發加強對思想文字箝制的迫切；而由台灣總督府主導，台灣文學奉公會主辦的「台灣決戰文學會議」便於是年11月召開，決議廢刊《台灣文學》，把所有作家完全收編於「台灣文學奉公會」，對作家的創作管制與思想監控，透過激烈的軍國主義法西斯領導，達到了最嚴密的階段，對自由意志的戕害，莫此為甚，直至1945年日本無條件投降為止。《台灣文學》的廢刊，絕大部分的台籍作家自此完全失去自主的舞台，甚且必須配合文學奉公的目的，撰寫昂揚軍國主義思想的皇民文學，曾健民對這一點實有明確而清晰的批判，認為：

> 日本軍國法西斯對文學的要求就是：以這些法西斯思想為指導，在作品中反映這些思想，並以作品的思想性高於文學性，作為評價文學藝術的指標，視文學為強化國民的軍國法西斯意識的手段。〔註211〕

為徹底發揮皇民文學的工具性角色，殖民政府於1944年，分派「台灣文學奉公會」所屬作家到各地農場、工廠、礦區等單位參訪，並撰寫文學作品，以期達致殖民地人民具有積極奉公思想的傳播效果。呂赫若亦名列其中，被派遣至農場參觀後書寫小說——〈風頭水尾〉，後來並收錄於台灣總督府情報課編選的《決戰台灣小說集》，然而在這篇小說的故事裡，雖然清晰呈現扎根土地的奮進意念，但卻巧妙地淡化服膺皇民化運動的虛偽動員精神，可見雖

---

〔註210〕柳書琴：〈誰的文學？誰的歷史？——日據末期台灣文壇主體與歷史詮釋之爭〉，收入吳密察等著：《帝國裡的「地方文化」——皇民化時期台灣文化狀況》，頁209。

〔註211〕曾健民：〈台灣「皇民文學」的總清算——從台灣文學的尊嚴出發〉，收入曾健民主編：《台灣鄉土文學‧皇民文學的清理與批判》，頁24。

是無奈之餘虛與委蛇之作，然而已與歷來農民小說的閱讀感受，迥然不同。

　　日據下台灣農民小說創作，不管使用的語言媒介爲何，所呈現的內容或是直接對殖民統治的控訴，與對封建舊體制的批判，抑或是階級意識的呈現，以及台灣本土主體性的堅持，作品中所表現的意識或反抗、或苦悶、或譏諷，但都在台灣新文學的發展歷程中，留下了清楚的印記；而其深切落實於反映農村社會的精神，透過寫實手法的表現，也總括了一個時代的歷史紀錄，刻畫了台灣農民的苦難創傷。隨著日本戰敗投降，台灣農民小說在日據下的發展，至此也劃下了句點。

# 第四章 戰後初期與 1950 年代
## ——農民小說的沈潛

## 第一節　戰後初期的紛亂局勢與農村社會結構的重整

日本投降，二戰終結，台灣社會終因得以脫離殖民統治的喜悅，卻在祖國接收後的初期，即迅速趨於黯然，肇因於國民政府漠視台灣在殖民體制下，與祖國隔絕五十年所形成的文化差距，而陳儀的長官公署在台灣的作為，更儼然有如「新總督府」，不斷引發來自省內外諸多質疑的聲浪；除了在政治上對台灣人民的不公平對待，讓台人當家作主的希望落空外，並透過強勢的行政干預，實施全面性的經濟統制措施，使得自由市場機能大幅萎縮，且不無與民爭利之嫌，加上因為國共內戰之所需，對台灣社會的強徵調取，在在都造成對民生經濟的衝擊，導致社會問題叢生，失業嚴重，通貨膨脹，物價飛漲，因而在台灣社會裡，層疊累積了不滿的情緒，終致引爆「二二八事件」，並進而衍生新的族群矛盾，事件餘波盪漾甚且影響至今。

隨著 1949 年與共產黨鬥爭的失敗，國府在風雨飄搖中撤退來台延續政權，並行使威權統治以鞏固領導中心與政局，同時也為避免重蹈廣失民心的覆轍，開始著手進行土地改革，也徹底改變了台灣長久以來所存在的業佃關係，並形成以「小農經濟」為主體的農業發展模式；再由於韓戰爆發，中共介入，台灣也因而被置放於冷戰對峙的行伍之中，並且為了順利獲得美援的挹注，國民政府相對因應提出的經濟建設計畫，乃是「以農業培養工業」為本質的「進口替代」策略，盡力提高農業生產的剩餘，增加輸出以賺取外匯，

藉此建立工業發展的基礎，加上土地改革的逐步完成，因而對於 1950 年代的台灣農業，產生了莫大的影響，也促成農村社會結構與農民意識產生了改變，而這些舉措，都密切關連著日後台灣農業經濟與農村社會的發展。

## 一、戰後初期的政經環境與「二二八事件」

　　1945 年 8 月 6 日與 9 日，敗象已露的日本因不堪廣島與長崎原爆所造成的慘烈死傷，裕仁天皇於是透過廣播放送，在 8 月 15 日宣布無條件投降。

　　在此之前，國民政府為因應接收工作，事先已於重慶成立「台灣省行政長官公署」，任命較為熟悉台灣事務的陳儀擔任台灣行政長官兼警備總司令；而直到 10 月 5 日首批 71 位接收相關工作人員才飛抵台灣〔註1〕，10 月 16 日國軍部隊始於基隆登陸，陳儀也在 10 月 24 日到達，並於翌日的 10 月 25 日，在台北的公會堂，即今之中山堂，接受當時台灣總督安藤利吉的降書，這同時也是「台灣光復節」的緣起。

　　歷來史家均對日本投降以迄接收人員抵台前的近兩個月時間裡，台灣社會雖然處於無政府狀態，但卻依然保有安寧有序的生活步調，咸表肯定；彼時台灣青年自發性地組織服務隊，或投入「三民主義青年團」，而地方意見領袖與仕紳亦組織如「治安維持會」等各種自治團體，共同維護社會秩序〔註2〕。然而究其實，如是自律自制的表現，當是與台人在經歷異族壓迫統治與戰爭摧殘後，民心望治的普遍傾向，有著直接的關係。

　　日本殖民統治下的抑鬱得以抒解，以及終於能夠當家作主，不須再接受差別待遇與歧視的雀躍心情，使得台灣人民自動自發至港口歡呼，迎接國軍的到來。然而，如是近乎「簞食壺漿以迎王師」的熱切企盼，竟爾在 16 個月後的 1947 年 2 月 27 日，卻因為專賣局查緝私煙的執法不當，甚至槍殺無辜市民而成為迅燃的導火線，引爆「二二八事件」；而且隨著事件擴大，在過程中迭起的無數衝突與鎮壓，以及衝突後的「清鄉」掃蕩，對日後台灣社會的發展，著實產生了重大而深遠的影響，至今餘波猶存。

　　16 個月的時間其實並不長遠，但是台灣社會在這一段時間裡，也確實歷經一場巨變；積累而成引爆事件的眾多因素，涵蓋有族群的、文化的、政治的，以及經濟的等各個層面，極其複雜；所以，社會情勢與民心向背，會形

---

〔註1〕參見台灣省文獻委員會編：《台灣史》，頁 720。
〔註2〕同註 1，頁 719～720。

成如是翻轉，也絕非一日之寒，更非是偶發的單一事件。

在史料漸次出土與整理之後，諸多前行研究也已然大致廓清了事件的肇因與過程，容或其中包含許多以意識型態為導引的立場，並且仍存在有待釐清的數據與個案，然而在解嚴之後以迄今日相對自由開放的政治氛圍中，不可否認地已經藉由如是多重激盪，而得到一個較為清晰的輪廓。

針對影響台灣歷史發展至鉅的此一重大事件，本單元不擬詳考其事件過程，而將嘗試觀察導致事件的背景重點，包含政治與經濟因素；至於社會文化層面，以及事件發生後對台灣社會的影響，將留待下一節再加以討論。

根據「二二八國家紀念館」的官方網頁裡，對該事件的發生原因，就政治、經濟與社會等各方面的背景，所作的「概述」文字指出：

> 在政治方面，行政長官制度，確有諸多缺失，而官箴、軍紀欠佳，
> 政治參與和待遇也極不公平。在經濟方面，由於不當之管制政策，
> 百業蕭條，物價飛漲，失業嚴重。在社會方面，復員返鄉的前台籍
> 日軍軍人，就職無路，一文莫名，因而逐漸形成一股不滿政府的暗
> 潮。此外，行政長官陳儀個性剛愎，以致下情不能上達，官民關係
> 惡劣。由於以上種種因素，有識之士早已預感危機之瀕臨，然而，
> 長官公署猶渾然不覺。〔註3〕

但除了陳儀領導風格的個人因素，以及在接收過程中，部份人員趁機中飽私囊，造成官民關係日趨惡劣之外，導致事件發生的原因其實是期待的感受落差加上其他因素日漸積累而成。

就政治因素方面作觀察，日本投降之初，當時美國即先行派遣名為「戰略情報小組」（Strategic Service Unit，簡稱 SSU）的單位飛抵台灣，對日本軍政官員與台灣各界人士進行訪談與資料蒐集，在 1946 年元月提出〈福爾摩沙報告書：日本情報及其相關主題〉（*a report on FORMOSA（TAIWAN）:Japanese Intelligence and Related Subjects*），而其中台灣各界菁英對台灣戰後地位與民意趨向，呈現相當一致性的看法。〔註4〕

根據陳翠蓮的研究歸納，其中有一點頗值得討論，或與二二八事件的肇因不無關連，即是表達了台灣於脫離日本殖民統治之後，在「政治意義上，

〔註3〕《二二八事件介紹·發生的背景》（台北：二二八國家紀念館）。上網日期：
2012.9.26，網址：http://museum.228.org.tw/info.aspx?v=74735953E2908FFE
〔註4〕陳翠蓮：〈戰後初期台灣人的祖國體驗與認同轉變〉，收入陳翠蓮：《台灣人的
抵抗與認同（1920～1950）》，頁 333。

台灣人雖然同意中國統治，但拒絕中國人的殖民統治，希望由台灣人自我統治」〔註5〕；這一點意見表達了台灣人希望能夠自主當家的態度，同時也顯露了對於中國統治台灣態度的疑慮，畢竟台灣與中國在血緣、種族、文化各方面雖然具有直接相承的聯繫，然而兩岸相隔五十年是為事實，而日本殖民政府更亟欲切斷台灣與中國的關係，在文化語言的同化方面著力甚深，至戰爭時期的「皇民化運動」尤其劇烈；因此，台灣對中國的了解不夠充分亦是事實，也無從確切得知當時中國領導者對於台灣的態度。兩岸雖一衣帶水，但卻又相隔遼遠。

而且，台灣割讓其時，中華民國尚未建立，雖說中國已歷經革命而形成民主共和的政體，也曾經或隱或顯地鼓舞了殖民地台灣的人民，甚至間接促成日據下台灣人民一系列的反抗運動與論述，但此際面對陌生「祖國」的接收，顯然是存在著猜忌與疑慮。

其實如是論述與意見的呈現，並不突兀，更不是在解脫殖民統治束縛當下所乍現的靈光，早於1920年代，這樣類似的意見陳述，已見諸南京「中台同志會」的宣傳文件之中。「中台同志會」顧名思義即是由當時兩岸知識青年共組的團體，共同目的是為了驅逐日本帝國主義在中國與台灣所造成的侵逼，而在其宣傳文書中，對於台灣若是自日本殖民體制解放之後與中國的關係，即有這樣的表達：

> 將來中台之間的關係，我們只須確定一個原則即可。亦即「中國不能採用帝國主義政策，而以台灣為其殖民地」。根據這一原則可以決定中台間的未來關係。台灣解放成功後，台灣所得權利之一，便是自決權。自決權的意思就是視台灣經濟上、政治上的條件，讓台灣成為一個有如獨立自由之邦。實際上也就是，無異於台灣的獨立。

〔註6〕

雖然文書中同時也提及若是中台組成聯邦，或甚且有合併的可能性時，也應根據台灣全體民眾的決定，而且其時在中國境內由台灣留學生參與的反抗日本殖民台灣的團體裡，同樣也不乏抱持回歸祖國的大中國民族主義的態度，但是藉由上述這些證據，亦可見到當時台灣新興知識分子對於脫離日本殖民統治之後的台灣處境與未來，乃是呈現分歧的態度；當然，這其中也包

〔註5〕陳翠蓮：〈戰後初期台灣人的祖國體驗與認同轉變〉，收入陳翠蓮：《台灣人的抵抗與認同（1920～1950）》，頁334。
〔註6〕王乃信等譯：《台灣社會運動史（1913～1936）‧第一冊‧文化運動》，頁150。

含極力主張台灣的政體應獨立自主的「台灣共產黨」，在當時已明確宣示他們的政治目標，除了推翻日本帝國主義的殖民、階級統治之外，並設定「建立台灣共和國」的目標。〔註7〕

　　所以，台灣人民對於再殖民的疑懼，是存在的；表達爭取自決權利的冀望，也是很明顯的。然而，行政長官公署所帶來的，卻又偏偏正是疑懼與失望。

　　根據「台灣省行政長官公署組織條例」，台灣省行政長官陳儀不僅擁有委任立法權，而且手握行政、司法的絕對指揮與監督之權，又身兼台灣省警備總司令，無異於於集行政、立法、司法、軍事大權於一身，較諸日據時期武官總督的權力，實不遑多讓；而如是猶如「總督制復活」的舉措，不免招致台人疑慮〔註8〕，一如閩台監察使楊亮功與監察委員何漢文在《二二八事變調查報告》的事變原因分析裡，就「政府統治政策失當」一項中所敘，「台灣自接收以來，以情形特殊，故于省級行政設行政長官公署，台人對長官公署呼之爲新總督府。與國內各省不同，此形式上使台胞不愉快者也」〔註9〕，不僅形式上如此，實際上長官公署幾已無異於日據時期的總督府，陳儀的權力更遠大過於總督，「新總督府」之譏，其來有自。

　　陳儀於接收之際，發表「工商不停頓、行政不中斷、學校不停課」〔註10〕的訓示，口號誠屬立意良善，然而其中「行政不中斷」一項指示，卻形成對台灣人民「政治參與和待遇也極不公平」歧視的發端，以欠缺「行政經驗」爲由，將台灣人民摒除於外，《台灣史》中這樣記載：

> 日據時期，對台胞極端歧視。上自總督府，下至各州廳市郡街庄之行政人員，省籍員額既少，中級尤甚，高級官吏殆無一人。因之台胞中之智識分子既缺乏行政經驗，而自大陸來台接收人員復不敷分配。在「行政不中斷」之原則下，惟有暫時遷就事實，將原有日籍工作人員斟酌留用。結果，在接收過程中，留用之日籍人員反較省籍人員爲多。〔註11〕

〔註7〕參見盧修一：《日據時代台灣共產黨史（1928～1932）》，頁 67～70。

〔註8〕參見鄭梓：〈戰後台灣行政體系的接收與重建——以行政長官公署爲中心之分析〉，收入張炎憲、李筱峰、戴寶村編：《台灣史論文集精選（下）》（台北：玉山社，2003 年 4 月），頁 252～254。

〔註9〕陳興唐主編：《南京第二歷史檔案館藏台灣「二·二八」事件檔案料（上卷）》（台北：人間出版社，1992 年 2 月），頁 277。

〔註10〕台灣省文獻委員會編：《台灣史》，頁 726。

〔註11〕同註 10，頁 728。

　　台灣人民無緣參與政府行政工作，竟爾必須歸咎於日據時期日人的歧視；再則因爲接受日本教育已然習用日文的新興知識分子，也無法藉由考試取得任官資格，因爲陳儀斷然否定以日文取士的方式——「文官任用方面，希望文官考試以日文考試，這一點是辦不到的。文官考試必須用國文」〔註12〕，這無異於斷絕台灣人民進入公務系統的機會。

　　而隨著日人分批遭受遣返以後，職務空缺卻又由大陸來台人士所壟斷，根據李筱峰的調查可以顯示，國府接收後至1946年底，台灣行政長官公署主任秘書以上包含各處處長的一級主管裡，僅有一名副處長爲本省籍；而署內各處股長以上，包括秘書、專員、科長等高級官員共316員中，亦僅有17人爲本省籍，均只佔5%而已〔註13〕，比例至爲懸殊，較之異民族統治的日據時期，幾近雷同；而來台居官者，官僚作風既盛，而且行政嚴重欠缺效率，根據吳濁流自身的經歷，指出其部分原因是：

> 各機關接收以後，日本人所留下的位置由外省人所替代，而下面的本省人仍然居於原來的位置。因此，對工作、環境詳細的本省人居於下位而不諳工作的外省人卻悉數居於上位，於是就孕育了很大的矛盾。這樣一來，政令的推行就無法順利。〔註14〕

　　行政長官公署用人態度與所顯露的缺失，至此一一浮現。眾所周知，1946年12月25日國民大會完成憲法制定，隔年元旦公告並依據行憲程序預計於1947年12月25日實施，是爲「行憲紀念日」的由來；若依據憲法精神與地方自治條例進行縣市長等選務，則台灣人民藉由選舉而得以取得部分自主自決主導地位的契機，卻竟又遭到行政長官公署的延宕，讓台灣被排除於憲政體制之外，同樣也以語言使用的問題爲藉口，當陳儀面對記者關於何時可能實行縣市長民選的問題時，作了這樣的回應：

> 台胞有良好技術及苦幹精神，但許多人尚用日語、日文。爲建設中國的台灣，首先要使台胞學習國語、國文。目前實施縣長、市長民選，種種俱感困難。〔註15〕

---

〔註12〕〈關於糧食與用人問題〉，收入台灣省行政長官公署宣傳委員會編：《陳長官治台言論集第一輯》（台北：台灣省行政長官公署宣傳委員會，1946年11月），頁69。

〔註13〕參見李筱峰：《台灣戰後初期的民意代表》（台北：自立晚報社，1986年2月），頁184～185。

〔註14〕吳濁流：《無花果》（台北：前衛，1988年9月），頁177。

〔註15〕〈上海《大公報》載陳儀答記者問〉，收入陳興唐主編：《南京第二歷史檔案

　　陳儀的回答明顯語焉不詳，以含混帶過的方式，虛應外界的質疑；而究其實，長官公署的心態以時任民政處長周一鶚的表達，堪爲代表──「國語國文的問題不只是語言問題而已，實爲國民精神、國家觀念的問題」〔註16〕，將語言的使用視爲國族的認同，否定了台灣進入憲政體制的資格，也剝奪台灣人民的參政權，讓台灣人民在脫離殖民統治後翹首企盼的自決權利，盡皆落空；再殖民的疑懼，於焉產生，而新的族群矛盾，也隱然浮現。

　　台灣人民的期待落空，除了政治上的不公平對待之外，即是全面性的經濟統制措施與國共內戰對台灣社會民生的衝擊。依據國府 1945 年 3 月 14 日即已修正定案的〈台灣接管計畫綱要〉通則第三項，明列接管台灣後之經濟措施爲──「根絕敵人對台民之經濟榨取、維持原有生產能力、勿使停頓衰退爲原則，但其所得利益，應用以提高台民生活」。〔註17〕，立意同樣良善而妥適，而且將以民族、民權、民生爲要義的「三民主義」，設定爲國家建設及接收台灣後統治的基本方針。其實，在此之前的 1944 年，時任委員會主任委員的陳儀於重慶召開的「台灣調查委員會座談會」中，面對出身台灣的黃朝琴、謝南光等與會人員時，便指出實行三民主義將是接收台灣以後的施政準則，並且據之予以興革：

　　　我們一切興革，須以三民主義爲標準，須以人民福利爲前提。合于

　　　主義的，有利于民的興；違背主義的，有害于民的革。〔註18〕

　　陳儀顯然極其推崇「三民主義」，對主義的內涵與精神念茲在茲，擔任行政長官後也一再聲明依據三民主義的施政策略與精神，例如在 1946 年 12 月「人民團體工作檢討會」上的訓詞中，即諄諄告誡：「我們所當遵循的唯一的正確的方向，即是三民主義。無論政治經濟教育文化，都必須向三民主義這一個方向積極推進」〔註19〕，可見其態度。

　　然而陳儀雖然是「三民主義」的信徒，但或許由於時空背景使然，對於孫中山先生民生主義經濟思想的詮釋與施行，卻「表現強烈的統制經濟與行

　　　　館藏台灣「二‧二八」事件檔案料（上卷）》，頁 98。

〔註16〕參見陳翠蓮：〈戰後初期台灣人的祖國體驗與認同轉變〉，收入陳翠蓮：《台灣人的抵抗與認同（1920～1950）》，頁 354。

〔註17〕參見袁穎生：《光復前後的台灣經濟》（台北：聯經，1998 年 7 月），頁 68。

〔註18〕陳興唐主編：《南京第二歷史檔案館藏台灣「二‧二八」事件檔案料（上卷）》，頁 10。

〔註19〕同註 18，頁 99。

政積極介入傾向」〔註20〕，根據翁嘉禧的研究分析，就指出了其中的偏差：

> 在戰亂時代，爲充裕國庫及掌握經濟資源，各種戰時統制經濟政策
> 大量採用，專賣制度、貨幣、財稅貿易等政策，皆呈現政府行政干
> 預，市場功能大幅萎縮。〔註21〕

除了自由經濟市場因爲統制經濟措施遭到限縮之外，陳儀甚且將民生主義中「發達國家資本，節制私人資本」的主張，予以極端發展，遂涉及不無「與民爭利」之嫌，而引發了諸多質疑〔註22〕；閱讀中國國民黨中執會秘書處抄送之〈台灣現狀報告書〉中，就清楚地記錄了如是檢討：

> 查日人統制素稱嚴密，尚且留台胞有經商餘地，俾得謀生，而我政
> 府在台措施反不顧及人民福利，連日人留予台胞謀生之商業亦剝奪
> 淨盡，此使台胞感覺祖國之剝奪，有甚於日寇，而動搖其對祖國之
> 信心，實得不償失。〔註23〕

而設若將如是罔顧台人福利的觀察結果，與《二二八事變調查報告》的內容加以交互比對，則可以發現，執筆撰寫《二二八事變調查報告》的楊亮功與何漢文也有同樣的看法：

> 一年以來，在經濟上之種種措施，以工商企業之統制，使台灣擁有
> 鉅資之工商企業家不能獲取發展餘地；因貿易局之統制，使台灣一
> 般商人均受極端之約束；因專賣局之統制，且使一般小商人無法生
> 存。〔註24〕

易言之，長官公署行使凌駕一切的統制措施，已經嚴重限縮了自由的經商空間與商業環境，強勢主控經濟活動的結果，使得台灣人民感受到極爲深刻與錯愕的相對剝奪感，也無怪乎當時台灣人民要將陳儀所秉持的「三民主義」，譏諷爲「三民取利」。〔註25〕

不當之經濟統制政策影響所及，造成百業蕭條，並導致嚴重的失業問題，

---

〔註20〕 翁嘉禧：《台灣光復初期的經濟轉型與政策（1945～1947）》（高雄：復文，1998 年 9 月），頁 27。

〔註21〕 同註 20，頁 26。

〔註22〕 翁嘉禧：《台灣光復初期的經濟轉型與政策（1945～1947）》，頁 33。

〔註23〕 中國國民黨中執會秘書處抄送之〈台灣現狀報告書〉（1946），引自陳興唐主編：《南京第二歷史檔案館藏台灣「二‧二八」事件檔案料（上卷）》，頁 51 ～52。

〔註24〕 同註 23，頁 277。

〔註25〕 同註 23，頁 90。

而且受殖民政府徵召，於戰後解甲歸鄉的台籍軍人也普遍處於待業狀態，復加以通貨膨脹、物價飛漲，因此社會上愁苦與不滿的情緒漸次累積，是可以理解的。根據紀錄，當時的民生物資價格，在國府接收不及三個月，即至 1946年 1 月中旬，公定米價已經漲了 7 倍，肉價更是漲了 40 倍以上〔註26〕，由此可以想見當時的社會景況。

　　再就農業生產作觀察，以台灣引以為傲的蔗糖生產為例，由〈台灣現狀報告書〉中的紀錄可以發現，當時糖業生產停頓，預估年損在台幣兩億元以上，導致「農村破產農民生活堪慮」，而「政府若能重用台籍技術者，排除萬難以維持生產，當不致如此」〔註 27〕，此又顯見排除任用台灣人民的偏頗舉措所造成的問題。至於糧食作物的生產，馬若孟則有細膩的觀察與分析：

> 戰後初期（1946～9）是農民最慘澹的一段時間。日本官員的移台導致交通、市場、農村研究與推廣服務的崩潰，而消費品的嚴重缺乏使得農民無法安於買賣作物。由於對外貿易的解組與無心供應都市，農民自然又重返往昔舊的自給自足農耕方式。〔註28〕

　　推敲其分析可理解，由於戰後經濟活動幾近停滯，貨未能暢其流，生活消費物資短缺，加以工商業蕭條，又促使勞力回歸田園投入農業的生產，自1946 年始，糧食生產已經漸次恢復並提高了產量〔註29〕；準此，則米價與其他糧食理應有更合理的價格才是，然而，時值國共內戰況且國事蜩螗，國民政府面對兵馬倥傯的局勢，非常仰賴台灣的物資供給，長官公署自當必須配合中央當局的強徵調取以投入內戰。根據調查，當時國府中央資源委員會曾經計畫於 1947 年當年內要台灣「供應十五萬噸無償的台糖，三千至四千萬噸台煤以及五十萬噸大米」〔註 30〕等物資，數量之大令人咋舌。所以長官公署遂採取「以價制量」的方式，刻意拉高產品的價格，來抑制台灣人民生活必需品的消費量，試圖從中調取台灣物資的極大值：

> 例如米一擔在上海賣二千元台幣，台灣要四千元，一斤鹽在上海是賣六元台幣，在台灣要十五元台幣，這種被當作「公開剝削和掠奪」

---

〔註26〕中國國民黨中執會秘書處抄送之〈台灣現狀報告書〉（1946），引自陳興唐主編：《南京第二歷史檔案館藏台灣「二‧二八」事件檔案料（上卷）》，頁51。
〔註27〕同註26，頁52。
〔註28〕馬若孟著，陳其南、陳秋坤編譯：《台灣農村社會經濟發展》，頁312。
〔註29〕同註28，頁312。
〔註30〕鄭梓：〈戰後台灣行政體系的接收與重建──以行政長官公署為中心之分析〉，收入張炎憲、李筱峰、戴寶村編：《台灣史論文集精選（下）》，頁266。

的政策，從陳儀政府的角度卻引以爲傲。〔註31〕

尤有甚者，因爲國府亟需物資以因應內戰的需要，於是在台灣便「任意限制物價、無償借調物資，派糧食徵購隊到農村以低價徵購糧食」〔註32〕，造成百姓生活更形困頓，民生益發疲敝，反彈的聲浪遂逐漸升高〔註33〕。正如《二二八事變調查報告》中所提出的檢討：

> 中央方面對此新收復之國土，不惟不能多予以資本與原料之補給，
> 以助長其產業恢復發展，乃以種種徵取造成其經濟之貧血與產業之
> 凋敝，此又在經濟統制上使台胞深感不愉快之事實也。〔註34〕

導致「二二八事件」發生的原因，誠然是複雜而糾葛，斷非單一因素所致，但若就台灣人民無以獲得政治自主權的失落，以及經濟生活難忍的相對剝奪感上作觀察，則事件的發生，應是自有其脈絡可循。

## 二、土地改革與「進口替代」經建計畫的影響

歷經戰火摧殘，以及日本殖民母國的掠奪，戰後初期台灣農業積極進行復原與重建，並且在歷經「二二八事件」之後，於 1951 及 1952 年即逐漸恢復到戰爭以前的農業生產水準；除了上述農民因時局因素回歸農業生產外，李登輝也指出了包括肥料的施用、水利設施修復、生產技術精進，以及土地改革的推行等原因使然〔註35〕；加以 1949 年國民政府撤退到台灣的初期，由於主客觀環境的限縮，在巨變的時代裡，農業的發展相對得到積極的挹注與經營，蕭國和有如下的綜合整理：

> 緣於中央政府大量人口的移入台灣，爲充分供應軍糧民食，其首要
> 任務則在於全力恢復台灣的農業生產；緣於中央政府在大陸落敗而
> 偏安台灣，基礎上並沒有發展工、商業的能力，唯一的途徑乃在於

---

〔註31〕陳儀深：〈論二二八事件的原因〉，收入張炎憲、李筱峰、戴寶村編：《台灣史論文集精選（下）》，頁312。

〔註32〕同註31。

〔註33〕糧食徵購隊到農村徵購糧食的作法與所造成的反彈，參見二二八事件「教育推廣」相關文獻（台北：二二八國家紀念館）。上網日期：2012.10.13，網址：http://www.228.org.tw/list.aspx?v=BEDEDB1A84FD0746

〔註34〕陳興唐主編：《南京第二歷史檔案館藏台灣「二‧二八」事件檔案料（上卷）》，頁 277。

〔註35〕參見李登輝：〈台灣農業發展的經濟分析〉，收入李登輝：《台灣農業發展的經濟分析》（台北：聯經，1980 年 8 月），頁 2～3。

　　充分利用台灣有限的農業用地，發展農業；緣於大陸來台的官僚體
　　系中，頗多農業經濟專家，正足以在台灣的農業領域上發揮所長；
　　緣於大陸統治時期，農業發展政策的失敗，遂重新考量，制定新的
　　台灣農業發展策略。〔註36〕

　　而在此諸多主客觀因素影響下所制訂的農業發展策略之中，促使台灣農
業生產水準快速恢復的原因，最具有關鍵影響力的，當屬一系列相關土地改
革的政策；1950 年代初期即完成的「土地改革」，不僅使台灣農村社會的結構，
發生了重大的改變，並且對於台灣的社會經濟甚至是政治環境，也產生了深
遠的影響。

　　戰後台灣土地改革歷經三個進程而次第實施，第一階段是 1949 年的 4 月
至 7 月之間推行的「三七五減租」；其次是 1951 年實施「公地放領」；第三是
1953 年實施「耕者有其田」。這些政策的名目，如今已然成爲口號般的耳熟能
詳；而這一系列土地改革政策，不僅破除了封建的業佃制度，並且重新調整
了土地所有權結構，造就了大量的自耕農人口；經過土地改革工作之後，台
灣全島耕地中的自耕地面積百分比，由 1948 年的 55.88%，至 1953 年大幅提
升至 82.87%〔註37〕，同時也促成了農業生產量的提高。究其實農產提高的內
在因素，歷來論者大多認爲在於爲數可觀的農民由佃戶蛻變爲自耕農，於耕
作上獲得了增加生產的誘因，願意投入資金與更多的勞力，對投資報酬率相
較於以往更具信心；當然，這也與當時台灣社會整體經濟環境有直接的關係，
因爲除了耕植土地之外，實在乏有其他謀生的途徑，李登輝對此有交互的分
析：

　　農民對生產有這樣濃厚的興趣，完全出於土地改革的成功。土地
　　改革所帶來的減租政策，一方面增加了農民所得，在另方面安定
　　了農民的耕作權利，兩者都成爲農民增加生產之一大誘因。理論
　　上說，台灣農民肯投下大量勞動以增加生產，除了土地改革的所
　　得分配之影響外，值得一提的，就是農業以外，農民並無其他工
　　作機會。〔註38〕

<hr>

〔註36〕蕭國和《台灣農業興衰四十年》，頁 27。
〔註37〕廖正宏、黃俊傑、蕭新煌著：《光復後台灣農業政策的演變──歷史與社會的
　　　　分析》（台北：中央研究院民族學研究所，1986 年 8 月），頁 21。
〔註38〕李登輝：〈台灣農業現代化的經濟意義〉，收入李登輝：《台灣農業發展的經濟
　　　　分析》，頁 395。

　　台灣社會雖由日本殖民桎梏下掙脫開來，擺脫「農業台灣」的被殖民定位，但其時的台灣仍是以農業生產爲主要的經濟活動，工業化程度仍低，商業貿易活動亦不熱絡，俟土地改革政策落實以後，對投入農業生產的意願更形濃厚，農民傳統「有土此有財」的理念也更形踏實，不僅家戶所得提高，也繁榮了農村經濟。根據統計：

> 在實施「耕者有其田」政策之前之民國41年（1952），中等水田一甲全年稻穀生產量爲5530公斤，至實施「耕者有其田」之後的民國48年（1959），此項水田之生產量增加至7258公斤。〔註39〕

　　可見農業生產增加，應是與土地改革政策的推行有密切的關係。然而，戰後台灣土地改革政策之所以能夠成功的原因，許多前行研究傾向於認爲，國府政權在大陸地區無法落實土地改革，間接導致國共內戰失敗，在撤退到台灣以後痛定思痛與生聚教訓，且「政權所有者」與「土地所有者」身分並未重疊〔註40〕，並且仰賴日據時期殖民政府從1900年初即已逐步建立的「田野調查」資料，得以按圖索驥、遂行工作〔註41〕；復加以「二二八事件」後社會瀰漫怖懼氛圍，地主階級也接受了以實物土地債券及公營事業股票作爲補償；因此，綜括上述種種成因，而使台灣得以在戰後以和平模式遂行土地改革。

　　誠然，在進行土改工作過程中，除了未必符合公平正義的比例原則之外，「業佃關係」不免趨於緊張，致使衝突產生；土改完成後也未能完全解決農民的處境，衍生的問題尚包含佃農躍升爲自耕農後，所擁有的耕地面積普遍都相對狹小，「固定了過小經營規模的存在」〔註42〕，而如是「小農經濟」爲主體的模式，也勢將使台灣農業未來的發展，產生了局限性；但是，經過土地改革後，台灣農業生產持續增長，卻也是不爭的事實。察1952～1953年農業生產年成長率爲4.9%，1957～1960年成長率爲4.2%，1961～1964年爲

---

〔註39〕廖正宏、黃俊傑、蕭新煌著：《光復後台灣農業政策的演變──歷史與社會的分析》，頁21。

〔註40〕參見廖正宏、黃俊傑著：《戰後台灣農民價值取向的轉變》（台北：聯經，1992年1月），頁5。

〔註41〕黃樹仁分析認爲，日據時期建立了現代化的戶政、地政、執法等基礎行政能力，使得國府在接收台灣後獲得從未擁有的基礎行政能力依據，因此得以遂行土改的工作。參見黃樹仁：〈台灣農村土地改革再省思〉，《台灣社會研究季刊》第47期（2002年9月），頁239。

〔註42〕參見羅明哲：〈農地流動與農業發展之研究〉，收入毛育剛主編：《台灣農業發展論文集》（台北：聯經出版事業公司，1994年5月），頁83。

5.8%，直至 1965～1968 年，仍持續有 5.7%的年成長率。〔註43〕

　　而且，除了農業經濟產值持續穩定成長之外，更重要的是，土地改革對 1950 年代台灣農民的社會意識產生重大影響，讓農民進一步踏實了「以農業為生活方式」的價值認知：

> 土地改革的成功不僅大量的提昇了農業成長率，而且也顯著地改善了農民的生活，使許多農民建築了「三七五新屋」，娶了「三七五新娘」，對未來充滿信心。對農民而言，農業不只是生活的手段，更是生活的方式，也是生活的目的。〔註44〕

　　從此以後，土地不僅是賴以營生的工具，務農也不僅是生生所資的手段，「晨興理荒穢、戴月荷鋤歸」也勢將不以為苦。同時，1950 年代土地改革的成功，也促成台灣農村社會的結構產生了重大的變異，並且對於當時的台灣政局與社會，形成了穩定的力量：

> 土地改革的完成對於鄉村社會結構產生了激烈的衝激，創造了強有力的自耕農階層，成為安定台灣鄉村社會的中堅力量，在社會活動及政治運動中扮演了重要角色。〔註45〕

　　至於農村社會結構的改變，由深入農村基層的農會理、監事成員背景得以窺其一二。根據農復會的調查報告顯示，土地改革以前，台灣農村的鄉農會理、監事成員為地主身分者，比例均約佔四成，但在土地改革完成後的 1953 年，形勢卻已然不同：

> 土地改革完成之後，農村的權力結構業已大為改觀，統計資料顯示：1953 年全省的省、縣市及鄉鎮農會中，理事之為自耕農者在理事總數的 81.3%，監事之為自耕農者則為全體監事的 60.5%，自耕農顯然地已經取代土地改革前的地主而居於農會的權力核心了。再就全省各級農會的會員身分來看，具有自耕農身分的農會會員在 1953 年時已佔全部會員的 72.52%，可見土地改革確實已經為戰後的台灣帶來了一場「無聲的革命」。〔註46〕

　　檢視統計數據可見，自耕農階層已然在農村（會）結構中取得絕對優勢，

---

〔註43〕引用數據參見謝森中、蕭國輝：〈農業在台灣未來經濟發展中的地位—— 一項具有挑戰性的課題〉，收入毛育剛主編：《台灣農業發展論文集》，頁 83。
〔註44〕廖正宏、黃俊傑著：《戰後台灣農民價值取向的轉變》，頁 36。
〔註45〕同註44，頁 34。
〔註46〕黃俊傑：《戰後台灣的轉型及其展望》（台北：正中，1995 年 8 月），頁 82。

形成主導的力量，同時也見到農民積極的社會意識。蕭國和進一步分析指出，土地改革工作的成功，「實是中央政府播遷來台後，最具有決定性的政策」，由於土改施行順遂，因此，除了在強勢戒嚴體制下的政治力之外，也能夠仰賴農業經濟的穩定成長，讓1950年代初期在風雨飄搖中的國府政權，得以獲得更為堅固的支持力道：

> 它一方面擴大了台省的的耕地面積，增加了農作物產量，充分地供給軍需民糧；一方面穩定了社會秩序強固了政治倫理，使政府在短時間內完全控制台省的政、經發展體制，從而導入了一個依序前進的國家建設新紀元。〔註47〕

台灣農業的發展，向來受到「政策導向」的影響至鉅，土地改革政策更是直接而具體，不單只是有效提高農業生產，改善農村經濟，更影響了農村社會與農民意識；因為土地改革而產生的廣大自耕農階層，一如黃俊傑的分析，在台灣社會成功地扮演著雙重角色，這個階層成為穩定1950、60年代農村社會政治秩序的中間力量，也是當時台灣農業發展的尖兵。〔註48〕

由於，台灣社會歷經日本投降後的喜悅，長官公署接收後的失落，「二二八事件」鉅變後的惶恐，直至1949年國府播遷來台的衝擊，所衍生的族群矛盾與失之模糊的國族認同，在在均對國府治理台灣形成嚴峻的考驗；雖然並沒有證據顯示這個階層的農民因而形成堅定的「國家觀念」，但值此之際，受益於土地改革而躍升的自耕農階層，對於認同國府政權治理台灣的支持度，應該是有所助益的。

同時，農民因生活改善而得以行有餘力，本身與子女均能接受相關資訊與教育，並且進而參與政治活動，也促使地方自治健全發展，對全民政治的實現也奠立了基礎〔註49〕；至此，龐大的國家機器於是乎成功地藉由土改而遂行了運作的機制：

> 1950年代土地改革的完成，代表了政府力量之深入地介入農村，並重編台灣農村的經濟秩序，使「國家」與「社會」形成更緊密的整合。〔註50〕

---

〔註47〕蕭國和《台灣農業興衰四十年》，頁30。
〔註48〕黃俊傑：《戰後台灣的轉型及其展望》，頁70。
〔註49〕參見「財團法人土地改革紀念館」官方網頁，主題導覽之〈耕者有其田〉篇。上網日期：2012.7.10，網址：http://www.landreform.org.tw/library/library-subject.aspx
〔註50〕廖正宏、黃俊傑著：《戰後台灣農民價值取向的轉變》，頁85。

　　這樣的結合，對於往後台灣迭宕起伏的政經發展與農民意識的幾經轉變，著實埋下了影響因子，也成為後續農民小說作家取材的元素，下文將陸續探討。然而，除了土地改革政策的成功外，1950 年代台灣農業經濟產值能有如是增長，卻也是同時受到國際局勢的外在因素所導引。

　　1950 年韓戰爆發，中共介入漸深，終至在「抗美援朝」的旗幟下派遣中國人民志願軍投入戰場，而且隨著戰情的逆轉，迫使美國重新思考台灣的戰略位置，而將台灣納入圍堵中蘇共產主義的防禦體系中，從而促成〈中美共同防禦條約〉的簽訂與第七艦隊的協防台海，這些盡皆都是由於韓戰的直接影響；而中華民國也獲得美國的援助（美援），不僅提升了國軍的防禦能力，得以消解中共解放台灣的威脅，同時也對台灣捉襟見肘的經濟多所挹注。

　　然而，為了爭取美援的投入，國民政府是相對要有所因應的，具體作法便是「提出所謂『經濟自立』的計畫作為依據」〔註51〕，因此政府在 1953 年成立了「經濟安定委員會」，以統籌規劃相關工作，並積極規劃長達 20 年，實施共五期的四年經建計畫，而其中與台灣農村社會最為密切相關的，就是「以農業培養工業」的策略本質。

　　一如前文所敘，「政策導向」向來皆是影響台灣農業發展的最主要因素，回顧日據時期「工業日本、農業台灣」的基本策略，甚至形成「米糖相剋」的現象等，即是日本殖民政策所使然；而 1950 年代初期開始實施「以農業培養工業、以工業發展農業」的經濟建設計畫，不僅對於台灣的農業，更是對整體台灣社會的經濟發展產生了深遠的影響，直至今日。

　　「經濟安定委員會」所規劃實施的第一階段前兩期四年經濟計畫（1953～1960），乃是以「進口替代」為策略，而第二階段三期四年計畫（1961～1972），則轉變為「出口替代」，蕭新煌言簡意賅地說明了這兩種策略的操作模式：

> 在這兩個成長策略當中，農業部門都被認定去扮演「培養工業」的角色。在「進口替代」的成長策略中，農業產品外銷得到的外匯償付了進口的工業生產物資，扶植了國內工業的雛形。而「出口替代」的成長策略則要求農業提供外銷製造業充分糧食資源和充沛的農村外流勞力。〔註52〕

〔註51〕廖正宏、黃俊傑、蕭新煌著：《光復後台灣農業政策的演變──歷史與社會的分析》，頁 55。
〔註52〕同註51，頁 55～56。

　　可見藉由經濟計畫的規劃導向，政府積極輔導協助台灣農業生產力，以期達到換取外匯的目的，而這第一階段經建計畫的「進口替代」，也正是在土地改革成功以後，另一個促進1950年代台灣農業蓬勃發展的因素。

　　農業的生產剩餘持續成長，增加輸出以賺取外匯，藉此得以獲取工業發展奠基時期所需進口的工業機械與原料；而相對的，在工業發展政策方面，又有匯率、關稅保護、低利貸款與獎勵投資等多元的優惠措施，有效地扶助工業成長；並且，以代替進口工業消費品之生產，供應內銷為主，在國內銷售給以廣大農民階層為主體的消費者，如是發展，便導致「農業剩餘在雙重的榨取下，工業利潤大增，促進企業家階級的資本累積」〔註53〕，而這也即是1950年代中期以後，台灣的工業得到滋養而茁壯的重要契機；易言之，台灣工業發展的基礎，即是奠定於「以農業培養工業」的「進口替代」策略運作中，學者對此有精闢而露骨的分析：

> 「以農業培養工業，以工業發展農業」的經濟政策，在這指導原則下，台灣的農業政策可以說是以所謂的「發展的榨取」（developmental squeeze）為其特徵。易言之，亦即是從政策上採取措施來促進台灣農業生產量的提高，以製造人力及物力的「剩餘」（surplus），並將此種「剩餘」轉移到非農業的投資上去。〔註54〕

　　將農業所得的「剩餘」，導入於挹注工業發展之所需，因此成就工業發展的基礎，但是，伴隨著農業培養工業的政策影響時日既久，一方面農產品價格為因應軍需民糧而遭到策略性壓抑調控，另一方面非農業（工業）的所得利潤持續成長而漸漸超越農業生產的利潤，並且提供廣大的勞力市場，相形之下農村家戶所得相對降低，勞動人口也就自然形成轉移，此消彼長，於是到1960年代中期以後，農業生產便不再是台灣產業的主體了。

　　根據紀錄，觀察1950至60年代台灣產業生產淨值的比重數據演變，可以發現1952年台灣工業的生產淨值比重為19.7%，尚遠低於農業產值的32.2%，但是到了1965年，工業產值快速增加到30.2%的比重，已經超越了農業產值的23.6%了。〔註55〕

---

〔註53〕 李登輝分析指出，相關有利於戰後初期工業發展的各項措施，「在農產品出口時，有利於機械、原料之進口；在國內市場上，工業者可以高價出售工業品給農民」，參見〈台灣農業現代化的經濟意義〉一文，收入李登輝：《台灣農業發展的經濟分析》，頁395。

〔註54〕 同註52，頁23。

〔註55〕 參閱王塗發：〈戰後台灣經濟的發展〉，收入張炎憲、李筱峰、戴寶村編：《台

　　設若依據「以農業培養工業、以工業發展農業」的經建計畫精神，農工產業自當具有其平衡發展的制約，然而源於韓戰、因應美援而制訂的「經濟自立」計畫綱領，實際上卻「在這 20 年當中，經濟政策卻集中在這個綱領的前半段──即『以農業培養工業』，至於後半段──『以工業發展農業』則一直未能完全付諸實行」〔註 56〕；所以究其實，經濟建設的著眼點，只是一味地以發展工業為主軸，經濟政策對農業的投資設定，卻明顯持續下滑，「這顯示政策的『擠壓』取向仍甚為明顯」〔註 57〕，遂使得所謂「農本主義」激昂的 1950 年代至 60 年代初期，終究成為戰後台灣農業發展的唯一高峰期，待到工業起飛，農業便隨之江河日下，榮景不再。

　　從荷據時期伊始，台灣農業的發展，即明顯地缺乏主體性與自主性，而在卸脫日本殖民枷鎖之後，台灣農業所扮演的角色，在戰後的發展進程裡，似乎也仍然受制：

> 1945 年光復後，台灣農業部門的「主體性」並不顯著，在民國四十年代農業部門是「軍需民糧」的提供者，民國五十年代以後則是「工業起飛」的踏腳石，民國七十年代以後則又常成為外交部門的「救火隊」，農業部門的「自主性」相當薄弱。〔註 58〕

　　台灣島地窄人稠，農業的發展本自有其先天上的限制，然而政策制約等非農業的外在因素，不僅對農業生產本身帶來影響，也改變了農村社會的生存法則，同時也造成農民價值觀的變異，傳統農業社會裡，依存土地安身立命，順應自然遷化的人生態度，也隨著科技文明與工商業的蓬勃活絡，而漸次淡薄。

## 第二節　去殖民化的國族認同與霸權論述下的文學生態

　　國府在接收台灣之前的準備工作中，似乎預設了台灣人已經遭到「奴化」的事實，所以接收後的首要任務，便是清除所謂日本大和民族同化的遺毒，

---

　　　灣史論文集精選（下）》，頁 395。
〔註 56〕廖正宏、黃俊傑、蕭新煌著：《光復後台灣農業政策的演變──歷史與社會的分析》，頁 55。
〔註 57〕同註 56。
〔註 58〕廖正宏、黃俊傑著：《戰後台灣農民價值取向的轉變》，頁 152。

積極務使台灣社會「去殖民化」，促使台灣人民達致「中國化」的目的，並將
「講國語等於中國化」的語言改造視為當務之急，急切操作「剛性」的單語
政策，廢除報刊雜誌的日文版面，截斷了台灣人民吸收與發表的媒介，加以
政經環境紊亂失序，使得戰後初期台灣社會的國語學習熱潮迅速降溫；而在
短時間之內，必須歷經日本化／中國化的轉換，台灣人民在此過程中，卻同
樣遭受到強勢同化的制約，自由與自主意志也同樣遭受斲傷，因而開始出現
了「本省人」與「外省人」的省籍矛盾，並激化了國族認同的爭議。

　　《台灣新生報》「橋」副刊的「台灣文學論爭」，進行了台灣文學「特殊
性」與「一般性」概念，以及「台灣文學」的名義之辯，論爭過程中也凸出
「文學反映論」與「文藝大眾化」的創作理論與意識型態，然而也可以從中
發現大陸文人挾帶語言的優勢，在台灣的文學場域裡，已經有漸次凌駕本土
作家之勢。

　　經歷「四六事件」的鎮壓之後，不久台灣即進入「戒嚴時期」，並且逐步
施行「懲治叛亂條例」，展延「動員戡亂臨時條款」，公布「戡亂時期檢肅匪
諜條例」，種種律令不僅戕害了基本人權，並且使台灣社會籠罩在肅殺氛圍之
中。

　　而隨著國府撤退來台，為了鞏固官方統治權威，甚至在政治範疇以外，
也運用國家機器的運作，著力於制訂指導論述以期掌握文藝發展方向，並且
厲行對社會主義的禁絕，從而使 1930 年代的左翼文學思想，絕跡於台灣；而
在堅定「反共抗俄」基本國策的同時，並建立文化霸權論述，讓文學創作能
服膺於政治的領導，標舉「反共文學」創作主題的政治正確性，所以，版面
上諸多文學作品的得以出刊，竟爾是基於訴求文學領域之外的政治目的。如
是情勢下，其時置身於 1950 年代的台灣本土作家，不僅正歷經跨越語言轉換
的煎熬，而在文字語言的運用上明顯是居於劣勢的一方，同時也源於對「反
共」語境的陌生，創作發表空間受到了強烈的擠壓，所以作品因而相對稀少，
況且在「白色恐怖」壓制下，更遑論能出現反映鄉土現實，甚至是批判、質
疑的內容。

## 一、語言政策的影響與「橋」副刊論述平台的意義

　　根據國府 1945 年 3 月於重慶制定的〈台灣接管計畫綱要〉，其中針對接
管後的文化措施有四項綱領，即是「增強民族意識，廓清奴化思想，普及教

育機會，提高文化水準」〔註 59〕，對於即將接收遭受日本殖民統治五十年的台灣，顯然已經抱持著必須改造社會文化與人心思想的預設立場，而行政長官兼警備總司令陳儀對於「廓清奴化思想」，清除所謂日本大和民族同化的遺毒，更是展現了積極的態度。

　　國府接收台灣後的首要任務，即是務求台灣社會能夠進行「去殖民化」，而為了促使台灣人民順利達致「中國化」的目的，將語言的改造視為當務之急，其陸續進行的具體作法，依時序的進程有幾：首先於 1946 年 4 月設置執行單位──「台灣省國語推行委員會」，著手進行語言的改造與教育工作；二是於 6 月輔導成立半官方組織「台灣文化協進會」，成立宗旨則敘明「聯合熱心文化教育之同志及團體，協助政府宣揚三民主義，傳播民主思想，改造台灣文化，推行國語國文」〔註 60〕；三是於 7 月設立「台灣省編譯館」，其編制與「台灣省國語推行委員會」同樣都直屬於長官公署，負責統籌編輯各級學校教材與編譯社會讀物等，著重推行國語教育的目的不言可喻。透過這些機制，清楚可見國府在文化重建工作中對語言改造的重視程度。

　　而就當時台灣社會的語言使用面而言，由於日據時期語言政策與皇民化「國（日）語家庭」運動的影響，日語的使用在台灣已有很高的普及率〔註 61〕，無論是在台灣的新生世代，或是留學日本的新興知識分子，均已逐漸喪失使用母語的能力，更遑論海峽彼岸的「北京話」；然而，台灣民眾於「回歸祖國」歡欣雀躍之際，社會上卻掀起一股自動自發學習國語的熱潮，日據末期遭到禁絕的漢文私塾此際重開收納學生，新式國語補習班也到處林立，吳濁流在《台灣連翹》中紀錄了當時民間的熱烈狀況：

> 懂得中國語和中文的人，主動地當中國語講習所的義務老師，無酬
> 給民眾教授語言。國民學校的教師們則靠ㄅㄆㄇㄈ等標音記號來自

---

〔註 59〕〈台灣接管計畫綱要〉，收入於陳興唐主編：《南京第二歷史檔案館藏台灣「二・二八」事件檔案料（上卷）》，頁 21。

〔註 60〕「宗旨」與下文的「成立大會宣言」文字內容，轉引自黃英哲：〈許壽裳與台灣（1946～48）──兼論二二八前夕台灣省行政長官公署的文化政策〉，收入陳琰玉、胡蕙玲編：《二二八學術研討會論文集（1991）》（台北：自立晚報社，1992 年 2 月），頁 125～126。

〔註 61〕根據統計紀錄，1932 年時，台灣人能語日語比例有 22.7%，至 1940 年，達總人口 51%，至日本投降時，一說台灣人能解日語的人數已高達總人口的 70%。參見蔡盛琦：〈戰後初期學國語熱潮與國語讀本〉，《國家圖書館館刊》一百年第 2 期（2011.12），頁 63。

修，有的人靠收音機來學。〔註62〕

　　而面對顯然陌生的語言文字，以既有習用的語言如台灣話或日語來學習，相對地應是比較容易入門的途徑，因此當時坊間出版的國語讀本，有很大的比例是以日文編訂，或是重拾方言來學國語，形成許多讀本是「中、日文並陳，國語、方言對照」，如是呈現，也「充分展現一個社會多元語言的轉換期，因此格外具有時代的意義」。〔註63〕

　　重拾方言以台灣話的基礎來學習國語，其實原是當時的官方主張；主其事的首任「台灣省國語推行委員會」主任委員魏建功，自始即認為憑藉原有的方言，是為入門的適切途徑，於是明列在〈台灣省國語運動綱領〉中的首則即是——「實行台語復原，從方言比較學習國語」，畢竟台灣話與國語之間自有其聯繫甚至共通的脈絡，而黃英哲更進一步分析魏建功的用心：

> 魏建功的基本做法是在台灣提倡恢復台灣話，除了可以復原台灣人
> 的文化、思路，也可以補救國語一時無法普及的缺陷，同時也可以
> 增強應用國語的啟示。〔註64〕

　　可見憑藉台灣話的基礎來學習國語，不僅是語言運用的聽說讀寫而已，更有其文化重整的意涵。然而，就在行政長官陳儀「對於國文，我希望我們要剛性的推行，不能稍有柔性」〔註65〕的堅強執行意志下，使得戰後初期多語並陳的社會面向，不久即遭到「廓清」，這當然也是因應接收後文化工作的積極目的，乃在於使台灣社會能儘速「去殖民化」，而能早日臻於「中國化」；於是就在接收台灣一年後的 1946 年 9 月 14 日，長官公署下令中學校禁止使用日語，同年的 10 月 24 日，通令宣布廢除報刊雜誌的日文版面，而這些律令所造成的負面影響，前行研究已有許多的討論。

　　例如，陳翠蓮曾指稱此舉「不僅忽視台灣民眾在語言轉換上的困難，更對台人缺乏同情與諒解」〔註66〕，而陳建忠認為這樣斷然的作法，「其實正說明了陳儀等接收大員對台灣現實缺乏理解的心態，這與他們在台灣政治、社

---

〔註62〕吳濁流著、鍾肇政譯：《台灣連翹》（台北：前衛，1989 年 2 月），頁 152。
〔註63〕蔡盛琦：〈戰後初期學國語熱潮與國語讀本〉，頁 60。
〔註64〕黃英哲：〈魏建功與戰後台灣「國語」運動（1946～1948）〉，《台灣文學研究學報》第 1 期（2005 年 10 月），頁 99。
〔註65〕文字紀錄見〈關於糧食與用人問題〉，收入台灣省行政長官公署宣傳委員會編：《陳長官治台言論集第一輯》，頁 69。
〔註66〕陳翠蓮：〈戰後初期台灣人的祖國體驗與認同轉變〉，收入陳翠蓮：《台灣人的抵抗與認同（1920～1950）》，頁 341。

會、經濟政策上的不當措施，可視爲同一種意識型態下產物」〔註 67〕，蕭阿勤則更進一步細數：

> 與日本殖民政策比較起來，國民黨政府的決策更加嚴苛。日本殖民
> 政府是在統治台灣的四十二年之後（亦即 1937 年），才正式下令禁
> 止雙語報紙中的漢文欄。就某種意義來說，在祖國的統治下，那些
> 過去受日語教育長大的一代，突然變成「文盲」。〔註 68〕

而實際上，就當時台灣社會的語言實際運用情形，若是順應著國語學習熱潮的方興未艾，以日語或方言標示國語讀音應是較能符合現實需求，也具體可行，尤其是日語。但是禁絕日語的律令，等同於閉鎖了學習國語的方便之門，更阻斷了台灣人民吸收與發表的媒介；復加以當時機關招募人才，大多以國語能力爲聘用評選標準，因此在社會上逐漸激發不滿情緒，語言問題遂演而擴大爲族群與政治問題，這也是後來國語學習熱潮迅速降溫的部分因素。

另外，由於戰後初期長官公署的統制經濟措施與政治歧視等作爲，已經引發批評聲浪，致使在日據下接受完整日文教育的台灣新興知識分子們，自然以嫻熟習用的日文，屢屢對社會現實面的種種亂象，藉由報刊雜誌撰述議論與批評，因此廢止報刊日文欄的舉措，也不無管控言論之嫌。何義麟即指出，廢止日文欄不僅是剛性語言政策的施行手段，並或可藉此掌控台灣民眾發聲管道的媒體，認爲「陳儀政府禁止日文的眞正目的，或許並非企圖控制言論，但事實上確實剝奪台人言論自由」〔註 69〕。日據末期殖民政府廢除漢文欄與強勢的同化策略，剝奪言論自由而帶給台灣人民的創傷經驗，於戰後擁抱「祖國」之後，竟爾再添新痕。

而在「二二八事件」之後，官方推行國語運動更趨「剛性」，除了禁止日語外，方言的使用也受到限制，藉方言以學習國語的模式，益發無由施行；而設若將陳儀政府硬調的國語單語主義，比較日據末期皇民化運動下語言（日語）一元化的強制政策，其實同樣都斲傷台灣人民的自由意志與企盼自主的想望；日據殖民桎梏下自然是由於無可奈何，但在歷經掙脫束縛回歸後，卻

---

〔註67〕 陳建忠：《被詛咒的文學：戰後初期（1945～1949）台灣文學論集》（台北：五南，2007 年 1 月），頁 16。

〔註68〕 蕭阿勤：《重構台灣：當代民族主義的文化政治》（台北：聯經，2012 年 12月），頁 119。

〔註69〕 何義麟：〈「國語」轉換過程中台灣人族群特質之政治化〉，收入若林正丈、吳密察主編：《台灣重層近代化論文集》（台北：播種者，2000 年 8 月），頁 462。

又在長官公署「講國語等於中國化」的急切操作模式下，台灣社會因此在極短的時間之內，就必須歷經日本化／中國化的位移轉換；雖然，台灣人民接受「祖國」的態度原本即迥異於面對「殖民母國」，但是，卻都同樣遭受到強勢同化的制約，這一點蕭阿勤的看法是：

> 二二八事件後，單語主義執行得更為嚴厲。宣揚國語、禁用日語、以及限制公共場合台灣語言的使用，成為官方的語言政策。簡言之，台灣連續經歷了兩種統治者所強加的國語，亦即日語和北京話為基礎的國語。這兩種國語政策都以「同化的單語主義」為目標……〔註70〕

然而究其實，國府輕忽了台灣因為被殖民 50 年而產生與中國的差距及隔閡，實行單語主義即明顯暴露這種心態，只視台灣人為理所當然的漢民族，相信在完成去日本化並且「提高文化水準」後，即能迅速蛻變而成為中國人，缺乏易地以處的同理心之外，同時也漠視兩岸因隔絕而形成的文化差距；所以，依長官公署的視角，當時台灣人還不是中國人，仍須待「增強民族意識，廓清奴化思想」、「肅清思想毒素」、「肅清日本文化的遺毒」等工作完成之後，始能具備行使「國民」的權利，所以，台灣人民因為背負著受殖民而「日本化」的原罪，而在「去殖民化」／「中國化」的同化策略下，面對大和文化後的中國文化，再一次重又回到文化「落後」的位階：

> 對台灣人來說，這種要求與戰前殖民同化主義的方針雷同。日本統治者也是要求，台灣人要先在文化上達到同化的程度，才要賦予做日本人的平等地位。戰後，受日本教育的台灣知識分子，不僅被排除在政治權力中樞之外，繼續當二等國民，還要在兩個「國語」轉換之間受盡折磨。〔註71〕

而國府抱持如是心態接收台灣後，在文化統合上未見細膩的操作並審度緩衝磨合的時間需求，致使日據下與大和民族對立的「台灣人」意識，在戰後卻不幸轉換為「本省人」與「外省人」的省籍矛盾情結，導致族群認同的議題，直到今日，每遇特定的社會氛圍醞釀或形成時，即持續不斷被挑起。

若根據蕭阿勤的觀察，「本省人」與「外省人」如是稱謂的產生，是源於戰後台灣出現的新的社會人群分類方式，台灣人用「外省人」來指稱「從

---

〔註70〕蕭阿勤：《重構台灣：當代民族主義的文化政治》，頁 233。
〔註71〕何義麟：〈「國語」轉換過程中台灣人族群特質之政治化〉，收入若林正丈、吳密察主編：《台灣重層近代化論文集》，頁 464。

中國其他省份來的人」，而「日本殖民時期所出現、用來指稱島上漢人的稱呼『台灣人』，一直沿用下來。然而為了區分島上的本地居民與新來乍到的外省人，才出現『本省人』一詞」〔註72〕，但是激化「本省人」與「外省人」族群以壁壘分明的情緒，其實最主要的原因，應是認為台灣人已經遭到「奴化」的預設立場所導致，而最具代表性的，當是教育處長范壽康所援用的措辭；其於 1946 年 4 月 29 日在「台灣省地方行政幹部訓練團」一席台灣人民經過日本殖民後已經「完全奴化」的言論，引發各界強烈反彈的聲浪〔註73〕，加上行政長官公署在政經兩方面的統制與歧視，對於甫脫離被殖民立場的台灣人而言，難免在感受上似乎又淪為「祖國」（中國）再殖民的對象，所以，處於後殖民社會階段中的台灣，逐漸形成台灣地域意識與大中國民族意識的互相拉扯，也漸次浮現後殖民主義意識中自我／他者的視角，就此形成本省人（台灣人）與外省人之間所謂的族群矛盾與省籍情結。

而就文字創作而言，長官公署的剛性單語主義，致使日據時期接受完整日式教育，或已習用日文創作甚至思考的作家，甚至文學作品也已深受肯定，此際卻頓時失去發聲的管道，雖然，當時文化界並不缺乏文學創作發表的園地。

戰後初期，期刊出版異常熱絡，根據目前出土文獻統計，從 1945 至 1949 年之間，以「二二八事件」（1947）界分為前後，則前期至少有 110 種以上期刊出版，中日文兼具，後期也有一百餘種雜誌出現〔註74〕，從文學創作、社會觀察到政經評論，洋洋大觀，葉芸芸解析其時知識分子「昂揚自信」與文化界「生氣勃勃」盛況的內在因素為：

> 當時台灣急切地要掙脫日本殖民者的文化體系，重新入承中國文化
> 脈絡，而建立新的、自主的台灣文化，這也是智識份子「捨我其誰」
> 的歷史任務。〔註75〕

〔註72〕 蕭阿勤也指出，「本省人」與「外省人」的類別區分，在大多數的情況下，並不包含客家人與原住民族群，只用於指稱佔人口多數的福佬人，甚至是「台灣話」的概念也類似。參見蕭阿勤：《重構台灣：當代民族主義的文化政治》，頁 117～118。

〔註73〕 有關范壽康的言論所引發的反彈，參見李筱峯：〈戰後初期台灣社會的文化衝突〉，收入張炎憲、李筱峰、戴寶村編：《台灣史論文集精選（下）》，頁 286～287。

〔註74〕 何義麟：〈台灣文學期刊史編纂戰後初期（1945～1949）總論〉，《文訊》第 318 期（2012 年 4 月），頁 82。

〔註75〕 葉芸芸：〈試論戰後初期台灣智識份子及其文學活動（1945 年～1949 年）〉，

　　顯見戰後初期知識分子們雀躍的心情，與對文化重整的殷切期盼。活動力十足的楊逵，在日本宣布投降後的 1945 年 9 月 1 日，迅即創刊《一陽周報》，除了引介孫文學說與三民主義，顯露楊逵對台灣未來的建設方向充滿期待之外，並廣約各類文稿，包含政經、教育、文化、社會評論與文學創作等，兼採中日文稿件，意欲提供一個公共論壇，「集思廣益以謀求台灣社會的重建」。這應是現今出土文獻中，戰後台灣最早出現的雜誌。〔註 76〕

　　隨著國府接收後一一呈現的政經亂象，反映、批判現實的評論與文學創作，也開始見諸報端，1945 年 10 月 25 日發行的《政經報》，應屬鮮明的例子。《政經報》出版的動機原係針對戰後台灣政經演變的方向，期許能夠深入加以探討並提出建言，一如其刊物名稱，所以在蘇新的主編下，漸漸也因應時局，而開始對行政長官陳儀的用人與財經政策進行批判，而如是性質的刊物，亦難得屢見文學創作，如呂赫若、鍾理和等人的作品，甚至還連載賴和的《獄中日記》。〔註 77〕

　　在日文被禁絕之前，《中華日報》日文版於 1946 年 3 月 15 日闢有「文藝欄」，由龍瑛宗擔任主編，當是本土文人延續日據時期創作生命的重要園地，吸納了如吳濁流、吳瀛濤、葉石濤等人的作品，彭瑞金指出，這個版面是當時只能援用、閱讀日語的文化界人士，「唯一暫時能呼吸到文藝氣息的一扇窗」，同時也具有「接續著台灣新文學的香火傳統」的意義〔註 78〕，但由於「文藝欄」版面不大，更在 7 個多月後日文版遭禁絕的影響下，所累積的文學作品也相對有限。

　　在「二二八事件」發生以前的期刊雜誌，則應屬「台灣文化協進會」的機關刊物──《台灣文化》最令人矚目。由於「台灣文化協進會」本為半官方的組織，卻特別邀請台灣本土領導菁英人士如林獻堂、林呈祿、連震東等擔任理監事等重要職務，成立大會宣言更大聲疾呼：「建設民主的台灣新文化！建設科學的新台灣！肅清日寇時代的文化的遺毒！三民主義文化萬歲！」見其飽滿亢進與融合的積極意識。

　　　　收於台灣文學研究會編：《先人之血‧土地之花──台灣文學研究會論文集》
　　　　（台北：前衛，1989 年 8 月），頁 63。
〔註 76〕參見黃惠禎：〈政治轉型期中台灣人的精神圖像──《一陽周報》簡介〉，《文訊》第 318 期（2012 年 4 月），頁 92～93。
〔註 77〕參閱何義麟：〈為建設新台灣而努力──《政經報》簡介〉，《文訊》第 318 期（2012 年 4 月），頁 94～95。
〔註 78〕參見彭瑞金：《台灣新文學運動四十年》，頁 40～41。

最初發行的《台灣文化》，於 1946 年 9 月 15 日創刊，是爲綜合性的文化雜誌，由楊雲萍擔任主編，所網羅的撰稿人，除了大陸來台作家以外，也包含了台灣本土作家如蘇新、吳新榮、王白淵、鍾理和、楊守愚、呂赫若、黃得時等〔註 79〕，絕大部分均是出身日據後期以日文創作爲主的文人，並且正戮力跨越語言的鴻溝，雖步履蹣跚卻意氣昂揚。此際兩岸文人透過刊物對創作意識的對話並不多見，但雜誌內容卻呈現兼容並蓄的格局，頗具文化重整與融合的氣象。但是，由於本土作家因爲中文的使用仍嫌生澀，因此《台灣文化》所刊載的內容，若依比例而言，乃以大陸作家的創作或轉載中國新文學作品的介紹較多，所以何義麟認爲，透過觀察《台灣文化》逐次出版的內文，相當程度地見到戰後台灣文化圈與文學界進入「橫向移植」的歷程：

> 從《台灣文化》刊載內容的演變，我們可以發現，許多台灣人逐漸
> 退出文壇，文化界同時悄悄地展開思想的橫向移植。〔註 80〕

何義麟之所以借用 1950 年代現代主義到台灣係爲「橫向的移植」一詞，所欲指涉的，當是來自彼岸大陸文人挾帶語言的優勢，橫越海峽而來，在施行剛性單語主義的戰後台灣，包含引介大陸文人作品在內，不管是創作的發表或文學理念的詮釋，在台灣的文學場域裡，漸有凌駕本土文人的趨勢。

事實上，台灣本土文人，習用中文者於日據末期廢止報刊漢文欄時，絕大多數即已擱筆，而只嫻熟於日文的作家，在戰後僅僅週年的時間，旋即又面對日文版面的廢除，一如林亨泰的名言，指稱他們爲「跨越語言的一代」，正在經歷掙扎調適與學習，本土文人的創作相對稀少，誠然是有其客觀條件的制約。

然而，積極謀求台灣社會的重建也好，對文化重整的殷切期盼也罷，戰後初期包含文學創作百花齊放的局面，其實也都籠罩在風雨欲來的變局氛圍中，而終究在「二二八事件」中備受摧殘，原本即爲數不多的文學呈現或交流，也刹時凋零而荒蕪，要等到事件平息以後，《台灣新生報》「橋」副刊始重新拓墾園地，建構平台，再度架設對話溝通的橋樑。

1947 年 8 月，就在「二二八事件」發生五個月以後，《台灣新生報》增闢「橋」副刊，對於開刊的起心動念，主編歌雷（史習枚）在〈刊前序語〉中

---

〔註 79〕參見秦賢次：〈開闢新世界的園地——《台灣文化》簡介〉，《文訊》第 318 期（2012 年 4 月），頁 106～108。

〔註 80〕何義麟：〈台灣文學期刊史編纂戰後初期（1945～1949）總論〉，《文訊》第 318 期（2012 年 4 月），頁 90。

表示「橋象徵新舊交替，橋象徵從陌生到友情，象徵一個新天地，橋象徵一個展開的新世紀」，雖不確知其所謂「新舊交替」的意義，但卻可見積極從事戰後兩岸文化交流的目的。而其編輯用心可以從特別爲日文作家提供翻譯的做法，以因應由於報刊禁絕日文使用的本土作家處境，並舉辦「橋副刊作者茶會」讓作家進行交流，顯露副刊編輯戮力營造廣納意見與作品的企圖。而「橋」副刊內容除了小說、新詩、隨筆等各類文學創作之外，引發廣大迴響的，當是省內外文化（學）工作者，一系列相關於台灣文學本質、走向、理論、實踐等的討論，即所謂「橋」副刊的「台灣文學論爭」；這同時也是「二二八事件」後，以迄 1950 年代白色恐怖統治來臨之前，台灣文壇最爲人矚目的發展。

　　在這一場論爭中，對於台灣文學的「特殊性」，相對於所謂統合於中國化的「一般性」籠統概念，以及「台灣文學」名義之辯，甚至延續戰後初期所謂「奴化」的爭議，不管是各自表述或彼此交鋒，參與的作家們對於上述的認知始終存在或多或少的歧異，前行研究已多所討論，於此將聚焦於論爭中對於「文學反映論」與「文藝大眾化」的創作理論與意識型態，有意外契合之處進行探討。

　　從參與討論的文章標題，諸如〈論文學的時代使命──藝術的控訴力〉、〈「文章下鄉」談展開台灣的新文學運動〉、〈新寫實主義的眞義〉、〈再論新寫實主義〉等，即可略窺一二；而諸多文章內容，從先聲的歐陽明：「文學既是社會生活的產物，並反映著時代動向……讓走向人民的新文學，做爲人民戰鬥的力量」〔註81〕，接著揚風強調「文藝的大眾化」，並指出「他（文藝工作者）是屬於大眾的，他的聲音應該是大眾的聲音」〔註82〕，到史村子認爲「時代是怎麼樣，就產生怎麼樣的文字」、「藝術是大眾的，文學是大眾的」〔註83〕，以及楊逵的呼籲：「我希望各作者到人民中間去，對現實多一

〔註81〕 歐陽明：〈台灣新文學的建設〉，原刊《新生報・「橋」副刊》（1947 年 11 月 7 日），收入陳映眞、曾健民主編：《台灣文學問題議論集：1947～1949》（台北：人間，2003 年 11 月），頁 35～36。

〔註82〕 揚風：〈新時代，新課題──台灣新文藝運動應走的路向〉，原刊《新生報・「橋」副刊》（1948 年 3 月 26 日），收入陳映眞、曾健民主編：《台灣文學問題議論集：1947～1949》，頁 37、38。

〔註83〕 史村子：〈論文學的時代使命──藝術的控訴力〉，原刊《新生報・「橋」副刊》（1948 年 4 月 2 日），收入陳映眞、曾健民主編：《台灣文學問題議論集：1947～1949》，頁 46～47。

點的考察」〔註 84〕等論述開始，及至雷石榆提出所謂「新的現實主義」，並因此引發相關「現（寫）實主義」、「新現（寫）實主義」與「社會主義的寫實主義」等理論的名實論辯〔註 85〕，凡此種種，縱然有理論解析與意識型態上的差異，但大致均同意所謂「文藝大眾化」的方向與文學反映社會，而且也必須反映社會的創作主張。

然而，日據下台灣新文學的寫實主義取向，已如前文討論，自不待言。省籍作家面對戰後初期台灣社會的亂象，儘管作品不多，卻明顯接續了日據下對現實反映、批判的創作風格，順理而成章；但是，省外作家於此際所欲引進的左翼的現實主義，則是「大陸普羅文藝路線之爭的隔海延續」〔註 86〕，但在戰後向「中國化」統合的聲浪中，復又經歷「二二八事件」，省籍作家的發言，似乎在有所顧忌之下，相對於「中國化」大纛下握有發言權的中國（省外）作家，顯得字斟句酌而微弱許多，陳芳明作如是觀察：「較諸皇民化運動時期的環境，本省作家的言論與思想空間可謂受到無比的壓縮。因此，在討論台灣文學時，被迫必須做一定程度的敷衍與讓步」〔註 87〕，而如是情況或許就如陳建忠的分析，是因為「顯見的」權力結構不對等的現象：

> 台灣文學現實主義傳統在中國現實主義傳統的面前，並非對等的位
> 階，而是有待重建、改造的殖民地文學他者。〔註 88〕

然而若是追本溯源，在 1930 年代的兩岸社會裡，雖有海峽相隔，卻不約而同營造了社會主義階級革命思想滋長的環境，台灣的無產階級更復有種族階級的壓迫，自有其發展的系統與歷史，如楊逵的〈送報伕〉小說主題思想，即是落實「社會主義的寫實主義」階級意識的具體呈現；設若更進一步探究，省外作家於此際所呈現的寫實主義語境，則或許該再置於國共內戰兩種不同政治路線鬥爭的脈絡下去觀察，始更能清晰。針對「橋」副刊所涉及的「新

---

〔註 84〕 參見楊逵於作者茶會的發言記錄，見歌雷等：〈橋的路——第一次作者茶會總
　　　　報告〉，原刊《新生報‧「橋」副刊》第 100 期（1948 年 4 月 7 日），收入陳映
　　　　真、曾健民主編：《台灣文學問題議論集：1947～1949》，頁 49。

〔註 85〕 主要論辯內容參見陳映真、曾健民主編：《台灣文學問題議論集：1947～1949》
　　　　收錄之雷石榆：〈台灣新文學創作方法問題〉、〈形式主義的文學觀評揚風的『五
　　　　四文藝寫作』〉、〈再論新寫實主義〉、揚風：〈五四文藝寫作——不必向「五‧
　　　　四」看齊〉、〈新寫實主義的真義〉等篇章。

〔註 86〕 語見陳建忠：《被詛咒的文學：戰後初期（1945～1949）台灣文學論集》，頁
　　　　204。

〔註 87〕 陳芳明：《台灣新文學史》，頁 256。

〔註 88〕 同註 86，頁 210。

現實主義」，就有如研究者徐秀慧直指其論爭目的，就在於「實踐無產階級革命所需的『文藝大眾化』，使台灣文學場域恢復 1930 年代左翼傳統並與大陸上的左翼實踐美學與行動主義接軌」〔註89〕，並且認為論爭的部份重點之所以聚焦於寫實主義的反映論，是因為：

> 國共內戰兩種政治路線造成的意識型態的對決，在國民黨始終缺乏
> 一套足以服人、與現實相應的文化宣傳的情況下，整個文學場域，
> 不論本省、外省文化人，目光都集中在與大陸上的新民主運動浪潮
> 相呼應，同情被壓迫者的人道關懷、現實主義的社會主義文藝理念。
>
> 〔註90〕

所以，如按此觀察角度，縱然兩岸寫實主義傳統的形塑過程不同，但卻可以理解《橋》副刊的論爭中「文學反映論」之所以受到重視，並持續反覆加以辯證的原因，同時也可以察覺到，左傾的思想言論在當時台灣文壇，尚未招致立即的肅清打壓；但是，隨著國府面對國共內戰或戰爭底蘊的政治路線之爭，漸呈節節敗退之勢，對社會主義文藝思想的顧忌就漸趨明顯，而對於新接收的台灣，尤其在經歷「二二八事件」以後，也絕不樂見無產階級路線在此昂揚；然後，就在國府廣失大陸民心與關鍵性戰役的挫敗後，緊接著1949 年 4 月 6 日在台灣發生軍警鎮壓與逮捕學生、文化人的「四六事件」發生，導致省內外參與論爭的作家，在風聲鶴唳下若非被捕即是逃離，「橋」副刊也遭到封刊，肅殺氛圍再度籠罩台灣社會與文壇，致使戰後「文學反映論」的風潮有如曇花一現，而台灣文壇的社會主義文藝思潮遂繼日據末期後再度「中挫」〔註91〕，台灣文學在其發展歷程裡，又一次受到政治因素的制約。

回顧持續一年三個多月的《橋》副刊文學論爭，其所呈現的意義與影響，至今堪稱言人人殊，仁智互見；代表性論述有如石家駒（陳映真）懷抱大一統中國意識下認為，此次論爭「表現了省內外作家、評論家──特別在 1947

---

〔註89〕 徐佳慧：〈內戰與冷戰交迫的台灣新文學變奏曲──論戰後初期的社會主義文
藝思想〉，收入張錦忠、黃錦樹編：《重寫台灣文學史》（台北：麥田，2007
年 9 月），頁 295。

〔註90〕 徐佳慧：〈內戰與冷戰交迫的台灣新文學變奏曲──論戰後初期的社會主義文
藝思想〉，收入張錦忠、黃錦樹編：《重寫台灣文學史》，頁 316。

〔註91〕 參見人間出版社編輯部：〈馬克思主義文論在台灣的中挫〉，曾健民主編：《噤
啞的論爭‧特集》，（台北：人間，1999 年 9 月），頁 1～3。

年二月事件之後——拒絕被分化的堅強、溫暖的團結,更表現了對於理論和
眞理認眞的、水平頗高的、嚴肅的探索⋯⋯」〔註 92〕;曾健民甚至給予「空
前絕後」的評價,成績高於分別發生於 1930 年代與 1970 年代的兩次「鄉土
文學論戰」:

> 在台灣文學思潮史的三大文學論爭中,堪稱最重要的一次,因爲它
> 處於台灣文學甫由殖民地文學復歸爲祖國民族文學的一環之際。且
> 光復後復甦的台灣左翼文學與祖國的左翼文學匯合⋯⋯不管在關於
> 中國文學和台灣文學的一般性和特殊性問題的論辯上,或在左翼文
> 論的建設上,迄今仍屬最高水平。〔註 93〕

　　然而亦有如彭瑞金認爲,論爭過程中雖仍存在難以磨合的歧見,但除了
肯定當時省內外作家「的確曾經有過一段和衷共濟攜手合力建設台灣新文學
的美好日子」〔註 94〕之外,不免同時也以台灣本土立場的視角加以審度,而
有「主客異位」的感嘆與抱屈:

> 「橋」副刊已經透露出,台灣作家在台灣文壇一夕之間已主客易位,
> 是以客人的身分被請來發言,是在「祖國作家」善意的包融和提攜
> 下參與台灣新文學建設行列的,已經失去主導台灣文學發展的地位
> 了。〔註 95〕

　　其實,由於論爭歷時並不長,而在有限的討論陳述中,理論與創作均難
以建構與落實,甚至於連情緒也未及沈澱,其中也包含「二二八事件」帶來
的怖懼心情;但不旋踵即又遭到政治力的嚴重干擾遂戛然而止,足見台灣文
學的發展,相應於政治時局,與來自於非文學的外在因素影響,著實無從避
免或逃遁,不管是日據下或是戰後,這或許也就誠如陳建忠的感慨:

> 時代爲台灣作家所提出的寫作難題,遠遠超過文學自身的範疇,而
> 必須面對文學以外的因素所加諸作家的限制,這說明了台灣文學的

---

〔註 92〕石家駒(陳映眞):〈一場被遮蔽的文學論爭——關於台灣新文學諸問題的論
　　　　爭(一九四七～一九四九)〉,收入陳映眞、曾健民主編:《台灣文學問題議論
　　　　集:1947～1949》,頁 1。
〔註 93〕趙遐秋、呂正惠主編:《台灣新文學思潮史綱》(台北:人間,2002 年 6 月),
　　　　頁 172。
〔註 94〕參見彭瑞金:〈記一九四八年前後的一場台灣文學論戰〉,收入彭瑞金:《台灣
　　　　文學探索》,頁 223。
〔註 95〕彭瑞金:〈肅殺政治氣候中燃亮的台灣文學香火——戰後二十年間影響台灣文
　　　　學發展的主要因素探討〉,收入彭瑞金:《台灣文學探索》,頁 106。

傳統，特別是殖民地以來的傳統，和當時的政治變遷具有密切勾連。
〔註96〕

「橋」副刊的文學論爭，確實對於戰後台灣文壇帶來一定的活力，而且一度具有開啓新格局的契機，文藝創作的理念抑或意識型態，不必然一定必須統合，縱然是歧見的交相頡頏，歷經時日也必然能因交互的激盪，而形塑台灣文學多樣的風貌；然而，卻因爲政治力的介入，被壓抑而沈潛爲日後相關延伸討論的因子，所以這一場文學論爭或許對當時1948年前後的台灣文學場域，帶來的影響未必深刻，但將之置入於台灣文學發展的歷時性觀察中，卻也不至於僅如彭瑞金感慨地認爲：「成了孤伶伶的歷史跫音」〔註97〕，而或許可以是陳芳明所言，「對日後台灣文學之發展卻具有深刻的暗示」〔註98〕，在日後去看待戰後初期「橋」副刊論述平台，在台灣文學發展歷史上，所呈現的意義：

> 「橋」副刊文學論戰的歷史意義，必須置於日後持續展開的脈絡來
> 檢驗，才能辨識當時的發言者之中，誰眞正負起了言論責任，誰的
> 理想是具有實踐能力的？從這個角度來評估，才能彰顯那場論戰的
> 意義。〔註99〕

## 二、肅殺的政治氛圍與文化霸權論述的形成

1948年，英國小說家喬治‧歐威爾（George Orwell，1903～1950）完成傳世名著──《一九八四》，小說故事中代表極權統治的「老大哥」，對個人思想行爲的監控無所不在，營造出一個令人窒息驚悚的國度。在小說面市之初，信奉社會主義的歐威爾曾強調，並不相信自己書中所描述的社會必定會到來，但是卻相信某些與其相似的事情可能會發生，並且發出聲明，指出創作目的「既不是諷刺蘇聯，也不是諷刺英國工黨的。他的意思是《一九八四》所描繪的那些情況，在任何地方都可以發生」〔註100〕。其言下之意應是，

---

〔註96〕陳建忠：《被詛咒的文學：戰後初期（1945～1949）台灣文學論集》，頁16。
〔註97〕彭瑞金：〈記一九四八年前後的一場台灣文學論戰〉，收入彭瑞金：《台灣文學探索》，，頁236。
〔註98〕陳芳明：《台灣新文學史》，頁256。
〔註99〕同註98，頁262。
〔註100〕陳之藩：〈天堂與地獄──談歐威爾這個人和他的書〉，收入喬治‧歐威爾（George Orwell）著、邱素慧譯：《一九八四》（台北：遠景，1984年2月），頁3。

任何握有絕對權力的國家機器，設若無限擴張，終將對基本人權造成莫大戕害。然而，在 1949 年該書出版後不久，隔年的 1950 年 1 月，歐威爾即溘然而逝，得年僅 47，若是依然健在人世，將親眼目睹於 1984 年來臨之前，世界各地在若干極權主義掌控的區域裡，已然發生了「相似」於《一九八四》的情境。

根據觀察指出，台灣於 1950 年即已出現《一九八四》的中譯本，而之所以會有這麼高的效率，肇因於視其為「反共小説」的政治正確，單德興認為是小説「對極權統治的批判十分符合當時的冷戰氛圍與執政當局的政治立場」，並且「懷疑」在當時的台灣政治實況下，出版界與譯者的作法是否隱含批判意味〔註 101〕？如今，在事過境遷後回頭瞭望，《一九八四》處於那樣的時空背景下在台發行，確實是存在著某種諷刺意涵。

《一九八四》於英國付梓的同時，在亞洲的大陸國府於國共內戰中節節失利，退守台灣已成最後選項，所以肅清台灣社會異議之聲是為當務之急；而在台灣經過 1949 年「四六事件」的鎮壓之後，同年的 5 月 19 日由省政府主席兼警備總司令陳誠發布〈台灣省戒嚴令〉，從此台灣進入所謂「戒嚴時期」；而此命令竟爾持續了超過 38 年，至 1987 年 7 月 15 日方始解嚴，成為近代世界史上為時最長的戒嚴令。

同一時間國府在 5 月 24 日經由立法院三讀通過的「懲治叛亂條例」，初始乃針對當時大陸地區的共產主義陣營而發，但至 12 月，大陸已然全面棄守，國府轉進至台灣，而此際，美國發表政策白皮書，宣布不再介入中國內政，使台灣的處境，更加岌岌可危，在此退一步即無死所的惶惴焦慮中，除了延續「懲治叛亂條例」的律定之外，更展延施行「動員戡亂臨時條款」以凍結憲法，限縮了眾多諸如言論、結社等基本人權。

然而，由於朝鮮半島戰局丕變，促使美國改變對台立場，杜魯門總統下令美軍第七艦隊巡防台海，風雨飄搖的國府政權因而轉危為安，但也從此成為美國佈局在西太平洋防堵共產主義擴張的棋子，捲入美、蘇冷戰對峙的局勢之中。

重新受到美國支持的中華民國政府，在卸除中共武力解放台灣的立即危機後，除了運用美援以及土地改革，逐步進行各種經建計畫外，亦得餘力以

---

〔註 101〕單德興：〈《一九八四》一甲子——重讀歐威爾的預言和寓言〉，收入喬治‧歐威爾（George Orwell）著、邱素慧、張靖之譯：《一九八四》（台北：印刻文學，2009 年 6 月），頁 11。

鞏固局限於蕞爾小島的治權。1950年6月通過〈戡亂時期檢肅匪諜條例〉，並旋即加以執行，對於共產主義思想或言論，以及相關活動組織，嚴格加以禁絕，並賦予警備總部無限權力，對於只要是「涉嫌」的「匪諜」，可以不循任何法律程序，即能加以逮捕、審訊，甚至定罪下獄，對人權所造成的傷害，莫此爲甚，同時也使得台灣社會，籠罩在極端肅殺、人人自危的氛圍中。

國府由於在大陸與共產黨對抗的失敗，在驚懼的危機感驅使下，遂運用上述多種條例，以期能全面控制台灣社會的政經、社會、文化等層面，並且運用大陸時期軍統、中統及台灣特有的警總等單位組織，使其在執行工作時，互相競爭、監視〔註102〕。同時在執行面上，甚至是採取寧可錯殺，也不願錯放任何「匪諜」的態度，於是乎造成許多冤獄與無辜受害者。調查發現，從1949年的「四六事件」起，到1960年9月的雷震案，在1950年代的十年之間，台灣所發生的政治案件中，約有二千人遭處決，八千人被判重刑，其中除了不到九百人是眞正共產黨員之外，其餘九千多人竟是冤案的犧牲者。〔註103〕

所以，其時相關於「馬克思主義」或社會主義、共產主義等左翼思想或言論，想當然爾成爲台灣政治、社會裡最大的禁忌，但是這些理論又曾是日據下新興知識分子援以抵拒日本帝國主義的思想利器；而且，造化弄人，戰後初期的台灣社會，卻也提供了相應的客觀條件，所以葉石濤作如是觀：

> 光復後的社會凋敝的悲慘現實環境正好提供了極好的溫床。所以光
> 復後初期的台灣青年知識分子，決沒有分離主義的傾向，倒有左傾
> 思想卻是事實。〔註104〕

因此，不僅是被懷疑與共產黨有所聯繫，或僅止於懷抱社會主義左傾思想的人，即有可能遭到逮捕審訊。另外，值得觀察的是，日據下殖民政府嚴謹維繫的「保甲制度」與詳實的戶籍資料，也成爲戰後國府在進行查察或監控的重要基礎，透過掌控鄉鎮公所與村里鄰組織，使得國家機器能夠深入基層有效地運作，而情治機關藉此得以「監視」台灣社會，除了迫使台共組織或成員必須在監視範圍外活動，生存空間受到擠壓之外〔註105〕，嚴密的監視

---

〔註102〕參見藍博洲：《二二八暨五〇年代白色恐怖民眾史》（高雄：高雄縣政府，1997年2月），頁23～24

〔註103〕參見李筱峰：〈台灣戒嚴時期政治案件的類型〉，收入「李筱峰個人網站」。上網日期：2013.1.22 網址：http://www.jimlee.org.tw/article.jsp?b_id=24454&menu_id=4

〔註104〕葉石濤：〈一個台灣老朽作家的告白〉，收入葉石濤：《走向台灣文學》，頁14。

〔註105〕參見李敖主編：《安全局機密文件：歷年辦理匪案彙編》（台北：李敖出版社，

網絡，卻也造成更多無辜受牽連的被害人，被情治人員屈打成招，判刑入獄，甚至遭到槍決。

根據解嚴後官方台灣省文獻委員會編印之《台灣地區戒嚴時期五○年代政治案件史料彙編》之弁言內容所敘，則近於是為「白色恐怖」的統治手段書寫了定義：

> 對於在戒嚴時期，相關單位對於涉有匪諜嫌疑、知情不報，或認為思想有問題者，間有逕行逮捕、拘押、處理，被捕人之家屬，無從得知涉案人的行蹤處所，偵訊的結果，亦有未獲通知之情事；因此，不無有遭誣陷，無辜受牽連者。此即為時稱所謂「五○年代」的政治案件。〔註 106〕

這些政治案件，只要經執法人員主觀認定「涉有匪諜嫌疑」、「知情不報」，或「思想有問題」者，即可羅織入罪。再讓數字說話，當時留下的清楚紀錄，以〈台灣省保安司令部四十一年度元至十二月份經辦叛亂案件統計表〉為例，統計於 1952 年一整年所經辦之叛亂案件，共計有 402 案，涉案人犯共 1,283 人，而其中遭逮捕的原因，僅僅係為所謂「匪嫌分子」的匪諜嫌疑人，就佔有 641 人，恰為總涉案犯人的一半〔註 107〕；由此見微知著，足可想見 1950 年代所造成的冤獄數量，以及政治肅殺的「白色恐怖」時代氛圍；政府單位甚且鼓勵主動檢舉，而「保密防諜，人人有責」、「小心匪諜就在你身邊」等標語，也充斥於台灣社會的各種公共空間，儼然「老大哥」也無所不在。

美國提供的軍事協防與經濟援助，對台灣形成了保障，而中華民國政府在冷戰對峙局勢中，「反共抗俄」遂成為基本國策，「反攻大陸」成為全民思想與行動指引準則，公共領域論述呈現絕對的單一面向，台灣就此成為中華民族的「復興基地」，並且在凝聚存亡絕續「毋忘在莒」的共識下，國族想像的空間營造，由街道名稱的制訂，即可見其斑；國府接收台灣後，重新命名街道的原則為：

> 依發揚民族精神、宣揚三民主義、紀念國族偉人、適應地理習慣等

1991 年 12 月），頁 41。

〔註 106〕台灣省文獻委員會編：《台灣地區戒嚴時期五○年代政治案件史料彙編（一）：中外檔案・弁言》（南投：台灣省文獻委員會，1998 年 6 月），頁 1。

〔註 107〕台灣省文獻委員會編：《台灣地區戒嚴時期五○年代政治案件史料彙編（一）：中外檔案》，頁 57。

原則，重新訂定街道名稱。〔註 108〕

於是，依照上述命名原則，台灣各市區鄉鎮的街路名稱，即從此一變而成「忠孝」到「和平」、「民族」到「民生」、由「中山」而至「中正」，而其中尤令人詫異的所謂「適應地理習慣」原則，卻充滿了對大陸故土的記憶，於是從「北平」至「南京」、「杭州」到「桂林」，甚至是遼遠的新疆「迪化」，統總加以全數位移，令人不免有空間錯置之感，自然亦可見國府所置入的飽含「光復故土」的意象。而屬於台灣本土的區域色彩，繼日據下由他者強植入侵所設定的「町」、「丁目」等之後，再一次被掩去，也致使國府接收台灣後卻形成「再殖民」的觀感，又添一例。

在此「白色恐怖」的威權統治與建構國族想像的時期，整體台灣住民對政府體制與施政的態度，黃煌智以「臣民政治文化」的角度做觀察，頗為清晰，其認為除了跟隨國府撤退來台的軍政人員與家眷，具有強烈的臣民政治取向外，台灣本土人士，對於政策與政府運作，也只能是「消極、被動的接受者」：

> 五〇年代的台灣，除了少數極力主鼓吹民主參與的本土政治菁英之外，絕大多數台灣人民仍然和傳統的中國農民一樣，對政治既不關心也不參與。尤其經過二二八事件和國民黨白色恐怖雙重打擊之後，本土的政治菁英大多數被殺、被捕或被迫逃亡，餘者也在長時期內不再過問政治，以農民為主體的台灣人民更是回歸到傳統的臣民取向，甘做國民黨專制政權的順民。〔註 109〕

台灣社會因此形同被集體制約在極權統治的框架之中，而隨著國府在台統治逐步奠下基礎後，更為了鞏固官方文化的權威／威權性格，著重於掌握文藝發展方向，積極建立指導論述，以避免再重蹈大陸時期的覆轍。而國府對共產主義思想言論的忌諱，連帶形成對左翼思想、社會主義現實主義的禁絕，因此 1930 年代的左翼思想文學風潮，勢必不能復見於台灣，代之而起的是高舉「反共」大纛的文藝政策，服膺於政治的導向。

1950 年 4 月，由張道藩主導策劃下，成立「中華文藝獎金委員會」，以優渥獎金廣徵反共文藝創作，一時蔚為風潮，得獎作品並刊載於委員會機關刊

---

〔註 108〕台灣省文獻委員會編：《台灣史》，頁 791～792。

〔註 109〕黃煌智：〈政治文化轉型研究——以 1950、1990 年代台灣為例〉，《師大政治論叢》第 4 期（2005 年 2 月），頁 244～245。

物《文藝創作》；同年 5 月 4 日「文藝節」，以張道藩、陳紀瀅為首，發起組
成「中國文藝協會」，創立的目的敘明除了從事文藝創作與文藝運動，且以「實
踐三民主義文化建設，完成反共抗俄復國建國任務，促進世界和平為宗旨」，
並且獲得當時黨政高層的支持〔註 110〕。協會配合政府政策，傳聲文藝政令，
與「中華文藝獎金委員會」偕為 1950 年代台灣最具影響力的文藝組織團體，
促成反共文藝創作的大量生產。會中要員均具黨政淵源，陳紀瀅、張道藩先
後並為立法委員的身分，顯見當時政治與文學的緊密關係，《文藝創作》的編
輯部門，甚至就開設於國民黨中央黨部，形成鄭明娳所謂「文化官僚體制」
與「文藝作家組織」的糾結一體〔註 111〕，如同在國家機器運轉下，產出文學
創作。協會全盛時期成員已達千人，而其重要成員同時擔任當時最具影響力
的報紙副刊與文藝雜誌主編，幾乎掌握了所有文學發表管道，壟斷了文藝資
源，作家若是未入「中國文藝協會」，形同於被摒棄於台灣文壇之外。〔註 112〕

　　1951 年協會響應國防部總政治部主任蔣經國號召「文藝到軍中去」的運
動，提倡推廣「軍中革命文藝」。1953 年，蔣介石總統完成的〈民生主義育樂
兩篇補述〉，標誌了三民主義道統繼承人的地位，而該會旋即藉由發表文章、
舉辦座談會的形式，公開呼應蔣介石的文藝主張，協會的意識型態表達，至
為清晰：

> 文藝協會形同不具備法定地位的官方組織，完全籠罩在政治的氣氛
> 下，繼續暴露御用性格，乃至於將文藝視為對中國大陸進行心裡喊
> 話的工具，和文藝本身品質的發展逐漸脫節。〔註 113〕

　　尤有甚者，1954 年，協會以陳紀瀅為首，藉由響應〈民生主義育樂兩篇
補述〉的文藝政策，成立「文化清潔運動專門研究小組」，發表「除三害」宣
言，發動清除「赤色的毒，黃色的害，黑色的罪」的「文化清潔運動」，對當
時所謂的黃黑紅三色等出版品內容進行抨擊，並且呼籲建立更嚴密的書刊審

---

〔註 110〕參加成立大會的計有國民黨中央宣傳部部長張其昀、國防部總政治部主任蔣
　　　　經國、省黨部主委鄧文儀、教育部部長程天放、台灣省教育廳廳長陳雪屏等。
　　　　參見陳芳明：《台灣新文學史》，頁 266～267。
〔註 111〕鄭明娳：〈當代台灣文藝政策的發展、影響與檢討〉，收入鄭明娳主編：《當代
　　　　台灣政治文學論》（台北：時報文化，1994 年 7 月），頁 23。
〔註 112〕「中國文藝協會」重要成員分別擔任《文藝創作》等雜誌與當時最具影響力
　　　　的報紙副刊主編，如《中央日報》、《新生報》、《民族晚報》、《公論報》、《新
　　　　生報南部版》等。參見鄭明娳：〈當代台灣文藝政策的發展、影響與檢討〉，
　　　　收入鄭明娳主編：《當代台灣政治文學論》，頁 29。
〔註 113〕同註 112，頁 29。

查制度〔註114〕，此舉在當時甚至引發文化、新聞、文藝、青年、婦女等團體的表態支持，儼然是社會共識，而1950年代文化霸權論述的成立，也由此可見。以文藝政策爲由干涉、查禁出版品本即飽含爭議，而選擇在5月4日推動「文化清潔運動」，若對照五四新文化運動的精神，不啻形成一種突梯的反諷，然而在當時卻是政治正確的運作方法，陳芳明提到當時文藝政策的操作模式，即是「由黨內的核心組織下達決策，然後由民間團體配合支持，讓每次的文化運動與文藝活動都能獲致預期的政治效果」〔註115〕。或許，日據末期皇民化運動下由西川滿主持的「台灣文學奉公會」，配合「皇民奉公會」的運作方式，抑或是毛「匪」澤東於1942年在延安文藝座談會上毫不遮掩地強調，文藝必須爲政治服務的指導方針，諸如類似行徑，差可比擬。

在國家機器強力運作與導引下，確實出現大量的文學書寫，是以反共抗俄、緬懷故土與激勵軍民士氣爲題材，因此，1980年代末期以降的兩岸諸多台灣文學史的書寫，論者多以「反共文學」或「反共懷鄉」，或兼含所謂「戰鬥文藝」，來代表1950年代此一階段的文學發展概況；而就其文學成就與內容言之，除卻彼岸的大陸研究者對此階段反「共」的意識型態，評價自然不高以外〔註116〕，台灣本土論者的論評也多所貶抑，以葉石濤的看法是爲典型，他認爲「五○年代文學所開出的花朵是白色而荒涼的」，乃因爲彼時「文學墮爲政策的附庸，最後導致這反共文學變成令人生厭的、劃一思想的、口號八股文學」〔註117〕；彭瑞金甚至認爲此階段「文學的收成還是等於零」，是因爲「『反共文學』大鍋荣式的同質性（公式化）、虛幻性和戰鬥性等反文學主張，是它的致命傷」〔註118〕；以上論評允爲公論與否，自有討論空間，

---

〔註114〕參見國立台灣文學館「文學知識平台」，上網日期：2012.12.25，網址：http://www.nmtl.gov.tw/index.php?option=com_klg&task=ddetail&id=380&Itemid=238
〔註115〕陳芳明：《台灣新文學史》，頁269。
〔註116〕古繼堂：「五十代台灣的反共文學，是一種人爲的文學潮流，不僅被廣大台灣同胞厭惡，而且被他們自己的第二代所唾棄」。古繼堂：《台灣小說發展史》（台北：文史哲，1989年7月），頁155；遼寧大學出版的《現代台灣文學史》則直指「戰鬥文藝是國民黨政權潰逃台灣後，爲適應其政治需要而推行的一種反共文藝」。白少帆、武治純等主編：《現代台灣文學史》（遼寧：遼寧大學出版社，1987年），頁259。直至2002年的《台灣新文學思潮史綱》，由樊洛平主筆的此階段文藝思潮，則逕以「反共的文藝在反攻大陸的夢囈中粉墨登場」、「在反現實主義逆流中引導文學走向新八股」爲章節標題，顯見其態度。見《台灣新文學思潮史綱・目錄》，頁2。
〔註117〕葉石濤：《台灣文學史綱》，頁88。
〔註118〕彭瑞金：《台灣新文學運動四十年》，頁75。

因爲隨著 1980 年代本土意識昂揚之際，台灣文學本土論者漸次主導台灣文學史書寫的詮釋權，所以上述論評確實曾引領風騷。

若不僅止於聚焦在「反共文學」，而將鏡頭拉遠加以觀察，則在 1950 年代中期，正當蔣介石總統提出「戰鬥文藝」的號召（1955）後不久，台灣文壇也比較明顯地出現不一樣的聲音；首先，發行於 1953 年的《現代詩》季刊，主編紀弦在 1956 年重組現代派，揭示將發揚光大自波特萊爾以降現代詩派的精神與要素，強調新詩是「橫的移植」，而不是「縱的繼承」，同年夏濟安創辦《文學雜誌》，繼而 1957 年藍星詩社成立，《文星》月刊發行，以及鍾肇政爲縮合本土作家而油印的《文友通訊》，也於此時開始傳遞〔註 119〕。因此，當時台灣文學場域裡，不僅透過現代詩壇諸多交互的呼應或頡頏，逐步導引台灣現代主義的先河，而眾多女性作家的豐盛創作累積，也在 1950 年代佔有一席之地，加上戰後第一代本土作家也「從石罅中萌芽」〔註 120〕，雖然作品相對稀少，但確然已經再度躋身台灣文壇；這些文學創作範疇，在葉、彭兩家的文學史敘說，其實也都加以涵蓋，只是對於政治強力介入的反共文藝潮流，比較具有鮮明的針對性批判。

上述歷史發展具體存在的事實，引發龔鵬程據以質疑，認爲撰寫台灣文學史若針對此一階段的發展，援用所謂「五○年代的反共文藝」一詞，是一種過度簡化文學發展歷史的描述，是刻意「採取單線簡化之敘述」，流於以偏概全，並指出，設若「五○年代的文學是反共文學」，那當如何解釋現代主義的崛起？因此直指：「唯有漠視現代主義在五○年代流行的事實，才能解釋五○年代是個意識形態宰制與對抗的時代」〔註 121〕；其意指出，書寫台灣文學發展歷程對 1950 年代的敘述，本土文學論者淪爲刻意援用意識型態加以詮釋的偏頗，同時無法認同試圖以本土化角度掌握文學史解釋權柄的用心。

持平而論，若是論者逕以「反共文學」或「反共懷鄉」代表 1950 年代的台灣文學發展內涵，實不無管窺的盲點，正如邱貴芬所提出的，若依女性創作的觀察視角，則勢將異化兩岸對於此階段台灣文學史的書寫，並質疑文學史分期的問題；然而，邱貴芬亦不否認「任何歷史敘述都不可能完全袪除概約的論述方法，否則歷史的分期和敘述將無法進行」，同時也指出：

〔註 119〕參見陳芳明：《台灣新文學史》，頁 271、275、283。
〔註 120〕同註 118，頁 85。
〔註 121〕龔鵬程：〈台灣文學四十年〉，收入龔鵬程：《台灣文學在台灣》（台北：駱駝，1997 年 3 月），頁 61。

> 台灣文學研究所謂「五〇年代為反共戰鬥文藝主宰」的説法，不過
> 認為當時的文學生態遭受政府政策強力介入，反共文藝成為當時主
> 流文學勢力極力建構的文化霸權，並非因此認為當時的文學一概為
> 反共文藝。〔註 122〕

　　誠然，歷史進程裡，客觀環境的政經發展與文化層面的遞嬗，絕非僅是
單一面向的發展或呈現，所以單一的描述肯定無法以斑窺豹，因為歷史發展
具備許多側面，多元紛陳，文學發展的進程亦一般，所以「1950 年代」十年
的時間，也不是以「反共文學時期」的偏頗線性描繪所能一言蔽之；然而究
其實，眼下諸多台灣文學史書寫，包含後出的陳芳明，對此並非視而不見，
只是一方面牽涉斷代的概約分期，而據以標註此一時期的文學特色，然而，
同時也可以從中理解，文學史家此舉乃是針對當時文化霸權確立後的大敘述
所做出的反詰。

　　再則，本土論者常以寫實主義的文學觀，批判反共懷鄉的意識書寫，忽
略台灣社會的現實面，而遽論文學反映論的消弭；對此，龔鵬程似乎語帶微
慍地指出：「所謂社會現實，為何僅能指台灣省的土地和人民？兩百萬軍民來
台，在台灣居處、思考、活動，本身不就是台灣的社會現實嗎？」〔註 123〕，
社會現實當然也非僅具有單一面向，若跳脫出反映本土關懷的局限，則其實
亦可如應鳳凰別出心裁卻也中肯剴切的評述，而作如是觀：

> 作為一個時期的文學特色，「反共文學」其實「非常台灣」。大陸本
> 身施行共產主義，當然不會也不必「以文反共」，只有從中國內戰撤
> 退台灣，並急思「反攻」的「自由鬥士」，才以此為職志，作為書寫
> 的主題。每一個國家或地區，都可能有各自的鄉土或西化文學時期，
> 獨獨「反共文學」，為「五〇年代台灣」這一特殊歷史時空所專有，
> 因而別具台灣性格。〔註 124〕

　　這些別具「台灣性格」而在 1950 年代挾著語言與文化優勢，因政治力而
量產的作品中，就文藝美學而論，姜貴的《旋風》、陳紀瀅的《荻村傳》、林
海音的《城南舊事》、姜穆《藍與黑》等，其實至今仍然耳熟能詳，也成為當

---

〔註 122〕邱貴芬：〈從戰後初期女作家的創作談台灣文學史的敘述〉，收入邱貴芬：《後
　　　　殖民及其外》（台北：麥田，2003 年 9 月），頁 55～56。
〔註 123〕同註 121，頁 56。
〔註 124〕應鳳凰：〈「反共＋現代」：右翼自由主義文學版——五〇年代台灣小說〉，收
　　　　入陳建忠等合著：《台灣小說史論》，頁 155。

時期文學的代表作品，而共爲文學史家所細數討論；但不可否認，這些作品
之於彼時反共文學的數量而言，是相對少數，甚而當時在「文獎會」連年獲
獎，風靡一時的作家，竟爾在一、二十年以後，已不再被人提起〔註125〕；所
以，1950 年代的「文學收成」雖不致等於零，也未必全然「八股」，但呼應文
藝政策，以「反共懷鄉」爲題材而取得藝術成就的文學作品，依比例而言是
懸殊的；就事過境遷後的結果論而言，這也應是招致批判的緣由之一，同時
也是針對政治力干擾文學創作場域的一種反思。

　　因此，王德威雖然嘗試以不同的角度去發掘在彼時特定政治環境下「反
共小說」的意義，然而也不得不認爲其高同質性的題材情節，以及反覆傳遞
單一意識型態的呈現，儘管如此，這卻對於黨政機器的運用，具有一定的意
義：

　　　　反共小說既是文宣的「武器」，營造不妨多多益善，以應付在所難免
　　　　的損耗。這樣的態度與我們習知的文學創作目的，頗有差距。國難
　　　　當頭，還能提文章是否成爲藏諸名山，以俟百年的大業？歷史的危
　　　　機意識及意識型態的「環保」觀念，使反共小說「可以」成爲一項
　　　　用完即棄的文藝產品——推陳出新，無非是重複回收創作資源，以
　　　　確保政治資源的清潔。〔註126〕

　　這一番精彩的論評，未必全然是諷刺或貶抑，但「反共文學」之於文化
霸權論述下的 1950 年代，源於政治與文學的緊密結合，「自難免因意識型態
而興，因意識型態而頹的命運」〔註127〕。而陳芳明於 2011 年定稿出版的《台
灣新文學史》，以再殖民的觀點，也拉開更爲宏觀巨視的視野，再次全面觀照
1950 年代整體文學發展，而針對大多數「反共文學」複製繁殖、千篇一律「萬
惡共匪」的描繪，大量趨於末流空洞的創作產出，解析其成因，並對作家喪
失「主體性」做出批評：

　　　　在反共、恐共的陰影下，所有的作家都盲目相信政治領導人的語言、
　　　　口號都是眞實的，並且也遵命指示去實踐創作，使自己分辨不清文

---

〔註125〕參見尉天驄：〈三十年來台灣社會的轉變與文學的發展〉，收入中國論壇編輯
　　　　委員會主編：《台灣地區社會變遷與文化發展》（台北：聯經，1985 年 10 月），
　　　　頁 452。
〔註126〕王德威：〈一種逝去的文學？——反共小說新論〉，收入王德威：《如何現代，
　　　　怎樣文學？》（台北：麥田，1998 年 10 月）頁 143。
〔註127〕王德威：〈一種逝去的文學？——反共小說新論〉，收入王德威：《如何現代，
　　　　怎樣文學？》，頁 153。

學創作與政治干涉的界線。對於權力的屈服，使作家完全失去批判
的能力。他們信奉的真理都來自政治領袖，作家因而喪失了自我思
考的主體。〔註128〕

　　除了無法認同文學創作的目的，訴求於文學領域之外的政治正確外，也
對於置身1950年代的台灣本土作家，因為遭到強制性語言轉換與政治環境等
因素，創作空間受到強烈擠壓的客觀事實，站在本土意識的立場加以批判：

反共文學在日後受到貶抑與撻伐，絕對不只是它對文學心靈構成傷
害，並且也是因為它對台灣本地的文學歷史經驗徹底予以扭曲、擦
拭、空洞化。〔註129〕

　　所以，彼時極權高壓統治的白色恐怖時期，在「反共抗俄」的基本國策
下，接受「一年準備、二年反攻、三年掃蕩、五年成功」的口號策勵中，因
為政治意涵強烈的文化政策導引，文學作品的宣傳工具性質，便極其明顯，
因而應鳳凰重新定義「反共文學」為「宣傳文學」，精準與否誠然是見仁見智，
但是，卻相當程度地概括了1950年代大多數為政治而文藝、從屬於文化霸權
的作品特色：

五〇年代由國家機器操控的台灣文壇，當時所提倡的文學，如若一
定要給一個「文類名稱」的話，其實不該叫「反共文學」，而應該統
稱之為「宣傳文學」，用這四個字除了容易劃分其美學定義，也比較
更合乎台灣五〇年代文學的實際狀況。〔註130〕

## 第三節　語言轉換的困境與無聲的農村社會

　　戰後台灣農民小說的發展，理應在回歸祖國後，與日據下會有不同的呈
現，不再有掠奪的控訴，不再有悲情的流露，所有因為殖民體制所造成的不
公不義，也都將得到消解，因此，農民小說的寫實主義創作意識，意欲傳遞
農民心聲與達成農村社會的反映，在題材的選取上，也勢將大異其趣；然而，
由於時局紊亂，經濟失序，復加以強徵調取，基層農村社會所受到的侵凌及

〔註128〕陳芳明：《台灣新文學史》，頁272。
〔註129〕同註128，頁284。
〔註130〕應鳳凰：〈五〇年代文學場域與反共文學〉，收入應鳳凰：《五〇年代台灣文學
　　　　論集——戰後第一個十年的台灣文學生態》（台北：春暉，2007年3月），頁
　　　　80。

壓抑，卻並未因脫離殖民統治而得到同步的全然解放；在戰後初期的四年時間裡，政治力的干擾，語言政策的影響，甚而有「二二八事件」與「四六事件」的相繼發生，均使作家降低創作意願或慎選創作題材，所以，這時期農民小說除了殖民經驗的書寫外，真正反映戰後台灣農村社會現實的作品，僅有零星的出現。

國民政府撤退來台，首要之務便是政權的鞏固，而在進入 1950 年代以後，即已同時確立了威權統治與文化霸權論述的體制，台灣社會與文學場域也因此都被集體制約在單一框架之中，文藝發展也必須服膺於政治的導向，並配合「反共抗俄」的基本國策，在白色恐怖的偵防體系中，形同壟斷文藝資源，使台灣文學的發展，呈現異質而偏斜的語境，此際大多數本土作家也因為語言轉換未臻完熟，加以缺乏「反共」的經驗，在台灣文學場域中被推擠到邊緣的角落。但是，1950 年代台灣也正經歷土地改革，對農村社會結構與農民意識都造成劇烈的影響，如封建業佃關係的終結，卻除了政令宣導般的作品之外，未見農民小說能作深入相應的呈現，甚至是土改衍生問題的質疑；觀察如是發展，或可探求緣於當時極端政治力的干擾下，以及上述種種主客觀的因素，造成農民小說語言的壓抑與迂迴。

## 一、戰後初期的後殖民書寫與文學反映論的式微

戰後初期，台灣社會激盪著擺脫殖民統治的喜悅與回歸「祖國」的熱情，在三民主義與國語學習熱潮下，文化界也顯得動能十足，不僅出版許多報刊，也積極發聲參與這時代變遷的風潮。

楊逵顯得躊躇滿志，不僅創刊《一陽週報》，介紹三民主義，並陸續刊載引介五四以降的大陸新文學作品，甚至組織「新生活促進隊」，義務為台中市街清掃垃圾，體現在掙脫殖民枷鎖後的自律自主，同時出版日文小說集《鵝媽媽出嫁》與中日文對照版本的《新聞配達夫》，嗣後更編印賴和小說集《善訟的人的故事‧小說故事篇（1）》，觀察如是活動，陳芳明解讀為：

> 一方面要延續日據時期的文學傳統，一方面要與中國三〇年代文學
> 交流，他的目標是很清楚的，便是嘗試要使台灣的抗日傳統與中國
> 的五四傳統結合起來……〔註131〕

可見其在回歸的意識中，附加以左翼抗爭精神的連繫，並且也表現了楊

---

〔註131〕陳芳明：《台灣新文學史》，頁 220。

逵一貫的創作與行動精神。1946 年 3 月出版的《鵝媽媽出嫁》，楊逵收錄昔日的創作，包含〈鵝媽媽出嫁〉、〈無醫村〉等短篇小說；其中〈歸農之日〉似乎是於此之前未見刊出，而是涉及農民題材的創作。依其內容觀之，應是日據末期已經開始實施食物配給與徵召台籍軍伕、軍屬至南方支援作戰以後的作品，如「她的兒子被徵召到南方當軍伕」〔註 132〕等敘述，而太平洋戰爭始於 1941 年 12 月 8 日，因此寫作的時序應不早於這個時間點，直至於此際始納入而集結成書。

〈歸農之日〉的小說語言，對於耕植土地並安身立命的辛勤農民，充滿了極高的認同與推崇；故事藉由因雜貨店舖歇業而失業的雇員，欲回歸務農的過程，引領出彷彿守拙歸園田，拾回農夫身分，才得以重新尋獲俯仰於天地之間的生命定位與價值，並且透露了批判資本主義的反商情結：

> 是嘛，農人是好人，我一直到二十歲還是個農人的孩子，而且也是
> 個農人。這十年之間把農人忘得一乾二淨，一個人天天只想著賺錢，
> 雖然是別人的錢，卻會忘記人的本性而變成腐敗、守財奴，為財會
> 殺人，天天都在想錢！錢！〔註 133〕

小說情節裡刻意將農人的善良敦厚與商人的唯利是圖加以強烈對照，楊逵否定資本主義的意識型態，從他將兒子取名為「資崩」即可明顯反映；而其一生從事農民運動與對農民階層的支持認同，自己最終也回歸土地的耕種，並化做小說故事呈現心路歷程，藉由小說人物的抉擇，表明「久在樊籠裡，復得返自然」的歸農心境：

> 莫怪，做了二十年農人的我也覺得有點悲壯，好久不吃苦的身體已
> 生鏽，一朝一夕是洗不淨的，慢慢洗吧。〔註 134〕

當然，小說故事中租賃房屋與耕地的情節，令人直接聯想及楊逵曾經接受日本警察友人的襄助，償還債務後以餘款租用耕地，闢建「首陽農場」，偕其妻葉陶過著躬耕田園的生活，所以坂口ネ零子閱讀〈歸農之日〉便有這樣的聯想：

> 在借來的拖車上，載上一切家具後，李清亮便在前面拖，而牽手阿

---

〔註 132〕楊逵著、陌上桑譯：〈歸農之日〉，引文見張恆豪主編：《台灣作家全集·短篇小說卷·日據時代·楊逵集》，頁 224。

〔註 133〕楊逵著、陌上桑譯：〈歸農之日〉，引文見張恆豪主編：《台灣作家全集·短篇小說卷·日據時代·楊逵集》，頁 221。

〔註 134〕同註 133，頁 222。

卻則在後面推──這樣開始的〈歸農之日〉是一篇很輕鬆的小品。
如此昇華爲毫無造作、澄清、而充滿著溫暖氣氛，也許正是楊逵的
人間性。在這裡，我最感興趣的就是，前拖後推載上一切家具的拖
車爬上叫做大崎的急斜坡去歸農的這個家族四人中看到楊逵家族的
姿勢。〔註135〕

　　其意乃直指小說內容即是楊逵自身的寫照，而所謂「人間性」，應近似於
闢一方淨土，將自己的理想落實，實踐於現實社會，彷彿將以實際務農的生
活模式，印證一生奮鬥追求的目標。小說故事極爲簡單，篇幅亦短，但著實
將樸拙卻堅定的農民意識，做了清晰的表白。

　　同樣以農民爲主角的小說創作，戰後初期最早出現的，應是龍瑛宗於
1945 年 11 月發表在《新風》創刊號的日文作品──〈青天白日旗〉，故事中
果農阿炳或因家居偏僻，不知日本已經戰敗投降，只因空襲停止，遂採收了
龍眼到鎮上販售，乍見「台灣光復」、「建設三民主義的新台灣」等海報，方
始大夢初醒。但是由於長久置於日本殖民壓迫下的處境，心情一時仍難以扭
轉，也不自覺回想及戰爭期間「由於缺乏食糧日本政府強徵稻米，因此警察
拷打老百姓」〔註136〕的情景，甚至於興高采烈地讓孩子買了國旗在歸途揮
舞時，冷不防撞見迎面而來的日本警察，仍下意識地心生恐懼亟欲躲避；然
而整篇小說充滿了對回歸祖國的欣喜雀躍，應可代表同時期台人的心境，由
小說中對國旗象徵意義的生動描繪，得以反映：

　　　　白色陽光下，旗子以清紅色翻了過來。定神一看，於左邊隅角青天
　　　　裡象徵著白日而光芒四射。

　　此一時期作家進行的小說創作數量並不多，以農村社會爲素材的故事更
相對稀少，內容則「泰半以日本殖民地經驗爲主題」〔註137〕，如是後殖民時
期的書寫意識展現，最具有代表性的作家，當是呂赫若。

　　日本投降後呂赫若也積極參加三民主義青年團，足可見其當時心境，而
於 1946 年即已開始援用中文創作，亦令人驚異；呂赫若除了擔任《人民導報》

---

〔註135〕坂口䒑零子：〈楊逵與葉陶〉，收入陳芳明編：《楊逵的文學生涯──先驅先覺
　　　　的台灣良心》（台北：前衛，1988 年 9 月），頁 223。
〔註136〕龍瑛宗自譯：〈青天白日旗〉，收入張恆豪主編：《台灣作家全集・短篇小說卷・
　　　　日據時代・龍瑛宗集》，頁 174。
〔註137〕葉芸芸：〈試論戰後初期台灣智識份子及其文學活動（1945 年～1949 年）〉，
　　　　收於《先人之血・土地之花──台灣文學研究會論文集》，頁 73。

記者外，在此戰後初期，共有四篇中文小說作品刊出，分別是〈故鄉的戰事一——改姓名〉、〈故鄉的戰事二——一個獎〉、〈月光光——光復以前〉與「二二八事件」前夕的〈冬夜〉。

前三篇故事以日據末期皇民化運動與戰爭為背景，大抵是殖民地經驗的後殖民書寫，然而〈月光光——光復以前〉在字裡行間，雖係批判皇民化施行「國（日）語家庭」的作法，但似乎也對陳儀積極促使台灣「中國化」的「剛性」國語政策寄寓了譏諷抨擊，小說文字一再凸顯「台灣人」與「台灣話」等語詞〔註138〕，顯見對於台人的語言文化遭受強勢同化，雖異代不同時，但同感無奈與怨懟。

其中〈故鄉的戰事二——一個獎〉，則是以農村為背景，搬演農民唐炎（意喻「來自唐山的炎黃子孫」？）因為美軍轟炸，未爆彈落在其田地裡的飛來橫禍，演成無辜遭受日警一頓毒打的荒謬境遇。小說以反諷的筆觸，形容日據下百般受到凌壓的農人形象為：

> 就只知道耕田的樸實的農人，脾氣很直，做人甚好，整日只好在田裡做得像牛馬一樣的，就不管什麼別的事情了。可以說是官家最喜歡的老百姓。〔註139〕

如是「順民」，對於代表官家的警察大人畏懼的表現，一如前述龍瑛宗的〈青天白日旗〉，所以，未爆彈之於唐炎無異是燙手山芋，欲處理則怕引爆，不處理報繳，又怕官廳日警的責罰，實感千萬難。閱讀全篇小說語言，應是源於中文尚嫌生澀，語句敘述顯得凌亂而有違文法，例如「只看得從不知什麼地方有一陣一陣的黑煙遠遠地望見，可見是被炸過的火焰起來的」，或是如「因為這次的美機投下的炸彈爆裂聲音聽得太近」；而如是拗口的語言，順著故事的發展而延續——農民唐炎終於決定：「與其沒有繳出來引起著被大人打死，不如冒冒險險的繳出去」，但卻遭來因未爆彈而飽受驚嚇的日警一頓毒打，事後且引來村人訕笑，也帶出了〈一個獎品〉的題旨：「你

---

〔註138〕陳芳明認為小說中再三提到「台灣人」的字眼，讓「生活在國語政策時代的台灣人，必然也會聯想到皇民化運動時期的高壓文化政策」。參見陳芳明：〈紅色青年呂赫若——以戰後四篇中文小說為中心〉，收入陳芳明：《左翼台灣——殖民地文學運動史論》，頁 234～235。

〔註139〕呂赫若：〈故鄉的戰事二——一個獎〉，原載《政經報》第 2 卷第 4 期（1945 年 6 月 25 日），引文見呂赫若著、林至潔譯：《呂赫若小說全集》（台北：印刻，2006 年 3 月），頁 627～628。

看，對你誠意地冒險炸彈繳出去的一個獎品，是那麼大了」〔註 140〕；上述
小說語句，清楚地顯露了呂赫若掙扎於語言轉換的困境，也同時令小說的藝
術價值相對降低，但是亦可由此看到剛性的國語政策以及語言的跨越，對台
灣作家的傷害與折磨。

　　然而，故事編寫台灣農民無奈的處境，與日警突見炸彈時驚慌失措與突
梯滑稽的反應，還是延續了日據下呂赫若農民小說的冷峻視角，頗堪玩味；
小說故事情節甚且到 1980 年代而爲《稻草人》電影劇本所援用，亦見其小說
立意的不俗。

　　1946 年 10 月 25 日長官公署在台禁絕日文之後，不僅已經習用日文的本
土省籍作家，如欲繼續從事創作，則勢必得重拾中文，勉力進行所謂「跨越
語言」的奮鬥外，至日據末期已然接受完整日式教育長成的新生代，若欲援
筆發聲，同樣亦必須經歷轉換的過程；根據前衛出版社的《台灣作家全集》
收錄的「戰後第一代」十一位作家做觀察，岡崎郁子簡單的計算歸納發現，
其中除了吳濁流年紀稍長，鍾理和原已嫻熟「國語」之外，餘者在禁用日語
時，盡皆正值青春年華：

> 陳千武 23 歲，葉石濤、鍾肇政、鄭煥、張彥勳 20 歲，廖清秀 18
> 歲，李篤恭 16 歲，文心、林鍾隆 15 歲；他們從開始上學之後，就
> 接受日本教育，用日語閱讀、書寫、交談、思考。對他們來說，重
> 新學習一種陌生的語言，是很困難的事。更何況語言是作家的生命，
> 他們的痛苦實在令人難以想像。〔註 141〕

可以想見長官公署的單語政策衝擊之大，以及作家所面臨的語言困境，
而直到能夠駕馭文字，重回或登臨台灣文學的舞台，顯見其背後的辛苦與毅
力。

　　迅速決定使用以中文從事創作的呂赫若，應是在摸索練習之後，文字的
鋪排迨至 1947 年 2 月 5 日〈冬夜〉的發表，始漸趨成熟，許俊雅甚至以「才
氣橫溢」稱許這篇作品〔註 142〕。小說以主角彩鳳一生悲慘的境遇，象徵台灣

〔註 140〕以上引文，參見呂赫若：〈故鄉的戰事二 ── 一個獎〉，呂赫若著、林至潔譯：
　　　　　《呂赫若小說全集》，頁 623～628。
〔註 141〕岡崎郁子著，葉笛、鄭清文、涂翠花譯：《台灣文學─異端的系譜》（台北：
　　　　　前衛，2003 年 4 月），頁 39～40。
〔註 142〕許俊雅：〈編選序：小說中的「二二八」〉，見許俊雅編：《無語的春天──二
　　　　　二八小說選》（台北：玉山社，2003 年 9 月），頁 8。

社會在現代史裡的歷程，而故事背景也反映了國府接收台灣後經濟的失衡現象與社會瀰漫的不安情緒，已然浮現出事件爆發的前兆。

蘇新以筆名丘平田發表的〈農村自衛隊〉，與呂赫若的〈冬夜〉在「台灣文化協進會」的機關刊物《台灣文化》第二卷第二期聯袂發表，小說已然不再是後殖民書寫的殖民地經驗，而是積極反映當時社會現況，內容大量摹寫「二二八事件」前夕的台灣社會亂象，將故事場景架設於農村，並透過叔侄兩人的對話，鋪陳當時「天花滿村飛，霍亂遍地起」〔註143〕的台灣農村社會。

左翼色彩強烈的蘇新，前此未見有小說創作發表，而此篇作品選取農村社會的現實面，反映戰後國府接收台灣後所造成的亂象，見其用心。位於台灣社會基層的農村，於其時經濟失衡及橫遭強徵調取，所受到的衝擊是最直接而巨大的，取材於此能輕易顯露當時台灣窘迫的困境；小說以辛辣的筆調，批評國府在接收台灣後舉措失當的施政，而且面對治安惡化、通貨膨脹與糧食短缺，以及公共衛生倒退，「瘟疫」再度併發流行，卻束手無策：「說什麼防疫不防疫，跟著台灣光復什麼都光復了，一切的惡習慣，賊子光棍、法師乩童也都光復了」〔註144〕，台灣農民面對回歸後卻每況愈下的生活條件，與「殖民現代化」強力制約的日據時期，自是難免有所比評，而化為怨怒的情緒。

如前文所述，台灣社會於日據下的1930年代，殖民現代化的進程雖亦有如蔡秋桐〈理想鄉〉與楊逵〈模範村〉等作品中描寫的荒謬絕倫，但是實際生活環境中，霍亂、天花與鼠疫等惡性傳染病，都已得到一定的抑制，陳紹鑫表示當時環境脫離了瘟疫的威脅，即表示社會已經邁入了現代化。僅由此面向觀之，至日本投降之際，台灣其實已具備一定現代化的文明與文化。不幸的是，兩岸初始進入統合之際，國府接收台灣的既定立場與意識型態，設定的改造策略卻在於對台人「廓清奴化思想」與「提高文化水準」，但如欲查考文化（明）差距的「優越」與「落後」問題，若藉由上海劇作家歐陽予倩的評述，或許可以得到較為中肯的權衡。

當時劇作家歐陽予倩帶領「新中國劇社」於1946年底由上海到台灣公演《鄭成功》等多齣話劇，其間根據其在台三個月的見聞，編寫而成的〈台遊

〔註143〕丘平田（蘇新）：〈農村自衛隊〉，原載《台灣文化》第2卷第2期（1947年2月5日），收錄於許俊雅編：《無語的春天——二二八小說選》，頁45。
〔註144〕同註143，頁44。

雜拾〉中即有親臨的感慨：

> 二二八事件的爆發，中間穿插了一些身穿軍服的「外省人」如何以
> 「勝利者」的姿態傲慢地對待台灣同胞的事件，讓人看到帶著「勝
> 利者」或「啟蒙者」的傲慢進入台灣的，恰恰是需要文明的啟蒙的
> 人。〔註 145〕

國府面對新接收的台灣，採行強勢卻昧於現實的中國化／去殖民化策略，所造成的文化差距衝突，陳儀深認為即是事件爆發的重要原因，「不論從妄自尊大的國府官員角度看，或是從失望而怨懟的台民角度看，都必須承認此一『差距』的事實」，並進一步指出：

> 當然，若只是「差距」──如字面所示的中性意義──應不至於造
> 成動亂，實乃經過叢生的經社問題以及政治歧視的催化，文化差距
> 才變成族群矛盾，同時與官民矛盾糾纏不清，這就是二二八事件的
> 真相。〔註 146〕

文化差距引發的族群矛盾，統制策略造成的經濟崩跌，國族想像與認同漸次模糊，也逐步澆熄了台灣人掙脫殖民統治的喜悅，而國府陷於國共內戰的膠著，無暇妥善解決台灣的問題，陳儀長官公署更致力於應付中央當局內戰所需的物資，在台進行強徵調取，無視於台灣發生糧食短缺，通貨膨脹，不肖商賈也趁機囤積等情形，化為小說〈農村自衛隊〉諷刺的語言，便是：

> 現在台灣也太自由了，天花霍亂自由猖獗、流氓賊子自由搶劫、工
> 廠自由倒閉、農村自由荒廢、奸商地主自由囤積、老百姓自由叫餓！
> 光復後的台灣，是何等自由呀！〔註 147〕

因此在故事裡，由於農作物被猖獗的盜匪劫掠一空，面對治安的敗壞與公權力的淪喪，村人為求自保，議決進行村民的武藝訓練：

> 大家以為「文」的時代已經過了，現在是「武」的時代，強的贏，
> 弱的輸，所以決定要組織一個「平田村自衛隊」，組織自衛隊，各里

---

〔註 145〕黎湘萍認為，歐陽予倩撰寫的〈台遊雜拾〉，「是目前發現的大陸作家見證 228
　　　　　事件的重要文獻」，參見黎湘萍：〈戰後台灣文學的文化想像〉，收入何寄澎編：
　　　　　《文化、認同、社會變遷：戰後五十年台灣文學國際學術研討會論文集》（台
　　　　　北：文建會，2000 年 6 月），頁 278～279。
〔註 146〕陳儀深：〈論二二八事件的原因〉，收入張炎憲、李筱峰、戴寶村編：《台灣史
　　　　　論文集精選（下）》，頁 334～335。
〔註 147〕丘平田（蘇新）：〈農村自衛隊〉，收錄於許俊雅編：《無語的春天──二二八
　　　　　小說選》，頁 47～48。

一班，各班設一個「武館」……

　　召集家戶壯丁經由武館訓練後組成自衛隊巡守鄉里，採取具體防衛反抗的行動，以期維護生計所資的農作物與身家安全。然而，小說題旨至此已經完整表達，指出農民在「回歸」後的生活，竟爾朝不保夕，而整體台灣社會更是問題叢生，再加上語言、文化、政治等歧視壓抑的對待，致使小說故事裡的叔父，對於兩個女兒因染天花而過世的悲劇，竟然透露出這樣的看法──「我們一生做人家的奴隸，也已經夠了，我們不願意再把我們的子孫做人家的奴隸了」〔註148〕，於其時如是小說語言當是相當露骨的批評，但也呈現了台人受到「再殖民」的疑慮與憤慨。

　　戰後初期（1945～1949）的台灣小說界，尤其在「二二八事件」之後，農民小說的創作幾近絕跡，在事件爆發後的「清鄉」工作裡，於「寧可錯殺，不可錯放」的偏頗行動準則下，文壇也籠罩在戰慄肅殺氛圍中，省籍作家多數選擇斂芒藏鋒，雖未必向當局交心表態，但卻不無陰影與疑懼，再加上中文的運用普遍未臻成熟，許多人便因此沈潛甚而淡出台灣文壇。

　　嗣後《台灣新生報》「橋」副刊提供文學創作發表的舞台，並掀起關於台灣文學「特殊性」與「文學反映論」的論爭，儘管省內外作家在論述位階上存在有不對等的差異，但亦有如楊逵緩緩釋放出幽微的能量，而文學反映現實的創作路線，狀似有再度開展的契機。省籍作家或許顯得左顧右盼，未能暢所欲言，但紛呈的思想主張，儘管力道不一，究其實都表達了台灣文學的「特殊性」的立場。

　　正當1948年6、7月份相關「新寫實主義」名實之辯在「橋」副刊論爭達到高潮之際，副刊上參與翻譯日文作品的陳顯庭，針對於葉石濤發表的小說，在7月30日副刊中寫出他的看法，認為內容若取材於「目前或不久以前的台灣現實社會」，將會更具有反映現實的啟示作用〔註149〕；而或許也緣於當時「文學反映論」創作路線的討論熱潮影響下，在8月葉石濤即有〈汪昏平、貓和一個女人〉刊出，雖然唯美的筆調依舊，卻充滿親近土地的現實

---

〔註148〕丘平田（蘇新）：〈農村自衛隊〉，收錄於許俊雅編：《無語的春天──二二八小說選》，頁48。

〔註149〕陳建忠認為陳顯廷〈我對葉石濤小說的印象〉一文中的觀點與建議，對葉石濤後來的創作，應該產生一定程度的影響。參見陳建忠：〈從皇國少年到左傾青年：戰後初期葉石濤的小說創作與思想轉折〉，收入陳建忠：《被詛咒的文學：戰後初期（1945～1949）台灣文學論集》，頁93。

意識思考，與楊逵〈歸農之日〉的內涵頗有聲氣相通之處。小說裡應是係屬知識分子階層的主角，選擇回歸土地躬耕田園，但心中懷抱對農村的想像與憧憬的田園之樂，卻與衛生條件落後、豬牛、糞尿與粗陋食物等實際層面，有所落差，然而在經過調適之後，心境也有所改變：

> 漸漸地我知道我的錯誤了。在我的思想的一隅也許還存在著幻想的落伍的思念，我開始對它清算。在起初雖然發了一些悲鳴，但逐漸地我對現實屈服，然而這卻是我的勝利；我會愛上了眼前的原樣的農村。〔註150〕

由情節描繪中，可以見到支持主角勉力為之並對未來寄予期望的力量，是來自於對農工階層的認同與關注，甚而促使自己身體力行，並且以地主之子無虞衣食卻頹廢自憐的形象加以對比，凸顯了葉石濤此際社會主義思想傾向的意識型態：

> 耕作荒蕪地，那才是調和我現在的思想與生活的方法。從這出發點我們開始前進，然後定會有一天與農民共同解放。我相信這日子的到來。〔註151〕

而如是意念，葉石濤在隔年 1949 年 2 月所發表的〈三月的媽祖〉裡，也有值得觀察的相同表達。〈三月的媽祖〉內容非以農民為主體，實相關「二二八事件」的書寫，但安排參與事件抗爭的主角律夫逃遁至偏僻農村，而終為良善敦厚的村民所庇護收留，律夫也成為農民從此安身立命，並得以親炙人間溫情與土地的美好：「大地屬於真正的所有者，自由和勞動的詩也屬於我們」〔註152〕。〈三月的媽祖〉文字華麗而虛實交融，頗具意識流的現代主義筆法，為數不多的農民形象描繪亦顯清晰，而樸質溫暖的人情味，心靈與大地貼合的歸屬感，使其成為葉石濤極具代表性的作品。

然而，1949 年「四六事件」發生，卻又再一次造成對作家的戕害與文學反映論的消弭，致使「橋」副刊論爭中開出的花朵在孕育出豐碩果實之前，即不幸早凋。或許也由於客觀環境的制約，使作家進退維谷，最能反映台灣

〔註150〕葉石濤著、潛生譯：〈汪昏平、貓和一個女人〉，原載《台灣新生報》「橋」副刊（1948 年 8 月 18 日），引文見葉石濤：《三月的媽祖：1940 年代葉石濤小說集》，（高雄：春暉，2004 年 6 月），頁82。
〔註151〕同註150，頁86。
〔註152〕葉石濤著、潛生譯：〈三月的媽祖〉，原載《台灣新生報》「橋」副刊（1949 年 2 月 12 日），引文見葉石濤：《三月的媽祖：1940 年代葉石濤小說集》，頁95。

現實面的農民小說，在戰後初期的這一段時間裡，實有如鳳毛麟角，少有呈現。

回顧台灣在歷經五十年的大和文化強勢入侵與同化，縱然在主觀上或許可以成爲「天皇的子民」，但實際上卻依然承受歧視與壓迫；繼而，在國府接收台灣以後，所謂「國族想像」又再次架構在台灣人身上，去殖民化／中國化的積極策略，無非是意欲讓台灣盡快地「認祖歸宗」，「想像」成爲中國的共同體，強勢的制約模式，實無異於日據末期的「皇民化」運動。

從丘逢甲發出「宰相有權能割地／孤臣無力可回天」的吶喊，到賴和「我生不幸爲俘囚／豈關種族他人優」的無奈憤恨，被迫淪爲日本帝國殖民地的台灣，除了在帝國統制經濟策略下擔任工具性的角色之外，並且無法迴避大和民族歧視性的同化策略，而在進入戰爭時期後，更必須承受皇民化運動的宰制，以及經濟上更趨極端的掠奪，無論在民族認同上、在文化上或在經濟上，無一不令台人墮入痛苦的深淵。而日據下由武力到文化的抗爭，未曾斷續的抵抗精神，在在顯見亟欲掙脫殖民統治，取得自主權利的企望；然而回歸祖國後，面對同文同種的祖國，卻又承受接收政策上的歧視，經濟上的統制，甚至必須就奴化與否加以辯駁，因而再次引發我族與他者的矛盾，轉而心生「再殖民」的疑懼，並且無辜地承擔皇民化／中國化的認同轉換所帶來的無奈與困頓。

所以，對於在外在因素嚴重干擾下，戰後初期的台灣文學發展，葉石濤加註了這樣的眉批：

> 台灣文學是反映台灣本土民眾現實生活的文學，它的多災多難一如它的多采多姿，它是台灣人精神、命運的象徵，它是整個世界人類的共有物，在這樣巨視的觀點下，這四年的台灣作家的苦難歲月，又算得了什麼？〔註153〕

戰後初期僅僅只有四年多的時間裡，台灣社會卻在極短的時間裡經歷了迭宕起伏的波折，而葉石濤回顧這一段多舛而詭譎的台灣文學，在評論上卻顯得舉重若輕，頗爲令人低迴。

## 二、壓抑的農民小說語言與鍾理和作品的歷史價值

威權體制下的1950年代，在反共復國意識形態引領下建立了文化霸權論

---

〔註153〕葉石濤：《台灣文學史綱》，頁81～82。

述，但同時也是土地改革工作漸次完成，確立台灣農村形成以「小農經濟」為主體的時期；前者在為鞏固政權的目的上，提倡文學服務於政治的「戰鬥文學」與「反共文藝」，後者除了使農村社會結構與農民意識改變外，以往眾多農民小說反映的業佃關係等主題，也因時移勢轉而趨於消解，加上省籍作家正歷經語言轉換的過程，在在都使得本土論述受到影響，而台灣農民小說的發展，也因此在這個時期歸於沈寂。

然而，土地改革過程中與達成目的之後，農村並非沒有衍生的問題，這且容後例舉，但是，台灣社會繼二二八事件、四六事件後，在 1950 年代又進入白色恐怖的戒嚴體制，政治偵防對社會主義高度忌諱，更是禁絕了 1930 年代的左翼思想文學風潮，加上毛澤東曾經於《在延安文藝座談會上的講話》中，提出為貧下中農發聲，確立「文藝為人民大眾、首先為工農兵服務」的指導綱領。所以，當時在台灣取材農村社會形成反映現實、反省甚或控訴質疑的文學創作，是為禁忌而難以出現的；而且實際上，彼時文壇在以「反共抗俄」為基本國策與反共文學的旗幟下，文學創作也幾乎不聞挑戰文化霸權大敘述的反動與批判；文學的發展受到非文學因素的干擾與制約，莫此為甚。

當然，彼時代表本土論述的大多數省籍作家，還必須面對語言轉換的問題。應鳳凰以文學場域的概念加以分析，認為省籍作家面對的是結構性的問題，因為語言跨越的障礙，喪失了「資本」，失去了「位置」：

> 他們在戰後文化場域要爭取「位置」時所必備的「文化資本」，在一
> 夕之間已全部貶值，由此看到他們爭取位置的困難度。從這個角度，
> 也看出「書寫工具」與「族群因素」在五〇年代台灣，對「文化資
> 源分配」的決定性影響。〔註 154〕

省籍作家所能得到的文化資源之分配，因為主客觀因素使然，相對貧乏，除了廖清秀《恩仇血淚記》、李榮春《祖國與同胞》，以及鍾理和《笠山農場》於「文獎會」得獎，而展露頭角之外，其他作家與作品幾稀，相對不成比例。

基於上述層疊的原因，文壇唯有政治正確的反共文藝能大行其道，文學發表空間也被強烈壟斷，使得省籍作家迭遭退稿；而鍾理和雖是少數並不受制於「書寫工具」的省籍作家，但苦尋發表園地的投稿經歷，亦是乖舛不遇，鍾肇政憶及當年情形，不無感慨，甚至對林海音竟也不無埋怨。

---

〔註 154〕應鳳凰：〈鍾肇政與本土文學位置的形成〉，收入應鳳凰：《五〇年代台灣文學論集——戰後第一個十年的台灣文學生態》，頁 168。

其時林海音主編的《聯合報副刊》，相對是吸納最多省籍作家作品的文學版面，但在鍾理和生前，《笠山農場》卻一直無緣於此刊出，鍾肇政鼎力協助另謀出路，卻也到處被退稿，直至作家咯血身亡，林海音方始求稿連載，導致日後鍾肇政無以理解／諒解的情緒〔註155〕。如今回首檢視，縱然林海音主編副刊時，容或有海納百川的格局，但在彼時的政治氛圍下，所謂政治正確與否的審度標準，應該仍是有不得不的考量。縱然是鍾理和農民小說裡，乏有批判與控訴，呈現的只有清晰的農民形象，與質樸守舊的農村社會，但也或許正因為與霸權論述無法連結，缺乏「反共」的時代性共鳴，而無由發表，如是現實，正也呈現了省籍作家的困窘。

鍾理和戰後自大陸歸來，回到「原鄉」裡再度親炙土地，陸續完成眾多的農民題材書寫，檢視了戰後脫離日本殖民體制後的台灣農村與農民。在「故鄉」系列作品首部曲〈竹頭庄〉裡，主角眼前的農民形象為：

> 他們都是良善的農民：純樸、篤實、勤儉。和從前一樣戴著竹笠，赤著一雙腳；有的嘴裡叼著旱煙管，有的拿著扁擔，擔兒則放在雙膝間。〔註156〕

如是良善勤儉的農民，其時正為乾旱所苦，同時也顯現農民意識裡「靠天吃飯」的逆來順受，以及無奈。戰後初期的1945、1946年台灣曾經面臨嚴重的乾旱肆虐，米糧欠收，物價上揚，而鍾理和在1950年代初期完成的「故鄉」系列作品，對農村面臨乾旱的景狀，有極其詳盡的描繪，並且抒發深刻的感懷。在〈竹頭庄〉裡，故事起始即將時間註明為「三十五年四月的一天——」，歸鄉的「阿錚」坐在五分車裡，視線由農民身上轉而眺望窗外景色時，但見一望無際的稻田，卻因乾旱而呈現了這樣的農村景觀：

> 一尺來高的稻子，全都氣息奄奄，毫無生氣；稻葉癱垂著，萎黃中透著白痕，表明稻子正在受病。葉尖是蒼褐色的，甚至是焦黑，都像茶葉似的捲皺著。乾風颯颯地吹著，這些稻子便連互天際的掀起一片蒼黃，望上去，就像漫無邊際的野火。……禾根下的土是白色的，龜坼著，裂痕縱橫交錯，邊兒向天捲起，像渴水而張開口。〔註157〕

〔註155〕參見鍾肇政主講、彭瑞金總編：《鍾肇政口述歷史：「戰後台灣文學發展史」十二講》（台北：唐山，2008年7月），頁57。

〔註156〕鍾理和：〈竹頭庄〉，收入鍾鐵民編：《鍾理和全集3》，（台北：行政院客家委員會，2003年12月）頁27。

〔註157〕鍾理和：〈竹頭庄〉，收入鍾鐵民編：《鍾理和全集3》，頁28。

遭逢浩劫的田地，盡失原本理應是綠油油的面貌，而於此時節亟需水源灌溉的四月天，卻只能眼睜睜看著「這季稻子，

無論如何是無望了！」而同樣的喟嘆，也發自於同是故鄉系列中〈山火〉裡的老農民：

> 「老天爺也該下雨了；地乾得連蕃薯也不長根。再不下雨嘛，哎！」
>
> 老人仰首視空，天上還是繁星閃爍。它們沈默地在窺視著受難的下界……〔註158〕

可見農民雖經由世世代代的經驗傳承，仰賴土地必須順應四時節氣與自然運行的規律，然後透過天地之間的調合交融，而得以與萬物同享安身立命，卻在面對失序的氣候變遷，大地溢出寒暑交替的規律時，仍然是一籌莫展。這樣氣候異常所造成的衝擊，在 1960 年鍾理和的遺作〈雨〉裡又再次沿用，故事也同樣以農地缺水乾旱拉開序幕：

> 在它（太陽）的烤炙下展開著一片半蕪的田野，有一半已經蒔了稻子；另一半，有翻了土的，有些根本就不曾翻，都一樣的長著抗旱植物，就是那些蒔下去的田坵，也因為缺乏灌溉水，稻葉已經發黃，葉尖呈著焦赤，稻頭下的土龜坼著，漸漸變成白色。再半個月不下雨，顯然這些稻子就枯死了。〔註159〕

似乎在鍾理和的創作意念裡，反映抑或營造如是自然失序的天災，打亂農民原本依循的不易法則，從而引發人世間的衝突，鋪陳小說故事順理而成章，來凸顯農民與土地的緊密關連；而再回到故鄉系列裡的情節，戰後初期的天災與紛亂的世局，造成米糧匱乏，物資供給窘迫，孩童嗷嗷待哺，令人不捨：

> 害！沒米吃的人家，鎮裡有多少，誰也不知道。飯鍋端出來，米粒數得出，孩子拿著飯匙撥開了上面那層蕃薯簽直往鍋底挖，也不怕把鍋底挖出洞來。〔註160〕

面對如是旱災與饑饉，農家於是紛紛請出了日據下曾遭殖民政府禁絕膜拜的神像，行禮如儀，虔誠祈雨，但奈何神靈並不眷顧：

> 村子裡的王爺往常是有求必應的，這回也不知怎的就是不靈；求了

---

〔註158〕鍾理和：〈天火〉，收入鍾鐵民編：《鍾理和全集 3》，頁 55。
〔註159〕鍾理和：〈雨〉，收入鍾鐵民編：《鍾理和全集 1》，頁 201。
〔註160〕鍾理和：〈竹頭庄〉，收入鍾鐵民編：《鍾理和全集 3》，頁 30。

> 三天神，願也許下了：全豬全羊，秋底收成後，準謝！可怎麼樣，
>
> 半個月了，太陽照樣白花花，東邊出來西邊落！〔註161〕

農民的另一種反應是，由於謠傳會有天火降臨，「積善之家三留二，不善之家草除根」的詛咒令人惶惴不安，部分恐慌的農民竟然突發奇想放火燒山，妄想能將天火頂回去，欲藉此消災免厄，但在乾旱時期，想當然爾釀成對自然與山林果樹更嚴重的傷害，鍾理和也表達了這樣的遺憾：

> 便是這些看來單純和善良的人們，以一種近似格鬥的難以想像的
>
> 姿態，放火燒了自己的山。多麼荒唐！多麼可恨！又是多麼可悲！
>
> 〔註162〕

上述小說故事裡農民的兩種反應，呈現出農民面對天災，自然地回到敬天酬神，祈求風調雨順的傳統作法，或是源於恐懼壓力的異想天開，凸顯單純蒙昧的性格，卻也表達了莫可奈何下的勉力掙扎；雖然天災地變終究難免，但在鍾理和的故事中，總隱隱然有著一層台灣話俗諺裡「人無照天理，天無照甲子」般的警世意味，所以，藉由如是觀察視角，〈阿煌叔〉裡由阿煌叔口中所宣洩出來的：「難道說我還沒做夠嗎？人，越做越窮！——我才不那麼傻呢！」〔註163〕由昔日勤奮樂觀，如今卻一變而為憤世嫉俗的表現，或可從中略窺一二；或許導致阿煌叔的轉變另有其他因素，小說情節中並未點明，但戰後初期混亂的政經變局，造成農村現實生活條件的惡劣，也應是重要因素才是。

鍾理和構設如是農民小說題材，強調的是農村社會的困窘，反映的是紊亂時代下農民堪憐的處境，敘述語言並不著力於藉此傳達批判的訴求，總覺似乎欠缺寫實主義反映現實的力道，所以葉石濤認為，鍾理和絕大多數相關農民的作品，完成於肅殺的 1950 年代，創作內容上想必是有所顧忌：

> 險惡的時代空氣，使得他不能暢所欲言，他經營的小說世界謹慎地
>
> 排除了所有關聯到政治的題材；這也是在那個時代作家得以生存下
>
> 去的重大條件。雖然如此，他仍盡可能站在農民的立場，剖析了農
>
> 村裡各種階層的栩栩如生的典型人物。〔註164〕

〔註161〕鍾理和：〈竹頭庄〉，收入鍾鐵民編：《鍾理和全集3》，頁 29。

〔註162〕鍾理和：〈天火〉，收入鍾鐵民編：《鍾理和全集3》，頁 53。

〔註163〕鍾理和：〈阿煌叔〉，收入鍾鐵民編：《鍾理和全集3》，頁 66。

〔註164〕葉石濤：〈新文學傳統的繼承者——鍾理和〉，收入葉石濤：《展望台灣文學》
（台北：九歌，1994 年 8 月），頁 78。

可以理解葉氏站在本土作家的創作空間遭到強烈擠壓的立場來作解讀，並指出極權統治時期動輒得咎的社會氛圍；縱然如此，一如鍾理和在〈阿遠〉中所流露的心思：「不禁為這些在生產上傾注全力、在生活上卻所求甚少的農民而深深感動」〔註 165〕，從中或許也能夠體會鍾理和作品聚焦在農民身上的原始用心，而可以有不同視角的閱讀。

例如上述農民面對天災無謂而迷信的反應作法，雖不苟同但卻不見勃發的火氣，對於阿煌叔越做越窮的怨懟，依舊懷抱著「我衹希望，那句話衹是他個人的一種錯覺……。但願如此！」〔註 166〕這不僅僅是浮面的書寫，而是真實傳遞了對於這片土地與農民的熱愛與認同，並蘊含了深切誠摯的希望與信心，雖然鄉里與記憶中美好而單純的昔日生活，已然在大陸之行歸鄉後，有所落差，但內心對於生斯長斯「原鄉」的眷戀與疼惜，卻充塞於作品之中。

故鄉系列終章〈親家與山歌〉，同樣也寫受到乾旱煎熬的農村困境，農民歸咎「年頭不好，天也反常了」，並且埋怨眼前的一切，小說語言犀利卻起落有致：「他們望著瀕臨荒蕪的田園，用顧忌的口氣，咒罵老天爺的殘忍；用更堅決的口氣，咒罵艱難的日子、人類、不會理家的黃臉婆，和總是餓著肚子的小猴子們。」〔註 167〕但是，鍾理和似乎欲藉著此篇作品表達更深層的思考與身處其中的態度。

〈親家與山歌〉裡，作家在繞樑山歌聲中，體認及山村景物雖依舊，但不無人事已非的感嘆，尤其是農民怨天尤人的態度，與自己的記憶有相當的落差，然而「後來我試圖加予解釋，並在這中間尋求一種線索：也許他們不能不這樣做！」作者循此繼續探索：「在從前，生活為他們所有、為他們所親，他們投身在那裡面，就像鳥兒宿在牠自己的窩裡，一切都顯得又和諧、又熨貼。」但是如今卻已然大異其趣：

> 它已不為他們所理解了。它有如一個兇惡而詭譎的流氓，離開了他們的掌握，獨自在世界的廣場上逍遙闊步起來。對於它，人已失去了所有的憑倚和連繫。生活在變，由腳指邊起，像起了化學變化的物質一樣，刻刻在變，變得十分離奇，織成了在幻燈裡才會有的荒

〔註 165〕鍾理和：〈阿遠〉，收入鍾鐵民編：《鍾理和全集 1》，頁 33。
〔註 166〕同註 163，頁 67。
〔註 167〕鍾理和：〈親家與山歌〉，收入鍾鐵民編：《鍾理和全集 3》，頁 70。

> 唐的故事。而這故事,偏偏又和他們發生著切身的關係。〔註168〕

此段書寫,甚有語意模糊與譬喻不明之處,隱約可見應不僅只是針對乾旱所帶來的災厄而發,似乎另有所指;誠然,過度的解讀,難免造成誤讀,但若藉由上述葉石濤的評論,指出鍾理和其實是運用規避遭受無端羅織入罪的隱諱筆法,似乎也言之成理,畢竟在戰後初期即已歸鄉的鍾理和,不可能無視於國府接收後的經濟統制與米糧強徵調取等作為,對農村社會所造成的嚴重戕害。於是,或許基於對農民的不捨與土地的情感,鍾理和退一步衷心期盼:

> 也許這些都是一個錯誤吧,一個極其偶然的錯誤吧。到了那個時候,
> 一切都會被修正過來,生活會重新帶起它的優美、諧調和理性。就
> 像做了一場惡夢之後,當我們睜開眼睛來時,世界仍舊是那樣的美
> 麗可愛!〔註169〕

在故鄉系列故事裡,作家均以主角第一身的敘事觀點,除了書寫歸鄉初期的見聞與內心矛盾外,在〈親家與山歌〉裡,甚且表達了對於宇宙人生的哲學性思考。作者眼見現實環境的困厄與生存的掙扎,卻耳聞山歌持續迴盪的歌聲,在感受上形成極大的反差,卻也緣此嗅聞了契機:

> 這是很奇怪的;山歌的平靜、熱情、憧憬,和周圍的徬徨、不安而
> 冷涼的現實,是極端地不調和。在那裡,通過愛情的眷戀,表現著
> 對生的熱烈愛好和執著。你可以想像在陽光下面,一些年輕幼小的
> 生命正在化育、成長。……是的!到時,那些衰老的、醜惡的、病
> 態的,都會倒下;於是年輕的、健康和正常的,便會像幼芽似的由
> 倒下的朽樹下面茁壯起來,取而代之。〔註170〕

透露了寧願樂觀地去相信萬物得時生生不息的意念,而呼應鍾理和如是清朗設想的,應是故事裡「親家」的表現。「親家」同樣為家計所累,同樣度著艱難的日子,但卻任勞任怨,在與主角家常閒話後告辭之際,聽聞飄盪的山歌反應是:

> 他出到外面,又站住了;回過頭來,微笑著說:「聽!又唱了;很好,
> 很好──再見!」〔註171〕

---

〔註168〕鍾理和:〈親家與山歌〉,收入鍾鐵民編:《鍾理和全集3》,頁70～71。
〔註169〕同註168,頁71。
〔註170〕鍾理和:〈親家與山歌〉,收入鍾鐵民編:《鍾理和全集3》,頁73。
〔註171〕同註170,頁81。

　　此處鍾理和似乎有意藉由「親家」的態度，與萎靡的炳文、頹廢的阿煌叔以及愚昧放火燒山的迷信村民，形成鮮明對照，凸顯其篤實的生活態度，與對生命誠摯的信念，再現鮮明清新的農民形象，也燃起鍾理和這位天涯倦客心中的希望與熱情。如是想望，正如大旱之望雲霓，而在〈雨〉裡藉由故事結局終償夙願，甚而將天降的甘霖比之黃金，誇飾「天在落金子哪！」而整個農村也頓時甦醒了：

> 農夫們出動了：牽牛的、搞犁兒的、荷把鋤頭的、挑著畚箕的，街
> 道上人來人往，空前忙亂。整個鎮都活動起來了。
>
> ……
>
> 緊張和昂奮充滿了大地。
>
> 農夫們重新回到他們的生活上去了。
>
> 稻秧雖然上了節，但田總是要蒔的。
>
> 有些人家全家出動，四處去尋秧。
>
> 恩怨、爭執、咒罵、相打，這一切都被推開了。〔註172〕

　　一如稻田在久旱逢甘霖之後獲得滋潤而重生一般，人世間的一切衝突與不幸，彷彿頃刻間也同時得到了消解與救贖，而再現生機。彭瑞金認爲鍾理和作品裡廣泛取材農民素材的原因，最主要的乃是源於作者對於農村社會的「歸屬感」〔註173〕，並非意有所指地要作爲替農民發聲的代言人：

> 鍾理和的文學，與其說是從表面上取材於農人、農村事務的作品佔
> 極大的比例，因而被詮定爲農民作家，還不如說是他的作品從根本
> 處，表達了屬於農民特有的生存觀念，乃是一種普遍的真理，適應
> 每一個認真活下去的人。〔註174〕

　　如是觀照農民與農村社會的角度，極致地發揮在〈老樵夫〉之中。小說以山村裡砍材爲業的獨居老人邱阿金爲主角，在故事裡藉由其與外在環境的關連，呈現了對於土地的情感與眷戀，並顯影主角平凡卻清晰的形象。主角邱阿金在俯瞰所居山村景觀時，內心湧現的感懷是：

> 他邱阿金親眼看著它如何像一個小孩子似地，由移墾成長到今日的

---

〔註172〕鍾理和：〈雨〉，收入鍾鐵民編：《鍾理和全集1》，頁288。

〔註173〕參見彭瑞金：〈鍾理和的農民文學〉，文收彭瑞金著：《瞄準台灣作家》（高雄：派色文化，1992年7月），頁26。

〔註174〕同註173，頁29。

模樣；人們如何披荊斬棘，一點一點的把荒穢壅蔽的山野，開拓成
肥沃膏腴的田疇。這些工作，他是親自參加過的。他由十幾歲起，
便把自己的血汗當作肥料，來培育它們，一直到今天從沒有間斷過。
〔註175〕

淡泊而堅毅的人生，安居不擇鄰的適性，似乎生命至此已足，因為親友
俱往，獨立蒼茫，唯剩一死，極致地展現了一生奉獻土地忠謹樸實的生命態
度。然而，若僅是如此，則小說創作的意象表達仍有所不足。

原來邱阿金在山村裡，另外還扮演著如下的角色。於醫療衛生條件未臻
完善進步的時代，屢見小孩不幸夭折，但在「這村子裡，不管是誰家死了小
孩，都是叫他給掩埋的」，而之所以受到村民的認同，在於邱阿金自然流露出
來感同身受的哀傷：

他不像普通的掩埋夫那樣，把人家的孩子當木頭似地挽在鋤頭上，
隨隨便便捎出去，隨隨便便埋掉，絲毫無動於衷，說是別人家的孩
子死不盡。他並不這樣，他就如死了自家的孩子似的，和母親們一
塊慟哭流淚。〔註176〕

甚至出言安慰：「您就不要哭了吧；他不是來給您做兒子的；是做兒子
的，就會好好跟住您。這是討債鬼，早晚是得走的——」如是安慰話語雖稍
顯突兀但卻不失務實，並且阿金總是將孩子的墓穴掩埋厚實以防野狗侵擾，
是這樣懷抱同理心而予人溫暖的人物形象，因此小說語言「他像一塊路基的
石頭，將自己的一生貢獻於人間。然而自身卻從來不曾對人間要求過什麼」
的如是形容，便得以順當地取得閱讀者的認同；而在「誤認」自己即將走到
生命盡頭的當兒，阿金念茲在茲地卻仍是盡量不叨擾他人，預先穿戴壽衣壽
鞋，自行躺進棺木中。這一幕的搬演，令人動容：

生前，他沒麻煩過人家，那麼死後，他更不能給人們添麻煩。他事
事對得起人，對得起世間，那末他死也可以瞑目了！

走到壁下，把棺蓋揭開來，豎在棺材尾。他自己是不能把蓋子蓋好
的，這只好勞別人的駕了。可是這是誰也沒有辦法的，傻子才想到
棺蓋是可以由自己蓋下來的。好在只要人們費點神，把它拉下來就
行。〔註177〕

〔註175〕鍾理和：〈老樵夫〉，收入鍾鐵民編：《鍾理和全集3》，頁160。
〔註176〕鍾理和：〈老樵夫〉，收入鍾鐵民編：《鍾理和全集3》，頁162。
〔註177〕同註176，頁165～166。

作者走筆至此，已然完整成功地塑成邱阿金的人物形象，而其面對死亡的態度讀來雖覺不捨但卻安詳，彭瑞金認為〈老樵夫〉一篇「可以說是鍾理和對自己的崇仰生活的哲學所做的最完整的詮釋」，主角樸拙卑微卻無怨的人生，「散發超越常人的光澤」；然而，雖未必有如彭瑞金的解讀，認為是「暗地裡反諷了言之夸夸的生命的不負責任」〔註178〕，但若僅就小說的描繪，卻似乎能從中看到老樵夫有著慣看秋月春風的釋然與達觀，達到了視生死若一而安時處順的生命層次。

但是，鍾理和安排故事情節的精彩之處，還在於結局的突出意表；邱阿金在發現自己僅是一夜好眠並未死去的錯愕之後，瞥見村落裡的炊煙，頓時由前一晚即未進食的飢餓中，黯然地發現自己還是得活下去的事實，「便又感到了無限的懊惱和惆悵。他深深地嘆了一聲，就也開始生火做飯了」，進一步以此表達了老樵夫人生中的無奈與無依，使小說的閱讀感受上，增加了更豐富的層次。

1950 年代伊始，土地改革工作已經陸續進行，可想而知對農民的影響是何等巨大，更使台灣農村社會產生了結構性的變化，然而在鍾理和諸多相關農民題材的作品中，卻鮮見有所呈現。至鍾理和生命隕落之際，反映土改相關政策的實施的少有作品中，較為明顯應是〈菸樓〉裡農民因公地放領，而得以擺脫父祖輩以來佃農的身分，但著墨不多；而在遺作〈雨〉裡，「三七五減租」政策所衍生的問題，為作家所援用，而成為故事情節背景之一，但其實也並未深入，陳丹橘認為此篇故事的內容：

> 略微提到土改初期，發生在農村的新問題，暴露出政府雖實施三七
> 五減租，但農村依舊困難重重。很可惜的是，這是鍾理和的最後一
> 篇文章，我們無法再追問下去，身為農人的鍾理和如何正視農村內
> 部質變的問題。〔註179〕

但是綜觀鍾理和在 1950 年代豐富的作品中，若是欲以土改為題材，從中暴露問題，其實理應出現得更早更多才是，若是得以追問，或許也無法得到具體答案，而推敲箇中因素，應仍是對政治題材與政策討論的迴避吧？

其實相關土改議題的呈現，在文化霸權論述形成以後，政府對於政策的

〔註178〕彭瑞金：〈鍾理和文學的生活經驗和生命體驗〉，收入彭瑞金：《驅除迷霧、找回祖靈：台灣文學論文集》（高雄：春暉，2000 年 5 月），頁 57。

〔註179〕陳丹橘：《戰後台灣農民小說的類型演變》（新竹：國立清華大學中文研究所碩士論文，1996 年），頁 34。

推行，想當然爾會出現形同政策宣導的「宣傳文學」〔註180〕，但吳濁流於1956年完成的〈狡猿〉，也已經就土改後在農村社會衍生的問題具有深入的觀察，不僅反映了三七五減租實施之後，對於小地主階級與佃農之間的權益消長不對等的實況，甚至於因為稅賦、肥料等負擔問題，致使佃農的生活也未獲得實質的提升，而且即使佃農已無耕作意願或另覓生途，地主於法仍無權收回耕地；然而政府的執行面卻罔顧現實，語氣執拗而威嚇：

> 政府為大家推行三七五減租德政，全省幾十萬個地主個個喜歡自動推行，只有你們不懂道理，頑固至極，誰不蓋章，我登記起來，報告上去，到時候就無情可講。〔註181〕

在充斥反共思想語境的時代裡，為鞏固領導中心以遂行威權統治的霸權體制中，土改政策執行面以及有違比例原則的諸多問題，歷來也已多所討論，同樣也存在漠視人權並造成土地正義的流失，然而在「白色恐怖」的肅殺氛圍中，難以聽聞檢討甚至批判的聲音；因此，在這台灣歷史中土地議題堪稱最喧騰的階段，台灣農民小說卻迴避了討論，或許除了省籍作家歷經語言轉換的因素之外，事涉政治敏感應是主要的原因。所以〈雨〉的故事裡雖置入了三七五減租，亦僅是土改政策的一個側面，但是，這卻也是鍾理和少數呼應外在政治環境的作品，葉石濤就小說內容的時代背景作了分析：

> 他這篇小說的開端，萌芽於日據時代，直到三七五減租後的這一段時代社會為背景展開。日據時代的遭遇只略略提到而已。這一段時期應該是本省波濤起伏的時代，不過他是不發表喧囂意見的作家，他是不批評的，所以時代推移的過程像流水般潺潺地流在他小說裡面，讀後仍予人以明晰的時間性。〔註182〕

通觀鍾理和作品，時代背景往往付之闕如，嬗變的僅有四季時序與生老病死，以及農民與自然環境的交融，取材農村社會的豐富創作雖集中於1950年代，但很顯然是無以突破文化霸權的反共復國大敘述，因此難以覓得發表

---

〔註180〕1953年「文藝創作獎金委員會」所屬刊物《文藝創作》第27期，以「耕者有其田文藝創作專號」的形式出刊，其中作品與其說是反映社會現象，但以政治的文藝宣傳品名之則更符其實。參見郭澤寬：〈鄉土小說中的「土地改革」——兩種語境、兩種視角〉，《國立台南大學人文研究學報》第42卷第2期（2008），頁62。

〔註181〕吳濁流：〈狡猿〉，收入吳濁流：《波茨坦科長》（台北：遠景，1993年4月），頁147。

〔註182〕葉石濤：〈鍾理和評介〉，收入葉石濤：《台灣鄉土作家論集》，頁138～139。

的版面，屢遭退稿，僅能透過鍾肇政油印的《文友通訊》與文友們相濡以沫，偶得的稿費又猶如杯水車薪〔註183〕；然而即便如此，鍾理和卻執著創作不輟，始終如一，楊照不禁歎到：「沒有比這個更純粹的文學追求了」〔註184〕，並且認爲，其之所以保有持續的書寫意志，乃是源於堅定的愛與信念，表達不屈服於同姓不婚的禮教束縛，甚至是自我生命情調的抉擇，以及孱弱的身體無以勞動養家餬口的自我救贖，因此形塑了其作品風格，以及小說人物形象：

> 我們讀到那些被命運擺佈的悲苦的人，可是一點也不會覺得他們畏
> 葸渺小微不足道。鍾理和總能捕捉到他們保持得完美的做人的興
> 趣，因爲這種愛與信念，才是他自己眞正的救贖。〔註185〕

「同姓婚姻」是鍾理和揚棄世俗的勇敢作爲，此一主題散見許多作品之中，但壓卷之作《笠山農場》，則是以此爲故事主軸的半自傳式小說，業也經過學界與藝文界一再的討論研究；當年作品雖然得到「文獎會」第二獎的肯定，卻苦無出版或刊出的機會，鍾理和始終引以爲憾。

《笠山農場》同樣是時代背景模糊的作品，山中農場的經營，讀之總難免聯想及日據末期張文環的〈夜猿〉。〈夜猿〉創作於皇民化運動如火如荼開展的時期，張文環構設的山產加工廠，恍如遺世而獨立，環境原始自然甚至靜謐幽微，與外界聯繫甚少，也摒除了殖民體制客觀環境的書寫，如是內容的呈現，不無迴避皇民化運動「文學奉公」的強勢制約，而有刻意爲之的意圖。然鍾理和《笠山農場》完成於 1950 年代中期，故事取材於日據末期父親經營農場與自身參與的眞實經歷，若文字裡佐以殖民經驗的書寫，甚或是後殖民思考的批判，當可「見容」於當時的政治、文學環境，然而鍾理和卻一仍淡化時代背景，筆觸雖鮮明寫實但近乎與世隔絕，著力經營一處世外桃源，場景恰如山水畫卷：

> 以前他在中國畫上常常看見的那種傍山依水，表現著自給自足與世
> 無爭的田家風景，總以爲不外藝術家心目中的理想境界，在天底下
> 絕然找不到的，卻不期在這裡遇見了。在山岡之傍，在曲水之濱，
> 在樹蔭深處，就有這種田家；有的竹籬茅舍，有的白牆紅瓦，由山

〔註183〕參見鍾理和：〈薪水三百元〉，收入鍾鐵民編：《鍾理和全集3》，頁129。
〔註184〕楊照：〈「抱著愛與信念而枯萎的人」——記鍾理和〉，收入楊照：《霧與畫：戰後台灣文學史散論》（台北：麥田，2010年8月），頁180。
〔註185〕楊照：〈「抱著愛與信念而枯萎的人」——記鍾理和〉，收入楊照：《霧與畫：戰後台灣文學史散論》，頁183。

> 巔高處看下來，這些田家在田疇中錯落掩映，儼然一幅圖畫……
> 〔註186〕

這笠山農場如同世外桃源的原因，乃是因為三面環山，地處偏遠，交通不便，鮮與外界接觸，鍾理和以此若干地理景觀描述，合理化農場遺世獨立的事實，並且讓時間的推移在此處緩慢進行：

> 在這裡，如果時間不是沒有前進，便像蝸牛一般進得非常慢。一切都還保留得古色古香，一切都呈現著表現在中國畫上的靜止，彷彿他們還生活在幾百年前的時代裡，並且今後還預備照樣往下再過幾百年。〔註187〕

或許作家若非戀上同姓的女子，似乎大有終老於斯的意願。而《笠山農場》成功之處，除了「同姓婚姻」的勇敢追求外，即在於農民形象的刻畫細緻入微，尤其是客家女性的勤奮與熱情，並且在山歌、勞動、愛情，甚至衝突中，呈現人與自然的緊密關係與和諧律動，以及天生地養的農民意識，「淳厚，質樸，溫良」，甚至是「因循而守舊」的：

> 他們對於自己的命運和生活從來不去多費心思，……似乎以為它本來就是那樣的，根本無需乎去用腦筋。他們不把它想得很複雜。看上去，好像他們祇讓生活自身去和上面的一段接上線，然後向著下面滾轉下去，而自己則跟在它後面走，自然而不費事。〔註188〕

鍾理和身處於其中，體會及農民根植土地安身立命的生活節奏，雖覺已經失落了先民移墾之初披荊斬棘，「那種朝氣蓬勃而富於進取和創造的氣概」，但鍾理和卻也藉由對山歌的讚美，不諱言「他愛好這種牧歌式的生活，這種淳樸的野性的美」〔註189〕：

> 他們把清秀的山河、熱烈的愛情、淳樸的生活、真摯的人生，融化而為村歌俚謠，然後以蟬兒一般的勁兒歌唱出來，而成為他們的山水、愛情、生活、人生的一部分。它或纏綿悱惻，或抑揚頓挫，或激昂慷慨，與自然合拍，調諧於山河。〔註190〕

當真唯有衷心喜愛這樣的環境，始能將客家山歌美好的底蘊，作成如是

---

〔註186〕鍾理和：《笠山農場》，收入鍾鐵民編：《鍾理和全集4》，頁20。
〔註187〕鍾理和：《笠山農場》，收入鍾鐵民編：《鍾理和全集4》，頁23。
〔註188〕同註187，頁23。
〔註189〕同註187，頁31～32。
〔註190〕同註187，頁31。

絕佳的詮釋。或許《笠山農場》小說內容書寫過於美化，也或許緣因忌諱，甚至不存在有任何業主與農工之間的爭執或衝突，但卻清晰地投射了作家內心的想望與依戀，成為別具風格的農民小說。

鍾理和農民小說的創作，絕大部分集中於 1950 年代的十年時間裡，但是作品卻直到作家去世後的 1960 以至 70 年代，始引發熱烈的迴響；雖然以接受理論而言，作品相應讀者而存在，但是援筆書寫時的客觀環境與時代背景，卻是孕育文學作品本身重要的基因。因此，1950 年代的農民小說，堪以鍾理和的作品為代表。

然而，寫作中的構思與用字遣辭，本即是殫精竭慮的辛苦過程，以致鍾理和原本即相當虛弱的病體，終至於寫作中咯血稿紙溘然而逝，著實令人感傷，「倒在血泊裏的筆耕者」的悽愴稱謂，足見文壇的遺憾與不捨。

應鳳凰在論及 1950 年代反共文藝當道，意識型態服膺文化霸權論述的「文學」作品時，感慨地提到當時作家不論省籍，究竟有幾個人能在台灣文學史上留名？「那幾千萬字為追隨國家意識型態而寫的反共詩歌與小說，還留下幾部經典作品？」以此來凸顯鍾理和的創作在台灣文學史上的地位與價值：

> 所以文學史上的鍾理和，能逐漸從血泊中站立起來，且站立的高度，
> 足以和一整個時代的主流文學：總計千千萬萬字的反共作品相抗
> 衡。是的，既然是「文學的」歷史，諸如意識形態等等文學以外的
> 東西，恐怕不容易在這樣的歷史上久留。這是我們重新探勘鍾理和
> 文學發展史所能得到的最好的啟發。〔註191〕

所以，文學創作的天空理應是繁星點點，但回首 1950 年代的台灣文學發展，卻顯得殘月在天而星辰寥落，想必是有蔽空的烏雲吧！

---

〔註191〕應鳳凰：〈鍾理和文學發展史及其後殖民論述〉，收入周英雄、劉紀蕙編：《書寫台灣──文學史、後殖民與後現代》（台北：麥田，2000 年 4 月），頁 193。